深圳大学传播学院
媒介环境学译丛｜第三辑

麦克卢汉如是说

理解我

（第二版）

［加拿大］ 马歇尔·麦克卢汉　　著
Marshall McLuhan

［加拿大］ 斯蒂芬妮·麦克卢汉
Stephanie McLuhan
　　　　　　　　　　　　　　　编
［加拿大］ 戴维·斯坦斯
David Staines

何道宽　　译

中国大百科全书出版社

图字：01-2022-5671

图书在版编目（CIP）数据

麦克卢汉如是说：理解我：第二版 /（加）马歇尔·麦克卢汉著；（加）斯蒂芬妮·麦克卢汉，（加）戴维·斯坦斯编；何道宽译．-- 北京：中国大百科全书出版社，2023.4

（媒介环境学译丛）

书名原文：Understanding Me: Lectures and Interviews

ISBN 978-7-5202-1318-9

I．①麦… II．①马… ②斯… ③戴… ④何… III．①麦克卢汉—访谈录 IV．① K837.115.42

中国国家版本馆 CIP 数据核字（2023）第 050740 号

出 版 人	刘祚臣
策 划 人	曾 辉
出版统筹	王 廓
责任编辑	林思达
责任印制	魏 婷
封面设计	乔智炜
出版发行	中国大百科全书出版社
地 址	北京市阜成门北大街 17 号　　邮政编码　100037
电 话	010-88390969
网 址	http://www.ecph.com.cn
印 刷	北京市白帆印务有限公司
开 本	710 毫米 × 1000 毫米　1/16
印 张	22.5
字 数	300 千字
印 次	2023 年 4 月第 1 版　2023 年 4 月第 1 次印刷
书 号	ISBN 978-7-5202-1318-9
定 价	79.00 元

本书如有印装质量问题，可与出版社联系调换

总　序

20 世纪 50 年代初，哈罗德·伊尼斯的《帝国与传播》《传播的偏向》和《变化中的时间观念》问世。1951 年，马歇尔·麦克卢汉的《机器新娘》出版。20 世纪 60 年代，麦克卢汉又推出《谷登堡星汉》和《理解媒介》，传播学多伦多学派形成。

20 世纪 80 至 90 年代，尼尔·波斯曼的传播批判三部曲《童年的消逝》《娱乐至死》《技术垄断》陆续问世，传播学媒介环境学派形成。

1998 年，媒介环境学会成立，以麦克卢汉为代表的传播学第三学派开始问鼎北美传播学的主流圈子。

2007 年，以何道宽和吴予敏为主编、何道宽主译的媒介环境学译丛由北京大学出版社推出，印行四种，为中国的媒介环境学研究奠基。

2011 年，以麦克卢汉百年诞辰为契机，世界范围的麦克卢汉学和媒介环境学进一步发展，进入人文社科的辉煌殿堂。中国学者不遑多让，崭露头角。

2018 年，深圳大学传播学院与中国大百科全书出版社达成战略合作协议，推出媒介环境学译丛，计划在三年内印行十余种传播学经典名著，旨在为传播学修建一座崔巍的大厦。

我们重视并推崇媒介环境学派。它主张泛技术论、泛媒介论、泛环境论、泛文化论。换言之，凡是人类创造的一切、凡是人类加工的一切、凡是经过人为干扰的一切都是技术、环境、媒介和文化。质言之，技术、环境、媒介、文化是近义词，甚至是等值词。这是媒介环境学派有别于其他传播学派的最重要的理念。

它的显著特点是：（1）深厚的历史视野，关注技术、环境、媒介、知识、传播、文明的演进，跨度大；（2）主张泛技术论、泛媒介论、泛环境论，关注重点是媒介而不是狭隘的媒体；（3）重视媒介长效而深层的社会、文化和心理影响；（4）深切的人文关怀和现实关怀，带有强烈的批判色彩。

从哲学高度俯瞰传播学的三大学派，其基本轮廓是：经验学派埋头实用问题和短期效应，重器而不重道；批判学派固守意识形态批判，重道而不重器；媒介环境学着重媒介的长效影响，偏重宏观的分析、描绘和批评，缺少微观的务实和个案研究。

21 世纪，新媒体浩浩荡荡，人人卷入，世界一体，万物皆媒介。这一切雄辩地证明：媒介环境学的泛媒介论思想是多么超前。媒介环境学和新媒体的研究已融为一体。

在互联网时代和后互联网时代，媒介环境学的预测力和洞察力日益彰显，它自身的研究和学界对它的研究都在加快步伐。吾人当竭尽绵力。

译丛编委会

2019 年 9 月

目录

第二版译者序

一、第一版序的两个重点：口才和警语

在《麦克卢汉如是说》中译者第一版序里，笔者大篇幅突出了两个重点：麦克卢汉的口才和警语，内容宏富，值得读者关注。第一个重点不拟再饶舌，第二个重点则不忍完全割爱，这里摘录一段显示他的一些警语、概念和俏皮话：

这样的警语、俏皮话和术语在本书里俯拾即是、难以尽述。我们只能够将它们提出来，请读者阅读时留意：前文字人，文字人，部落人，非部落人，抄书人，印刷人（谷登堡人），工业人，电子人；拼音文字，印刷术，电气技术；声觉空间，听觉空间，视觉空间，欧几里得空间；艺术家，诗人；部落化，非部落化，重新部落化；集中化，非集中化；后视镜；东方的西方化，西方的东方化；第一世界，第二世界，第三世界，第四世界；外观，背景；环境，反环境，人造环境，边疆；心灵之旅，心灵探索；媒介定律；等等。

二、第二版序的一个重点：从"地球村"到"全球剧场"

也许，国内外学界都忽略了麦克卢汉在 20 世纪 60 年代到 70 年代完成的一个转向。

2020 年 2021 年岁末年初，中国社科院大学的朱豆豆博士对我做了马拉松似的专访："探寻'遗失的经典'：北美媒介环境学在中国的选择性转译"（这个长篇专访作为其博士论文的附录，尚未公开发表或正式刊印）。她提醒我注意麦克卢汉在 20 世纪 60 年代以后的十来年间完成的一个重要转向：从"地球村"到"全球剧场"（global theater）观念的转变。

这是一个重要的转向，我迄今研究不深，谨在《如是说》第二版序提出这个问题，与读者分享，准备进一步探索。

先大段引用我们的对谈：

朱：麦克卢汉的某些作品，如《从陈词到原型》（*From Cliché to Archetype*, 1970）（《麦克卢汉精粹》已有大篇摘录）、《把握今天：退出游戏的行政主管》（*Take Today*: *The Executive as Dropout*, 1972）等，您目前尚未着手翻译，但这两本著作中，麦克卢汉提出了著名的"全球剧场"观点。也就是说，麦克卢汉的重心在 70 年代已经转向了"全球剧场"的概念，对于这一转变，国外很多学者研究了麦克卢汉这一转向背后的隐喻意义。但在本国土壤中，因涉及"全球剧场"概念的相关著作没有中译本，导致国内学子仅仅熟悉其关于"地球村"的论断，却很少发现麦克卢汉从"地球村"到"全球剧场"观念的转变，这便遮蔽了我们探索麦克卢汉"全球剧场"概念潜隐含义的研究视域，对其思想的全面性探索在本土场域也受到了一定的影响。对此，您认为应如何更好地呈现媒介环境学在中国的整体视野？

何：你提到的麦克卢汉观念的转变我尚未注意到。是的，麦克卢汉的作品几乎被我"一网打尽"。但他与人合作的著作因为存在"剥削"之嫌，我认为理应"回避"。每年都有很多新的媒介环境学著作诞生，尚未引进的学术作品在国内的传播肯定会受到影响，我所能做的就是加快翻译的脚步，尽可能呈现媒介环境学在中国的整体视野。对于麦克卢汉与他人的合著，我尚未进行翻译，因为我不同意麦克卢汉的一些做派。他"剥削"亲友和来访学者的作风很成问题。这方面他"劣迹"不少，要者有：

（1）20 世纪 60 年代以后，他的书信全由他口授，夫人或秘书打字，他签名。

（2）1963 年，麦克卢汉研究所成立以后，先后驻所的几位访问学者与他"对话"、整理书稿，交由秘书打字，然后由他牵头发表，这些书有：《从陈词到原型》（与威尔弗雷德·华生合著）《把握今天：退出游戏的行政主管》（与巴林顿·内维特合著）《作为课堂的城市：理解语言和媒介》（与哈钦、埃里克·麦克卢汉合著）《地球村》（与布鲁斯·鲍尔斯合著）

（3）我最不能接受的是他出两本书的方式。机械工业出版社"先斩后奏"，抢得麦克卢汉四本书的版权。其中两本是他去世二十余年后由两位学者整理出版的麦克卢汉论文集，很正常，我乐意推荐；其余两本不正常，我非常被动地承接了这两本书的翻译任务。这两本书是：《媒介与文明：麦克卢汉的地球村》和《媒介即按摩：麦克卢汉媒介效应一览》。这两本书的诞生过程很奇怪，两个超级"麦粉"集纳麦克卢汉语录出版，麦克卢汉没有动一根手指头。

兹摘录《如是说》论及"全球剧场"的几段话，作为我们考察的起点：

（1）卫星发射的那一刻就是造就地球这艘太空船的那一刻，也就是造就全球剧场的那一刻。莎士比亚在他的环球剧院里饱览了世界这个舞台；有了第一颗人造地球卫星之后，在全世界变成的全球剧院里，就不再有观众，而只有演员了。

（2）地球被这颗人工制造物包裹起来，大自然就逆转为一种艺术形式。卫星发射的那一刻就是造就地球这艘太空船的那一刻，也就是造就全球剧场的那一刻。莎士比亚在他的环球剧院里饱览了世界这个舞台；有了第一颗人造地球卫星之后，在全世界变成的全球剧场里，就不再有观众，而只有演员了。

（3）地球被这颗人工制造物包裹起来，大自然就逆转为一种艺术形式。卫星发射的那一刻就是造就地球这艘太空船的那一刻，也就是造就全球剧场的那一刻。莎士比亚在他的环球剧院里饱览了世界这个舞台；有了第一颗人造地球卫星之后，在全世界变成的全球剧场里，就不再有观众，而只有演员了。

（4）第一颗人造卫星却完全是另一回事，它使自然的地球本身过时，使之成为一种艺术形式。卫星升空的那一刻就是创造地球太空船和全球剧场的那一刻，剧场里的公众变成了演员。因此才出现今天这样的局面：人人要求积极参与世界进程。

（5）如果第一颗卫星真的把地球变成了一种艺术形式，那么从那一刻起，我们人现在就是活生生的艺术而不是自然。我们不再采写新闻，不再给报纸编程；我们不得不改造世界，不得不给地球编程。自那颗卫星升空以来，我们就处在一个全球剧场里，这个全球剧场里没有观众，只有演员。

何道宽
于深圳大学文化产业研究院
深圳大学传媒与文化发展研究中心
2021 年 12 月 20 日

第一版译者序

本书是麦克卢汉的讲演稿和访谈录，由他的女儿斯蒂芬妮·麦克卢汉（Stephanie McLuhan）和学生戴维·斯坦斯（David Staines）对记录稿进行整理编辑而成，所有讲稿均为第一次发表。斯蒂芬妮是电视制片人，曾获国际奖，小有名气。戴维·斯坦斯是英语教授，先后在哈佛大学和渥太华大学执教，也有不少著作问世。

原书序文的作者是大名鼎鼎的美国作家、新闻记者汤姆·沃尔夫（Tom Wolfe）。他是美国"新新闻主义"流派的代表人物之一，在阐述和传播麦克卢汉的思想方面曾起过至关重要的作用。

1965 年 11 月，汤姆·沃尔夫为《纽约杂志》（*New York Magazine*）（当时是《纽约先驱论坛报》的星期刊）撰稿写麦克卢汉，大声宣告麦克卢汉和达尔文、弗洛伊德齐名。他用戏剧手法刻画麦克卢汉的大言无形、滔滔不绝，对各界听众产生了的影响。他用生花妙笔，给麦克卢汉现象来了一个全景式的素描，然后问道："如果他说的话是对的呢？"这句话落地生根，成为无数次被人引用的名言。

在本书序文里，他又重申麦克卢汉在 20 世纪学术思想中的地位："在19 世纪末和 20 世纪初的几十年里，达尔文主导生物学，马克思主导政治学，爱因斯坦主导物理学，弗洛伊德主导心理学。此后，主导传播研究的唯有麦克卢汉一人。"

国内读者对麦克卢汉已经有了一定的了解。译者这篇序文只想突出两个重点：（1）麦克卢汉的口才；（2）从本书撷取一些警语，让他自己诠释自己的思想。

本书辑录的 20 篇记录稿涵盖 20 年（1959—1979 年）。这是麦克卢汉大器晚成、大起大落的 20 年。他传世的 3 部经典中的第 1 部《机器新娘》（*Mechanical Bride*）刊布于 1951 年；这本书批评了广告、流行文化和工业民俗。但是，在 20 世纪 50 年代，他的名气仅限于文学家和跨学科研究的狭小圈子里。50 年代后期，他提出"地球村""媒介即是讯息"的命题，名气超越学术圈子进入整个北美地区。1962 年，他的第 2 部经典《谷登堡星汉》（*The Gutenberg Galaxy: The Making of Typographic Man*）批评印刷人，提出了比较系统的媒介演化理论。1964 年，他震撼世人的大作《理解媒介》（*Understanding Media: The Extensions of Man*）出版，这使他成为世界知名的传播理论家。1994 年，《连线》杂志把他的头像置于刊头，直呼他为开山祖师。

可是，《理解媒介》却令读者爱恨交织，而且被一些人讥为"胡说八道"的"天书"。里面的章节标题就玄之又玄："媒介即是讯息""热媒介和冷媒介""过热媒介的逆转""小玩意爱好者——麻木性自恋""杂交能量：危险的关系""作为转换器的媒介""挑战与崩溃：创造力的报复"。除此之外，全书充满这些神乎其神、难以捉摸的麦克卢汉式的警语。然而，这位神秘的媒介"教师爷"和预言家，确实令无数追星的麦克卢汉迷神魂颠倒。

20 世纪 60 年代后期，尤其是在 1966 年和 1967 年，麦克卢汉的声誉达到顶峰。北美庞大的宣传机器开足马力为他服务，传播他的名字，使他红遍整个大陆。他的文章、访谈录和别人介绍他的文字进入了几十种报纸杂志，包括高雅的和通俗的。他频频在广播电视上亮相。请他演讲的邀请应接不暇，他俨然成为一位学术"明星"。英国人请他上 BBC，法国人发明了"麦克卢汉似"这个词来形容难懂的语言和文风，日本人急急忙忙翻译他的每一本书。

"1966 年这一年之内，报刊上介绍麦克卢汉的文章就达 120 余篇，差不多每一种重要的美国、加拿大和英国的报刊都参与了这场运动。人们以激动的心情思量着，这可能是一位洞见堪与达尔文和弗洛伊德一比高低的重量级人物。"（本书序文）

学者与"明星"似乎是对立的两极，学者不要当"明星"，"明星"难以成为令人尊敬的学者。"明星"学者一定会付出惨重的代价。英美文学教书匠侵犯他人领地，出风头，挣大钱，引起许多学者不满；有的学者斥责他满口荒唐语，满纸荒唐言。

在麦克卢汉名气如日中天的 1968 年 3 月，《花花公子》（*Playboy*）破例刊载了几万字的《麦克卢汉访谈录》，用了一个极富魅力的副标题：流行崇拜中的高级祭司和媒介形而上学家袒露心扉（着重号系笔者所加）。这里的四个关键词真是神来之笔，勾勒出一幅绝妙的漫画："崇拜"说明他的地位如日中天；"高级祭司"说明他的魅力近乎神奇；"形而上学"形容他的一贯风格晦涩难懂；"袒露心扉"锁定他的谈话风格，即一反写作常态的风格，他的谈话朴实无华、通俗易懂，正是他自己最好的诠释。

他最闪光的思想往往不是在他的著作中，而是在他的访谈录和"闲聊"中。在这次访谈中，他的奇思妙想挥洒自如、登峰造极。

他一生都喜欢对话而不是写作。他常常凌晨打电话与朋友交谈他的"探索"和"发现"。他闪光的洞见诞生在茶余饭后的闲聊中，诞生在数十年如一日的每周一晚上的研讨会中，诞生在午餐桌上和同事的争论中，诞生在媒体的访谈录中。

他的口才无与伦比，辩才所向披靡。除了他那 3 部代表作之外，其余的绝大多数著作、书信、文章都是由他口授，让秘书或夫人打字完成，或者由合作者动笔完成的。

1967 年 3 月 18 日的《周末杂志》记录他的话说："……我的很多工

作是在交谈中完成的。我在交谈中完善自己的思想。"1966 年 2 月 26 日的《生活》(*Life*) 杂志的访谈录中，他说："会话的活力超过了书本的活力，交谈更加富有乐趣，更加富有戏剧性。"

就他本人来说，探索任何课题的最佳办法就是谈话。他曾经对记者说，他在动笔之前必须进行无休止的对话，就一个题目反反复复地谈话。他谈话时总是最高兴的。对他而言，聊天比写作更有活力、更加好玩、更加富有戏剧性。他源源不绝的灵感在聊天中喷涌而出。他宣称，他的许多研究工作是在和别人的谈话中进行的。他在谈话中摸索探路，而不是宣示什么结论，大多数人把谈话作为思想的结果，他却把谈话作为思考的过程。

在《数字麦克卢汉》(*Digital McLuhan*) 里，被誉为"数字时代的麦克卢汉"的作者保罗·莱文森用非常感人的文字描绘了他 1977 年第一次专程携夫人北上"朝觐"麦克卢汉以后的激动心情："这一天的经历和发人深省的谈话使我们激动不已。所以我们手拉手走了一个多小时，穿过多伦多的大街小巷，一直走回旅店。那天晚上，那些大街小巷仿佛铺满了魔力。"[①]

在他们相识的 5 年里（1976—1980 年），莱文森领教了麦克卢汉那无与伦比的口才："他是我人生际遇中最会聊天、最发人深省的人。我们一共见面十余次。我们在饭桌上谈话，在街上聊天，更不用说还有电话上的交谈。我们的切磋成为他公开出版的著作中最好的引文和解说。谈话涉及的范围与书中无异，常常是角度略有不同、层面不大一样罢了。但是都能够揭示云遮雾罩的路径，从而到达理解的彼岸。"[②]

追溯麦克卢汉口才形成的主客观条件，也许能给读者培养口才带来启示。

首先，他非凡绝伦的口才是母亲的嫡传。他的母亲周游全国、巡回讲

---

① ［美］保罗·莱文森：《数字麦克卢汉》，何道宽译，北京：社科文献出版社，2001。

② 同上。

演，成为出类拔萃的演员和演说家。他从小身经百战，在厨房里、餐桌旁和母亲辩论而不分伯仲。

其次，他有一位终身辩论的对手互相切磋。多伦多大学政治经济学教授汤姆·伊斯特布鲁克，少年时代是他的同学，青年时代与他一道留学英国，后来又与他在多伦多大学共事 25 年。麦克卢汉回忆他们儿时在家乡辩论的情况：他们常常辩论到深夜，在街上边走边辩，有时一争就是通宵。他们有意识地培养自己的辩才。麦克卢汉说："我们有一个绝对一致的意见：在一切问题上都要抬杠。"

他很快就发现自己这个危险的才能：无论什么问题，他都可以从正反两个方面去构建自己的辩论——越是难题，他越是感到兴奋。进了大学以后，他的辩才进一步得到磨砺。

留学英国期间，他不但向剑桥大学口才好的老师学习，而且有意识地学习苏格拉底的辩证法、希腊的"诡辩派"和罗马的修辞学家西塞罗。

在教学生涯中，他总是喜欢与同事辩论。每到一地执教，他都要牵头组织辩论队。在多伦多大学圣迈克学院执教的 25 年里，他每天午饭时总是有意识地找哲学系的同事辩论，找口才出众的神父辩论（该学院的教员大多数是精于布道的神职人员）。

1979 年，他中风失语之后，他那咄咄逼人的辩才才随之而去。

几千年来，许多伟大的哲人都擅长口述，有的甚至拒绝使用文字。耶稣不遗一文，苏格拉底不留一字，孔子述而不作，老子无奈之下才被迫写下《老子》五千文。麦克卢汉也是这样的哲人。他传世的著作和书信有几百万字，大多数都不是他自己动笔写的，而是由他口授的，有些是他与合作者对话之后由合作者动手写的，他的两本名著《地球村里的战争与和平》(*War and Peace in the Global Village*)、《媒介即是按摩》(*The Medium Is the Massage*)，是由麦克卢汉迷主动捉刀整理而成的"麦克卢汉语录"。他许多精彩的思想就是在访谈、讲演中形成的，甚至是在日常的闲聊中奔腾而出的。

他的癖好之一是说俏皮话，其中之一似乎是他为自嘲而编造的，我们窥探到他为玄妙语言所付出的代价。有一次，有人占了他在研究所的专用泊车位，于是他在这辆车上留下一张字条："敬启者，请勿在此停车。该车位由鄙人专用，麦克卢汉。"下午下班时，他看见人家在他车上回敬的字条："亲爱的麦克卢汉：我有几本你的书。你的警示条是我唯一读过并理解的东西。"我们知道这是他编造的笑话，因为他终生不会开车。

迄今为止，诠释麦克卢汉的最高权威是莱文森。在《数字麦克卢汉》里，他对麦克卢汉的思想进行了细致的耙梳整理、阐述论证、尖锐批判，推出了超越麦克卢汉的"后麦克卢汉主义"。经他集纳批评的麦克卢汉警语有这么14条："我不解释，我只探索""媒介即是讯息""声觉空间""无形无象之人""地球村""处处皆中心，无处是边缘""光透射媒介对光照射媒介""冷媒介与热媒介""人人都出书""电子冲浪""机器把自然变成艺术品""我们没有艺术，我们把一切事情都干好""后视镜"和"媒介定律"。

这样的警语、俏皮话和术语在本书里俯拾即是、难以尽述。我们只能够将它们提出来，请读者阅读时留意：前文字人，文字人，部落人，非部落人，抄书人，印刷人（谷登堡人），工业人，电子人；拼音文字，印刷术，电气技术；声觉空间，听觉空间，视觉空间，欧几里得空间；艺术家，诗人；部落化，非部落化，重新部落化；集中化，非集中化；后视镜；东方的西方化，西方的东方化，第一世界，第二世界，第三世界，第四世界；外形，背景；环境，反环境，人造环境，边疆；心灵之旅，心灵探索；媒介定律；等等。

中国读者最熟悉的是他的"老三论"："媒介延伸论""媒介冷热论"和"媒介讯息论"，还有他对电视的批评。本书阐述这四个方面的语录，数以百计。限于篇幅，我们只能精选二十余条，权当是读者的开胃菜吧。

"媒介延伸论"：

1. "人的技术是人身上最富有人性的东西。"（原书 277 页）

2. "从文字和轮子滥觞之日起，人就在凭借技术来实现身体的延伸。人制造各种工具，刺激、放大和分割肢体的力量，以加强力量，以记录数据，以加快行动和交往的过程。电磁技术来临之后，一种全新的有机体原理开始发挥作用。电能使人的神经系统延伸并形成一种新的社会环境。"（原书 48—49 页）

3. "古希腊人和罗马人没有马镫，马镫是中世纪从东方传入的。它使人能够身穿重甲骑马作战，于是骑士就成了无坚不摧的坦克，马镫就成为必需的装备。但是，一副盔甲需要一个熟练劳工整整干一年才能完工。小农的土地所有制使小农买不起盔甲，但是给重甲提供生产资金却又是社会精英的急需，于是，重组整个土地所有制就成为有利之举。为了给重甲提供资金，封建土地所有制就应运而生。火药这种新技术出现时，他就把骑士背上的重甲炸得粉碎。火药急剧改变了封建制的基本规则，就像马镫急遽改变古老经济制度的基本规则一样。它像印刷术一样成为民主的媒介。"（原书 51—52 页）

4. "每一种技术都立即对人的交往模式进行重组，实际上造就了一种新环境。也许，在感知比率和感知模式的变化中，我们最能够感觉到这个新环境，虽然我们未必很注意这个新环境。"（原书 57 页）

5. "电子环境的特点之一是，人们彼此的介入程度很深，于是就觉得失去了个人的身份。这是我们时代特殊的难题之一。在一个事件瞬间同步发生的整体场内，人们彼此的介入程度很深，所以就失去了个人的身份感，这是因为在过去的岁月里，个人身份与简单分类、分割和非介入的状态联系在一起。在深度卷入的世界里，身份似乎已经在人间蒸发了。"（原书 79 页）

6. "我们生活在一个信息加速流动的时代，很容易接触到过去，所以实际上就不存在过去。一切都是现在。现在很丰富、很复杂、很吓人，所以人们竭力躲避现在。比如，地球卫星和通信卫星构成的信息环境——通信卫星带来的变化非常惊人，人们反而不注意它造就的环境。当你给地球罩上人造环境时，地球就变成了一种艺术形式。自然就不复存在。自然就进入了人造的环境。有了通信卫星和其他卫星之后，自然界、地球和我们的外部环境就成了人造环境的内容，就像好莱坞的道具一样。在电气时代，自然已不复存在。整个地球已经变成了一台教学机器，整个的人造环境就成了一台教学机器。"（原书141页）

7. "拼音文字产生的奇怪结果之一是，使用它的人发生了裂变。使用者的感知生活爆裂开来，其视觉部分与动觉、声觉、触觉部分分离开来。实际上使用文字的其他地方，实际生活始终和声觉、触觉、动觉联系在一起。中国人的会意文字是感知整合的美妙工具。汉字的整合性非常丰富，所以20世纪的大多数人已经开始仔细研究汉字，把它作为我们过度专门化的拼音文字的矫正手段。"（原书227页）

8. "我们必须要了解拼音字母、文明和理性的源泉，因为在20世纪里，我们已经走到这条路的尽头。了解这个道理大有裨益。我们经历了2500年的拼音书面文化，这是一场重大的革命，但是我们已经走到尽头。此时此刻，我们是要更多的书面文化素养呢？是要更多的20世纪文明呢？还是应该就此止步呢？在场的诸位正在考虑就这个问题做出决定。"（原书228—229页）

9. "拼音字母表最奇怪的隐性后果之一是个人身份。拼音文字出现之前是没有个人身份的，那时只存在部落群体。荷马不知个人身份为何物，他的世界是声觉史诗的世界，记忆式智慧的部落百科全书世界。"（原书229页）

10. "拼音字母表是西方文化的滥觞，大约起源于公元前500年，距今大约2400～2500年。我们仿佛是后文字的第一代。"（原书269页）

"媒介冷热论"，这是最难捉摸、最引起争议的论点，只举两三例：

11. "电视不接受形象鲜明的人物、'热'的人物。因为电视是冷媒介，我们的文化正在降温，降到僵尸那样冷的程度。许多人都有这样的看法。电视媒介的性质是要求你大量地参与，它不会给你一个完整的一揽子信息，它没有一个完整的形象。你不得不一边看一边构建一个形象。"（原书 40 页）

12. "漫画就是'冷'媒介。和古典音乐相比，它在许多方面是不连续的，有很多空档需要去填补。凡是信息程度或数据程度低的地方，填补或参与的程度就高。如果你填补复杂的数据，填补的机会就少，参与度就低。"（原书 70—71 页）

13. "电视能够培养而且有利于全球集体参与的仪式性节目。我说电视是冷媒介就是这个意思。电视不是热媒介。报纸之类的热媒介对单一的事件做深度报道。电视不善于报道单一的事件。它需要一种仪式、节奏和模式。你在电视上看到的广告大多数都太热、太专门化、太分割肢解。广告缺乏一种仪式流动性。广告人知道广告的这个特点，他们正在大力矫正这个不足。"（原书 253 页）

"媒介讯息论"：

14. "火车进入加拿大的第一波的效应之一是使人离开土地，使大家庭分裂。它极大地扰乱了家庭生活。谁都可以跳上车到大城市去。在过去六七十年里，大多数民间故事和文学都与此有关——家庭破裂、人们离开乡村到大城市去。"（原书 128 页）

15. "复印术把公众与作者的许多关系颠倒过来；这些变化不仅使我们看见了书籍的过去和现在，而且使我们看见了书籍的未来。比如，复印术使打字机的功能大大延伸，结果，秘密的、个人的便笺几乎就进入了公共领域……复印术可以说明，一种技术可能改变书写和说话的传统关系模式；仅仅是由于这个原因，似乎就值得我们考虑复印术的冲击力。"（原书 179—180 页）

16."我说'媒介即是讯息'时，我的意思是：汽车不是讯息，这里的讯息是汽车产生的结果，比如公路、工厂和石油公司，那才是讯息。换句话说，汽车的讯息是汽车的结果。你抽掉了结果，汽车的意义就被抽掉了。作为工程客体的汽车和这些结果没有关系。汽车是许多服务背景中的外形。你改变背景，你就改变了汽车。汽车并不起讯息的作用，而是讯息的结果之一。由此可见，'媒介即是讯息'，并不是一句很简单的话。我总是再三踌躇，不愿意解释这句话的意思。它说的其实是一套隐蔽的服务环境，由革新造就的隐蔽的服务环境；使人改变的正是这样的环境。使人改变的是环境，而不是技术。（原书 241—242 页）

电视：

17."电视具有毒品那样的诱惑力。它能够使人上瘾。它走近人的心里，具有镇静剂的作用。不久前（1977 年），《底特律自由报》(*Detroit Free Press*) 设立奖金，凡是连续几天不看电视的人，都可以获得 500 美元的奖金，结果却没有几个人去领奖。想拿奖的人几天之后就退出了试验。他们受不了。"（原书 270 页）

18."电视造成了儿童与父母、儿童与老师之间的鸿沟。可是谁也不知道原因何在。电视是 X 光机，不是电影，是纯粹的 X 光机，它对人心灵生活的影响很神奇。这是一个心灵之旅。X 光线这一代和电视之前的一代人迥然不同。这个差别和他们看什么电视节目没有关系，而是和他们受电视 X 光线轰击的经验有关系，看电视的经验是全身心的、深度的经验。电视问世以后的一切情况都为之一变。所以，电视一代的儿童上学以后，老师传授给他的是这样那样零零碎碎的东西时，他感到吃惊，心里纳闷，这样虚弱的东西怎么可以和了不起的电视相安无事。外部环境是一架巨型的教学机器，到处布满重要的讯息；相反，校内的环境却是琐碎、虚弱、专门分割、分门别类的数据，就像到词典里去查找一个又一个的词条一样。"（原书 145—146 页）

19. "电视把外部世界、越南战争带进了起居室。这样的局面给政治带来革命性的影响。人们不会容忍在家里看到暴力。他们不愿意再看到电视上的坏消息。电视人不得不改变新闻广播，要让它降温，要把一切热辣辣的东西让给报纸，因为报纸在户外，暴力在家里是不能容忍的。家里是电视必须要友好、可爱、亲切的地方。"（原书 220 页）

20. "尼克松在电视上的形象很糟糕，他上电视太热，上广播好得多，上电影不会差。广播和电影能够接受形象很热的人物。尼克松上电视就没有什么希望。"（原书 267 页）

21. "（如果你在美国全境把电视关闭 30 天，那就会出现）残酒不消、醉态不醒的样子，因为电视是一种使人上瘾的媒介。你拿走电视之后，人们就会表现出醉态难消的样子，那是很不舒服的。你记得，几年前有人尝试过；有人真的付钱叫参加试验的人几个月不看电视。"（原书 254 页）

22. "电视的后果之一是抹杀个人身份。看电视的人获得的是团体、同类人的身份。他们失去了对个人身份的兴趣。所以，这是电视隐蔽甚至是不知不觉的后果之一。电影不会有这样的后果。电影没有抹杀个人身份。电视是迥然不同的媒介。"（原书 255 页）

在这些讲话和访谈录中，麦克卢汉还提出了媒介环境学和东西方交流趋同的思想，请读者留意。

何道宽

2005 年 3 月 11 日

汤姆·沃尔夫序

请读者与我一起回到 20 世纪 90 年代……回到那硅谷……那狂欢的互联网……回到万维网那两位先贤，他们预告了万维网的来临……

1999 年 11 月的一天，我正在加利福尼亚州的帕洛阿尔托，那是硅谷有实无名的首府。就是在这里，在过去的 12 个月之内，电脑工业产生了14 位新兴的亿万富翁。每天早餐时，我都会看到这些富翁，每天如此。硅谷权贵的早餐一景在伊尔·弗内奥（Il Fornaio）餐馆里上演。这家餐馆就在我下榻的花园酒店的底楼里。我喜欢这场戏，谁也挡不住我去观赏的热情。

这些亿万富翁一眼就可以认出来。他们身着牛仔裤和咔叽裤，卷着衬衣袖子，敞开衬衣，只扣肚脐眼上那颗纽扣，胸腹袒露无遗，胸毛尽入眼底，脚蹬划船时才穿的那种软底鹿皮靴，不穿袜子，踝关节和跖骨轮廓分明……连五十出头的人也是这样的打扮，他们耳孔里的毛垂到耳垂上，耳垂松软下坠，肩头耷拉，脊梁弯曲，身子佝偻，就像海虾。他们酷似海滩上的流浪汉，衣着简陋，身上没有藏物之地，无法携带手机、呼机，遑论掌中宝、"黑莓"机、"林姆"牌传呼机或 HP-19B 型的计算器。每一位亿万富翁都有一位助手不离左右，助手的身价也许只能够达到六七千万美元，他们的衣装大致相同，只是要多一件运动背心。你问为什么？那还不清楚吗，背心上的口袋要用来装手机、传呼机、掌中宝、"黑莓"机、"林姆"

机或 HP-19B 型的计算器呀。亿万富翁穿婴儿装！那狂欢的气氛，令人闻一闻都要心醉！

　　然而，那令人陶醉的氛围又不止于此。在这些一夜之间暴富的亿万富翁身外，还有一种更加高尚的氛围，有一点近似精神追求的氛围。赛博空间产生了幻境，硅谷的人们个个从环境中得到这样的讯息：他们不仅是在开发电脑，而且是在创造一种神奇的新媒介，即互联网。况且还远远不只是互联网呢。神奇的力量就在他们身上。他们正在全球编织一个天衣无缝的网络。这个网络使民族疆界、种族分割失去意义，彻底改变了人类的天性，这样的变化一劳永逸、不可逆转。这是每个硅谷人的信条，他们的服饰就是这张网络的组成部分。这个神奇力量的信徒再也不会穿颜色单调的衬衣，不会用"有趣的"爱马仕领带配浅色的衬衣，不会穿单色牛津蓝的系鞋带的皮鞋。他们的做派绝不会效仿华尔街那些老派的笨驴，笨驴们的生活枯燥乏味，每天为盘算如何投资理财而疲于奔命。

　　这个总是大写的网是未来的世界，即数字宇宙，其神奇力量拥有一些传播福音的杂志。1998 年 9 月，《上部》（*Upside*）的编辑理查德·L.布兰特（Richard L. Brandt）说，他预计"我有生之年就会看到美国政府被推翻"，不是被革命者或外来的侵略者推翻，而是被微软公司的比尔·盖茨推翻。他和微软公司给万维网提供的软件"将会逐渐使美国政府过时"。和布兰特比较而言，盖茨仿佛是谦虚美德的化身，和脚蹬便鞋的普通人一模一样。他在书中说，他是"划时代变化"的一部分，这场变化"将震撼世界"。所谓震撼就像地震。计算进化的尺度曾经是以十万年为单位。电脑科学家丹尼·希里斯（Danny Hillis）在《连线》杂志（*Wired*）上撰文说，由于"电话、电脑和光盘驱动器进化的速度以微秒为计算单位……我们正在起飞……我们并非进化的终极产物。我们之后还有新的产物跟上。我想，这一定是奇妙无比的东西。我们没有能力去理解它，就像蝴蝶的幼虫不可能想象它会化蛹为蝶一样"。

如前所述，这一派狂欢，这一派千禧盛景的灵感，来自一位加拿大文学家。他去世 15 年之后，互联网才问世。直到 1964 年《理解媒介》问世，他在加拿大之外都默默无闻。他就是马歇尔·麦克卢汉。到 1996 年，赛博空间的信徒希望从他的著作和预言中寻求灵感，将其作为新的进化理论。

我无法想象，除了他之外，还有谁能够在一个研究领域里主导 20 世纪后半叶的态势。19 世纪末和 20 世纪初的几十年里，达尔文主导生物学，马克思主导政治学，爱因斯坦主导物理学，弗洛伊德主导心理学。此后，主导传播研究的唯有一个人，或者更准确地说，只有麦克卢汉及其无声的伙伴。使麦克卢汉学说成为一门学问的，正是这位默默无闻的合作者。使麦克卢汉的学问成为科学理论的，是一个看不见的、未经言明的、禁忌的宗教基础。

从一切表象来看，麦克卢汉青少年时期是浸礼会教徒，他的家庭是广袤的加拿大西部典型的浸礼会家庭。他们是苏格兰—爱尔兰血统的新教徒，有浓重的口音。他父亲的祖先是农夫，父亲本人是保险业务员，母亲艾尔西·麦克卢汉（Elsie Hall McLuhan）却是另一种人。她闯荡江湖，阅历很广，来自加拿大东部，有英格兰血统，受过良好教育，接受过严格的讲演训练，在戏剧圈子里很活跃。她在全国各地巡回表演，朗诵诗文和戏剧对白。虽然她经常不在家，可她仍然是一家之主。她给马歇尔及其兄弟毛里斯导航，使他们走上智力发展的道路，毛里斯成年后当上长老会牧师。麦克卢汉夫妇并不是表演明星，也不是了不起的保险推销员，他们没有发大财，生活只是过得去。然而，艾尔西·麦克卢汉还是确保她的儿子出国留学，因为他是一颗功课上的明星。1920 年，马歇尔 9 岁，他们举家离开埃德蒙顿，移居温尼伯。他在那里上中学、读大学，毕业于曼尼托巴大学，大学校园离他家只有半英里。他 1932 年获学士学位，次年获英语文学硕士学位。但是，他母亲心中给他设计的文凭比这些更加显赫。在母亲的督促之下，他申请到奖学金，获准到剑桥大学留学。

　　此刻的麦克卢汉还是传统的学子，"文字人"，这是他后来的自嘲；对于他学习并孜孜以求的那种印刷媒介的性质，他还一无所知。20世纪30年代，剑桥大学、牛津大学和伦敦的文字生活却没有一点点传统的色彩。那时正值大萧条的谷底，英国知识分子开始对下层社会、"大众"感兴趣，许多人从马克思主义的角度对其感兴趣，其他人从文化研究的角度对其感兴趣，这就是后来所谓的通俗文化。麦克卢汉接触到温德汉姆·刘易斯（Wyndham Lewis）和剑桥大学F. R.利维斯（Leasvis）的著作。他们把电影、广播、广告甚至漫画当作新的"语言"来研究。

　　那也是天主教作家贝洛克①和切斯特顿②的全盛时代。他们的风趣幽默使天主教突然之间在知识分子中显得激动人心，甚至是精明过人。同一时期，伦敦知识界两位最才华横溢、带有一丝犬儒主义的知识分子也皈依天主教，他们是奥登③和伊弗琳·沃④。麦克卢汉也在此时皈依天主教。他加入"唯一教会"（One Church），献身于通俗文化的研究。他的作品并不带有明显的宗教色彩，然而宗教热情和通俗文化热情的完美结合，终于产生了麦克卢汉的独特思想。

　　在剑桥大学得到第二个学士学位之后，他于1936年到美国开始了教学生涯，在威斯康星大学任教。1939年，他回到剑桥大学，以后的3年里拿到了英语文学的硕士学位和博士学位。离开威斯康星大学之后，他执教的大学全部是天主教大学，先后任教于圣路易斯大学、安大略省温莎城的阿

---

　　① 贝洛克（Hilaire Bellock, 1870—1953），英国作家。善于雄辩，分产主义者。

　　② 切斯特顿（Gilbert Keith Chesterton, 1874—1936），英国作家、记者、编辑。著小说、评论、诗歌、传记，出版《周刊》，提倡分产主义，对一代知识分子产生重大影响。

　　③ 奥登（Wystan Hugh Auden, 1907—1973），英国诗人、文学评论家。20世纪30年代左翼青年作家领袖，以后向右转，1946年入美国籍。

　　④ 伊弗琳·沃（Evelyn Waugh, 1903—1966），英国小说家。擅长讽刺上层社会的流弊，著《衰落与瓦解》《邪恶的肉体》《旧地重游》和《荣誉之剑》三部曲等。

桑普星大学和多伦多大学的圣迈克学院，到圣迈克学院的时间是 1946 年。

这一年，麦克卢汉 35 岁，充分体现了母亲寄予他的精神追求。她希望儿子成为舞台明星。他的名气是文学家、16 世纪和 17 世纪英国文学专家、乔伊斯①专家；他富有人格魅力，以他课余组织苏格拉底式的研讨会俘获了大群师生。他把这样的研讨会用来研究他所谓的"工业人的民俗"，以这样的研究来解读广告、漫画和报纸隐藏的语码。他用幻灯片放拜尔公司的阿司匹林广告，展示头戴军盔、脚蹬皮靴、手执指挥棒的少女鼓手队长，揭示广告背后的隐喻。他的说明词是："在 13.9 秒之内，鼓手队长可以转动指挥棒 25 次……然而拜尔公司的阿司匹林广告只需要两秒钟就可以生效！"接下来他会提问：这样的广告真正的语言是什么？它是否真能够传达意义？"军人那种正步走加上高筒靴的性爱成分"，这就是性与技术的结合，这就是广告反复表现的主题，他将之命名为"机器新娘"。

他第一本书就以"机器新娘"命名的。该书问世的 1951 年，他 40 岁。《机器新娘》难免文人惯常的反商业倾向，目的是要解放公众的头脑，使之免受广告业的操纵。与此同时，这本书将他引进了多伦多大学同事哈罗德·伊尼斯的轨道，伊尼斯是经济史学家。正如麦克卢汉痛快坦言，他的核心观念正是吸收伊尼斯两本书的思想形成的。这两本书在 1950 年和 1951 年出版，名为《帝国与传播》(*Empire and Communications*) 和《传播的偏向》(*The Bias of Communication*)。这个名为麦克卢汉主义的核心观念是：任何新传播媒介都导致使用者的观念完全改观。伊尼斯认为，15 世纪谷登堡发明的机器印刷使民族主义传播开来，在以后的 500 年里风靡世界；民族主义和部落主义截然相对。1962 年，麦克卢汉时年 51 岁，他的主要理论著作《谷登堡星汉》问世。他说这本书是"哈罗德·伊尼斯的注脚"。

---

① 乔伊斯（James Joyce, 1882—1941），20 世纪最伟大的小说家之一。用意识流手法，著《尤利西斯》《芬尼根的守灵夜》《都柏林人》《一个青年艺术家的肖像》等。

他的大手笔两年后问世。他的《理解媒介》把伊尼斯的研究方法推进到 20 世纪和电视时代。他认为，印刷术强化了西方人的视觉，损害了其他感官，结果就产生了许多形式的专门化和分割。这些专门化和分割肢解的倾向有官僚主义、现代军队、民族战争，有精神分裂、胃溃疡、对童年的崇拜——他认为这种崇拜是年龄的分割，还有色情、性与爱的分割。20 世纪后半叶，电视登场亮相。麦克卢汉认为，电视扭转了这一过程，使人的 5 种感官回归到印刷术之前、文字之前的那种"部落平衡态"。听觉和触觉重新起作用，人又回归到调动全部感官的状态，这就是感官经验组成的统一的"天衣无缝的网络"。他认为，电视不是视觉媒介，而是"听觉—触觉"媒介。这是他喜欢那种反弹琵琶唱对台戏的言论，他诘难人们的常识，不屑于解释或辩论。他说，世界正在迅速成为一个"地球村"，地球村是电视覆盖全球那张大网的终极产物。

麦克卢汉认为，电视对中枢神经系统影响的直接后果，可以在当代年轻人的身上看出来，这是第一代的电视儿童。他给代沟做了这样的诊断：代沟不是思想上的隔阂，而是神经性的差异，是印刷术哺育的一代和听觉—触觉的新一代之间的差距，这个新一代是新的部落式后代。他近距离观察这个新一代。1939 年夏天，他到加利福尼亚州去看望母亲。母亲在帕萨迪纳剧院教学，他在那里认识了美国演员科琳·刘易斯（Corinne Lewis），堕入情网，旋即向她求婚，并很快完婚，携新娘再赴剑桥。他们如此闪电般的速度完成终身大事，以至于科琳只好发电报禀报父母，她如今已成为麦克卢汉夫人。马歇尔和科琳夫妇养育了 6 个孩子，4 女 2 男。麦克卢汉个人没有闲情逸致摆弄电视或其他任何电子媒介。眼看孩子们上学、看电视、打电话、听收音机、放唱片，全面开花、样样兼顾，他不禁感到恐惧。他相信，新一代在教室里必然会不知所措，且感到厌烦，因为办学的老师是受到印刷术钳制的人。他主张，教育制度必须要脱胎换骨。

然而，新的感官平衡必然要产生通盘的变化（Total Change）——为了强调彻底的变化，他把这两个单词的首字母大写。他说，轮子是脚的延伸，斧头是手臂的延伸；同理，电气媒介是中枢神经系统的延伸，中枢神经系统的延伸是难以抗拒的。他预言的口气并非尝试性的。人的本质如今已然变化。民族主义是印刷术的产物，再也不可能站住脚；如今，能够站住脚的是地球村。他预料，地球村里的种族不可能彼此隔绝。相反，各种族"相互参与、彼此负责的局面是不可逆转的"。他警告说，地球村不是一个乌托邦的处方。实际上，它倒是容易酿成血腥的局面。他问到，毕竟最善于杀人的屠夫是在哪里？在村子里。地球村有可能把全人类纠集起来大开杀戒，血战屠戮和其他事情一样，是容易发生的。

不过他又相信，新时代提供的可逆性比乌托邦还要高尚，乌托邦毕竟是一个世俗的观念。他用最明快的语言说出了他最钟情的梦境："人人都是基督一体的组成部分，是基督教神秘一体的观念，在电子条件下，这已经成为技术上可以实现的事实。"

在这里，我们看见一个有趣的影子。麦克卢汉从未提到这个人的影响；然而实际上，他对麦克卢汉的影响和伊尼斯一样重大。他名字叫夏尔丹①，地质学家和古人类学家，由于在中国和中亚寻找化石而一举成名。1911 年（麦克卢汉在这一年出生）30 岁时，他成为耶稣会士，到巴黎的天主教学院教地质学。他自认为的终身使命是，接受严重动摇基督教信仰的达尔文生物进化论，证明它是上帝为人类进化设计的宏伟蓝图的第一步。在此时此刻的 20 世纪，上帝正在将人类进化引入一个智慧圈（noosphere）——智慧圈是他造的新词。所谓智慧圈就是凭借技术实现的人类一切神经系统和一切灵魂的合而为一。夏尔丹提到的技术有广播和电视，尤其是电脑；他详细阐述了这些技术，论述了控制论。无论人们对他的神学怎么看，他的

---

① 夏尔丹（Pierre Teilhard de Chardin, 1881—1955）亦名德日进，法国古生物学家，哲学家，耶稣会神父。曾经参加鉴定北京猿人化石。

预见力实在是令人震惊。他去世的 1955 年，电视才刚刚开始普及，微电脑芯片还没有发明，计算机还是硕大无朋的机器，大得就像郊区住宅里的起居室，不可能在生产线上制造。然而，夏尔丹已经写下了如下的论述："广播电视无与伦比的网络已经将我们结成一张巨网，这就是人类意识以太化的一张网"；"那些令人震惊的电子计算机提供了'思想运演的速度'，为研究领域的革命开辟了道路"。他又写道：这种技术正在"为人类创造一种神经系统，一个单一的、有组织的、未经言说的、覆盖全球的薄膜，一种惊人的思想机器"；"文明时代已然终结，单一文明的时代正在来临"（The age of civilization has ended, and that of one civilization is beginning）。他在单一文明之下打上了着重号。夏尔丹笔下未经言说的薄膜，那个智慧圈当然就是麦克卢汉笔下的"感官经验组成的天衣无缝的网络"，他笔下的"单一文明"就是麦克卢汉的"地球村"。

夏尔丹写道：也许我们会认为，这些技术是"人为的"，完全"外在于我们的身体"，然而实际上，它们是我们神经系统"自然而深刻的进化"。使用这些技术时，我们也许认为仅仅是为了娱乐，仅仅是在发展商业，或者仅仅是在传播思想。然而实际上，我们仅仅是在一个更高层次上继续着不曾中断的生物进化。用另一种方式来表述，那就是："媒介即是讯息。"

私下里，麦克卢汉承认自己对夏尔丹心怀感激。然而，在公开的场合，他从来没有这样的表示。为什么？难道是害怕影响自己原创性的名气吗？那不像是麦克卢汉的性格。毕竟，他公开承认对伊尼斯的感谢，而且以五体投地的姿态表示感谢。更加可能的原因是，在天主教知识分子的圈子里，夏尔丹笼罩在异端邪说的阴云之下——我们必须记住，麦克卢汉所在的圣迈克学院是天主教学院。几十年前，教会禁止夏尔丹传授或出版他的进化论著作，因为他接受了达尔文主义，认为它多半是真理。他的 6 本书在生前无一能够出版。不过在圣迈克学院的知识分子中间，夏尔丹的地下出版物颇为活跃，尤其是在他 1951 年移居美国之后。麦克卢汉迷恋夏尔丹，但夏尔丹却是一个问题。即使去世之后，他也被排除在天主教神学的圈子之外，而麦克卢汉的信仰却是非常虔诚的，因为他是新教徒改宗的天主教徒，又在一所重要的天主教学院教书，所以他的信仰就特别虔诚。

此外，夏尔丹在世俗问题上也会给他的生活带来问题。在麦克卢汉的时代，哪怕带有一丝宗教色彩的学术著作也不会受到重视。在教会内部，夏尔丹可能被认为是神秘色彩太浓的达尔文主义科学家；在教会之外，他又被认为是天主教色彩太浓的神秘主义者。1964 年出版的《理解媒介》承载着大量夏尔丹的思想，不过只有夏尔丹迷才能够发现这本书里承载的夏尔丹的弦外之音，而且这个夏尔丹迷还必须是一位非常细心的读者。《理解媒介》没有弹奏一个神学的音符。

事实上，20 世纪 60 年代中叶，《理解媒介》像惊雷一样在知识界的头上炸响，放射出世俗的光辉，立即引起了工商界的注意，许多追求物质享受、讲究实际的人无不为之心动。其中一个原因是，书名《理解媒介》貌似简单，实际上却是一场挑战："你们这些使用媒介的人，拥有媒介的人，向媒介投入数以百万计并依靠媒介的人——却不理解媒介，不知道它们如何影响人。"到 1964 年底，美国通用电气公司（GE）和国际商用机器公司（IBM）等公司纷纷邀请麦克卢汉到美国去给管理层做报告。他们的态度与其说是"他说得对"，不如说是"万一他说得对呢（我们最好是弄清楚）"。麦克卢汉告诉通用电气公司，他们的业务不是给市场生产灯泡，而是传输信息，他们的产品是不带讯息的媒介；他们的业务和美国贝尔电话电报公司（AT&T）的业务完全相同。电灯光是纯粹的信息，是不带讯息的媒介（Electric light was pure information, a medium without a message）。他居高临下地赞扬 IBM 公司说，他们终于认识到自己不是在制造设备，而是在加工信息。他以先声夺人之势告诉位高权重、知识渊博的总裁，说他们对自己企业性质的了解实在是糊涂得云里雾里。不过，他从来不使用故意造成震撼的语气。他始终端着学者的架子，他的话一丝不苟、庄重严肃。他有一个典型的姿态：下颚后收，目光下视，掠过鼻子，那张苏格兰人似的长脸上写满严肃，然后才发布他那特尔斐似的神谕。他似乎身在听众之外，高高在上，从太空船上俯瞰着人间。

多伦多大学的英语教授马歇尔·麦克卢汉提出了一个有趣的理论；可是，他突然成为世界知名的麦克卢汉，还多亏了一位广告人的干预。他名叫霍华德·戈萨吉（Howard Gossage），这是一件很有趣的事情。他迷恋《理解媒介》，为麦克卢汉奔走，自掏腰包做义务宣传，且视之为己任。1965 年，他邀请麦克卢汉到美国，把麦克卢汉介绍给西海岸和纽约市的报人和广告人。这是一场成效卓著的宣传运动。杂志文章、报纸特稿和电视访谈以惊人的速度在流水线上生产出来。到 1965 年底，《哈泼斯杂志》（*Harper's Magazine*）和《纽约杂志》（*New York Magazine*）刊发论麦克卢汉的长篇特稿。1966 年这一年之内，报刊上介绍麦克卢汉的文章就达 120 余篇，差不多每一种重要的美国、加拿大和英国的报刊都参与了这场运动。人们以激动的心情思量着，这可能是一位洞见堪与达尔文和弗洛伊德一比高低的重量级人物。

随着他名望的攀升，损毁他的队伍也随之壮大，文学界的人尤其多，因为他常常把这些人一笔勾销，认为人家墨守成规、反动倒退，连对自己使用的媒介都不甚了了。与此同时，科学家不知道应该如何评价他，是毁是誉拿不定主意。他的理论核心是人类"感知平衡"的观念。这个观念属于认知心理学范畴，广义地说属于神经科学的范畴。今天，神经科学是学术界最热门的学科；然而直到今天，我们根本就无法判断这样的感知平衡是否存在；也无法判断电视这样的媒介是否会改变个人的神经系统，更不要说改变全社会和整个历史的进程了。当代任何批评，当代任何批评家，麦克卢汉都漠然视之，真教人气得发疯。他并没有构建一套圆满自足的理论体系。他坚持说，他仅仅是一位打头阵的人物，一头扎进一块浩瀚无际的未知领域——也许他就是这样的开路先锋吧。已有的知识太少，探索的时间更是少之又少。他的使命是探索，像"探针"（probe）一样地探索，去开发一个未知的领地，他喜欢用"探针"这个词。以后跟进的人可以搞系统的调查、做临床实验、组织数据、解决分歧。他把一切反对意见贬之为弗洛伊德所说的"抗拒"——面对揭开人这个动物本质的许多令人眼睛一亮的启示时，现代人不愿意放弃过去那些令人舒服惬意的观念。

在《理解媒介》激起的激动余波之中，麦克卢汉在多伦多大学建立了文化与技术研究所。这个研究所的名字像十分威严的实验室，实际上只是一个印有头衔的信笺、一张书桌和他用来手写的横格稿纸，再加上他那颗多产而敏捷的头脑而已。在这个方面，麦克卢汉颇像弗洛伊德[①]。弗洛伊德的言论没有多少经受住了过去半个世纪的科学考察。事后看来，我们可以说，他是才华横溢的老派哲学家，生在一个只把科学当作福音书真理的时代。于是他晚上从诊所的后门把哲学思考引进来，早上又把它们当作科学发现从诊所的大门送出去。麦克卢汉在他的研究所也如法炮制。实际上，麦克卢汉从头至尾都是一位文人，他追随的是约翰逊博士[②]、卡莱尔[③]、阿诺德[④]和切斯特顿的伟大传统，只是加上他对自己时代闪光的洞见而已。

然而，文人却不喜欢他，因为他许多颇具切斯特顿式的幽默话伤害了这些人。20世纪60年代，有人请他评论作家和学者一头扎进抗议运动的现象时，他说："道德义愤是给白痴赋予尊严的基本手法。"

在20世纪70年代中后期，被他讥笑的人报了一箭之仇。他似乎没有

---

① 弗洛伊德（Sigmund Freud, 1856—1939），奥地利精神病学家、精神分析学派心理学创始人。提出潜意识学说，认为性本能的冲动是行为的基本原因。代表作有《释梦》《精神分析引论》等。

② 约翰逊博士（Dr. Samuel Johnson, 1709—1784），英国文学家、词典学家。编写了英国第一部最有影响的字典。

③ 卡莱尔（Thomas Carlyle, 1795—1881），英国散文家、史学家。关心社会问题，批评社会弊端，著《法国革命》《论英雄、英雄崇拜和历史上的英雄事迹》等。

④ 阿诺德（Mathew Arnold, 1822—1888），英国诗人、批评家、教育家。代表作有《评论一集》《评论二集》《文化与无政府主义》等。

意识到，学界名人如果想要维持世俗的名气，就必须要漠视新闻界，至少要和记者、娱乐界和出版界的人拉开距离，因为这些人很高兴把他的名气放大到明星的地位。弗洛伊德和爱因斯坦深知这个道理。1922 年，《芝加哥论坛报》（Chicago Tribune）开价 2.5 万美元，相当于现在的 30 万美元，请弗洛伊德到美国来，赶在"杀人魔王"利奥波德和洛布①受审时给这家报纸写心理分析评论。可是，他只到了美国马萨诸塞州的克拉克大学做了一场深奥的讲演，这是连本地报纸都上不了的一所不大的学校。与此相反，麦克卢汉却出版了一些合署的、名字俏皮的书，比如《媒介即是按摩》，而且他还到伍迪·艾伦执导的喜剧电影《安妮·霍尔》（Annie Hall）里去扮演他自己，况且这又是一个小角色，一位喜欢开玩笑的、高深莫测的理论家。多次中风之后，他于 1980 年去世，享年 69 岁。此时，批评他的人主要是纽约市的知识分子，给他来了盖棺定论，认定他"不严肃"，说他再没戏了。

然而，麦克卢汉提出的一个观念却没有被世人遗忘。世纪末高速增生的年轻的电脑技术人员绝不会让这个观念死亡。这个观念是：电视之类的新媒介有力量改变人的头脑，并进而改变历史。1992 年到了——石破天惊轰然一声炸响！一种新媒介横空出世。电脑与电话线连接起来创造了互联网。互联网把麦克卢汉的思想重新点燃，他复活了，最新锐的网络专业杂志《连线》在每一期的报头上刊发他的相片。

天哪！倘若麦克卢汉 90 年代在世，那该多风光啊！那会是什么样的天堂岁月啊！他会多么喜欢网络啊！他将把他的地球村变成什么样的奥兹②啊！瞧，30 年前的预言实现啦！全人类神秘一体的梦想实现啦！

---

① 利奥波德（Nathan Leopold）和洛布（Richard Loeb），芝加哥富家子弟。自称超人，绑架并杀害了一位 14 岁男童，成为轰动一时的大案。

② 奥兹（Oz），接近于中国人所谓的"洞天福地"，语出弗兰克·鲍姆（Frank Baum）创作的小说《绿野仙踪》（The Wonderful World of Oz）。

当然，新千年到来不久，网络公司的泡沫就破灭了，麦克卢汉在硅谷的信徒从美梦中惊醒过来。他们摇摇头，清理一下思路，重新聚焦，以便看清未来的发展方向。现代人未能成功。吉迪恩[1]笔下的年轻人组成的大军能够看清一盏小小的灯泡：它就像哈罗根公司的微型灯泡，比微型牙膏盖还要小的灯泡，仍然通亮……电灯光照亮四周……他们说这盏灯会继续发光。

新的传播理论家将会陆续登场，仿佛是从柏油马路、水泥房屋、树脂砖瓦或珀玛牌地板里直接冒出来的一样。但是，有一个事实是不会变的：他们得首先和麦克卢汉来一番较量。

汤姆·沃尔夫

---

[1] 吉迪恩（Sigfried Giedion, 1888—1968），瑞士建筑史学家。在麻省理工学院和哈佛大学执教，任哈佛大学设计学研究生院的院长，著有《空间、时间和建筑》《机械化挂帅》《艺术的滥觞》《永恒的现在》等，对麦克卢汉产生了重大影响。

斯蒂芬妮·麦克卢汉前言

　　本书的设想是由戴维·斯泰恩斯提出的。他认为，这些视听材料具有潜在的文献价值。我们两人编辑文稿时，当然有不同的视角，戴维是文学史家，我是电视制片人，然而我们却有共同之处，那就是对课题的了解。此外，长期的友谊使我们的合作非常惬意宜人。

　　我记不起第一次见他是什么时候。有许多年，他是我们家的常客。因此，我打电话向他请教如何利用马歇尔·麦克卢汉留下的那 20 余盘磁带似乎是合乎逻辑的。25 年来搜集的这些材料是我父亲留下的报告会和电视访谈的录音。我希望戴维能够向我推荐一所理想大学的传播系，我打算把这些带子捐赠出去。他却热情地说，把这些素材编成书会很好。他的建议使我略微一惊，所以我建议我们两人碰头之后再说，不必急忙决定出书。我们仔细考虑之后，他归纳书的构想说：只收录从未出版过的第一手材料——未经编辑的讲演和电视访谈录，涵盖 1959—1979 年这 20 年。这个构想简单明了，我们同意试试看。

　　过了几个月，费了不少脑筋，走了一些弯路，总算大功告成，我们的友谊非常牢靠。有不少令人烦恼的时刻；因为我们发现，讲演稿总是比电视访谈要难得多。每一篇记录稿总是要读三四遍才能够充分理解，主要原因是里面的思想和观点太密集。

本书收录的 18 篇稿子按时间顺序编排，难免有一些思想会重复出现，但是，这样去追踪麦克卢汉思想的发展不失为趣味盎然的历程。他对自己工作的看法和对世界的观点，是对他正式出版的著作颇具价值的补充。

总体上看，这些讲演和访谈构成了一部传记和自传，使你能够读到原原本本的麦克卢汉；你会发现和他的邂逅更加容易，甚至没有任何中介的隔膜，这比读他的书要容易些。

我们的注释试图明确每一条引文的出处，不过有几条引文实在是难以找到准确的信息。

我们对汤姆·沃尔夫表示诚挚的感谢，他的序文不愧是大家手笔。我们感谢安排这些访谈的广播人和电视人，感谢各大学档案馆为讲演提供背景的工作人员。

斯蒂芬妮·麦克卢汉

第一章

电子革命：新媒介的革命影响（1959）

1959 年 3 月 3 日，马歇尔·麦克卢汉应邀赴芝加哥，向全美高等教育学会发表讲话，与会者逾千人。会议的主题是："与时间赛跑：高等教育新视野与要务"（"*The Race Against Time: New Perspectives and Imperatives in Higher Education*"）。他讲演的题目是"电子革命：新媒介的革命影响"（*Electronic Revolution: Revolutionary Effects of New Media*）。

这一年，麦克卢汉 47 岁，已经出版《机器新娘：工业人的民俗》（1951）。该书是他对广告业操纵人的技巧的犀利解剖。此时，他的名气已经超越学术圈子，他以思想先驱的面目步入大众媒介。

在这篇讲演中，麦克卢汉以教育工作者对同行讲话的身份说道："我们很快就感觉到了电子革命的影响……今天，我们大家就像失去家园的难民，我们生活的世界与我们成长时期的世界几乎没有任何共同之处了。"电子革命赋予教师的使命不再是提供信息，而是提供洞见；它赋予学生的身份不再是消费者的身份，而是教学伙伴的身份，因为学生早已在课堂之外积累了大量的信息。

我们今天生活在后机械时代，我们的处境与那些在汽车时代仍然用马车时代的思维方式思考的人，有相似之处。对马车时代的人而言，汽车最引人注目的事实就是：它无需用马牵引。同理，对那些习惯电报神奇性质的人而言，广播看上去就是无须电线的电报。对习惯机器的人而言，自动化是令人恐惧的一种极端的机械化。然而，正如德鲁克[①]在《明天的路标》（*Landmarks of Tomorrow*）中所说的：自动化"用来描绘物质生产过程的新观点，把这种工艺当作一种外形（configuration）和实体，自动化只不过是一个特别丑陋的字眼"[②]。

我们很快就感觉到了电子革命的影响，它以崭新的轮廓呈现在我们眼前。今天，我们就像失去家园的难民，我们生活的世界与我们昔日成长的世界几乎没有任何共同之处了。我们大多数人还能够回忆起在人行道和公路上滚铁环的情景。现在的铁环比过去多，可再也没有孩子滚铁环了。这是因为，儿童生活的空间再也不是 30 年前那种空间的轮廓了。以线性设计展开的外部空间不能吸引他们，他们构造自己的内部空间，芭蕾舞式的内部空间。比如，他们生活中的电子形象是靠光透射而不是光照射（light through rather than light on）所构成的形象（这是电视和电影的主要区别之一），所以他们以新的感知轮廓和新的态度对世界做出回应。

教育工作者自然觉得，自己的工作是维护现存的教育制度，维护并推进与其程序相关的价值。比如我们当前的价值就是：必须坚持要孩子学会阅读；即使仅仅是因为印刷文字是西方工业生产方法的母体——而印刷文字传授的是消费者的习惯和观点，孩子们也必须学会读书。印刷文字传授线性排列的分析习惯教人把一切运动分解为静态的片段。它把母语资源气象万千的万花筒展现在我们的眼前，前文字的民族只能够用耳朵来感知这种宏伟的景观。实际上，印刷文字不仅是我们获取文化和技术的手段，它就是我们的文化和技术。电子时代快速而灵活的新媒介对我们构成了威胁，

[①]　德鲁克（Peter F. Drucker, 1909—2005），美国企业管理顾问，教育家和作家。对管理教育起到主导作用。著作等身，许多已经引进中国。代表作有《经纪人的目的》《工业的未来》《美国未来 20 年》《公司的概念》等。

[②]　德鲁克，《明天的路标》（*Landmarks of Tomorrow*），Harper&Brothers, 1959，5 页。——原注

我们却静坐在马奇诺防线①背后，相信自己的地位坚如磐石、固若金汤。我们产生这样的幻觉，其道理就在这里。

孩子当然必须要阅读，他必须要一行一行地看书，必须要在人行道上滚铁环，必须要用眼球进行线性的、序列的扫描。只需把他过去用右手的习惯嫁接到左撇子的习惯上，就可以证明这个道理。然而与此同时，我们却失去了他的注意力，他可能被压垮，他可能完全不知所措。

从长远的观点来看问题，媒介即是讯息。所以社会靠集体行动开发出一种新媒介（比如印刷术、电报、照片和广播）时，它就赢得了表达新讯息的权利。我们告诉年轻人，这个新讯息威胁着旧讯息和旧媒介；这就是说，我们在社会生活和技术生活中团结一致所做的一切对他们珍爱的一切都具有破坏力。他们只能得出这样的结论：我们的态度不够严肃。这就是他们注意力下降的意义。

我说过，从长远的观点来看问题，媒介即是讯息。从历史的观点看问题，这是很容易解释的，也是很容易证明的。印刷术把口耳相传的教育一扫而光，这种传授方式构建于希腊—罗马世界，靠拼音文字和手稿在中世纪流传下来。几十年之内，印刷术就结束了历经 2500 年的教育模式。今天，印刷术的君王统治结束了，新媒介的寡头政治篡夺了印刷术长达 500 年的君王统治。寡头政治中，每一种新媒介都具有印刷术一样的实力，传递着一样的讯息。我想，如果我们要施行君主立宪制，平衡这些新的寡头，就不得不研究它们的外形特征、心理动力学以及长期讯息。倘若我们把它们当作既定常规那样恭顺的奴仆（视听辅助手段），那就是致命的错误，就像把 X 光机当作电热器使用一样危险。西方世界曾经犯过这样的错误。不过东方衰微之后，西方认识到，只有依照西方模式才能够建立有活力的社

---

① 马奇诺防线（Maginot Line），20 世纪 30 年代法国人在法德边境建立的异常坚固的防线，1940 德国人借道比利时闪电攻击法国，绕到防线之后，马奇诺防线成了法国人麻痹的象征。

会；在这样的时候，如果让我们的新媒介清算旧媒介，那就是很不好的时机。电子信息模式的讯息和形式是同步的。我们的时代得到的信息不是新旧媒介的前后相继的媒介和教育的程序，不是一连串的拳击比赛，而是新旧媒介的共存，共存的基础是了解每一种媒介独特的外形所固有的力量和讯息。

心理学家安海姆[1]在《电影艺术》（*Film as Art*）中写道："人类创造性的历史说明，几乎每一次革新都要经过这样一个初级阶段，即用旧方法解决问题的阶段，但这个解决办法是由于某种新特征而略微修正或放大的解决办法。"[2]在过去的30年里，艺术和科学领域里的传统学科都从线性逻辑关系模式转变为外形特征的模式。生物学的转变尤其明显。然而，求得外形模式的方法依然是传统的笛卡儿[3]式的方法，是把经典力学用来研究生物有机体的方法。应激反应、基础代谢生态学和综合征之类的外形观念本质上是美学术语。

我们从机械时代进入同步时代的时候，从线性的、前后相继的分析类型进入同步世界的时候，我们不仅进入了艺术家的世界，而且看到，艺术与自然原有的对立消失了，商务与文化、学校与社会的对立消失了。无论我们转向当前文化的哪一个方面，我们都看到这样的变化。考察一切变化阶段的同步视野，这样的习惯是同步世界的机敏意识的特征。

所以，在今天凭借技术的信息流动中，我们拥有的产业是有史以来最大的产业。美国电话电报公司的资本化大大超过了美国通用电气公司。信息的生产和消费已成为我们时代主要的产业。文化已经接管了商业。在产

---

[1]　安海姆（Rudolph Arnheim, 1904—2007），德裔美国心理学家、儿童心理学家，格式塔心理美学流派的代表人物。擅长视觉艺术研究，著《电影艺术》等。

[2]　安海姆《电影艺术》（*Film as Art*），London: Faber & Faber, 1958，148 页。——原注

[3]　笛卡儿（Rene Descartes, 1586—1650），法国数学家和哲学家。将哲学从经院哲学中解放出来的第一人，黑格尔称他为近代哲学之父。代表作为《方法谈》（1637）和《哲学原理》（1644）。

业内部，个人和管理层的课堂不断增长，这个课堂得到的经费至少是美国160亿美元正规教育经费的3倍。至于研究经费，增长的趋势和比率大概也是这样的情况。

每天24小时全球不停的信息流动，如今呈现出一个同步的外形特征。企业界和教育界的决策与外交界的决策一样，是如何把握这些外形特征的问题。这些外形特征有自己的语言和句法，就像图像广告有自己的语言和句法一样，因此，今天教育界的责任就不只是要传授这些语言，而且是要让人知道，身处现有文化外形之中的我们，如何才能够借助这些新力量来丰富自己，而不是被它们消解。笛卡儿去世之后，法兰西学院给科学下了一个经典的定义："事物的原因所产生的必然而明显的知识。"生存的道理表明，我们要依靠预见来把握电子媒介固有的原因，而不是它们的后果，我们要把握它们的一切文化外形，要在教育界进行完全自觉的战略决策。

在《结构主义的神话研究》（*The Structural Study of Myth*）一文中，杰出的法国人类学家克劳德·列维－斯特劳斯①给我们提供了一个典型的有关外形的洞见。他说："我们给神话下的定义是，它包含一切类型的神话……因此，索福克勒斯②和弗洛伊德应该与《俄狄浦斯王》（*Oedipus*）的各种版本一视同仁，与较早的或看似更加'正宗'的版本一样看待。"③如果把他的思想用来研究教育媒介，这段话的洞见就是：我们要把媒介当作神话来研究，当作群体经验和社会现实的大规模的语码编程来研究；列维－斯特

---

① 克劳德·列维－斯特劳斯（Claude Levi-Strauss, 1908—2009），法国社会人类学家，结构主义主帅。认为人类行为是一个交流系统，著《亲属关系的基本结构》《结构主义人类学》《原始人的思维》《图腾崇拜》《悲惨的热带》《野蛮人的心灵》等。

② 索福克勒斯（Sophocles, 前496?—前406）古希腊三大悲剧诗人之一。共写123部剧本，仅存《俄狄浦斯王》《埃阿斯》《安提戈涅》等7部。

③ 列维－斯特劳斯《神话的结构主义研究》（*The Structural Study of Myth*），载《美国民俗学杂志》（*Journal of American Folklore*），1955，第68卷，435页。——原注

劳斯的洞见是我们时代艺术和科学方法的典型特征。印刷术深刻改变了拼音文字的结构，重组了西方世界的教育程序；同理，电报重新塑造了印刷术，电影、广播和电视也重新塑造了印刷术。媒介神话这样的结构变化并存于教学过程生龙活虎的模式之中。这个宏大结果的变化外形必然要改变我们每个人视觉、声觉等感知的倾向，必然要预定我们偏好的模式，此时是一个模式，彼时却是另一个模式。今天，凭借电子手段，各种文化和各个媒介发展阶段的并存，给人类提供了解放的手段，使我们能够从媒介的感知奴役中解放出来；媒介在各个发展阶段的特定倾向对人的感知都是一种奴役，有了电子媒介之后，我们就从这种奴役状态中解放出来了。

哈罗德·伊尼斯所谓"传播的偏向"很有道理，这个偏向不仅和我们选择的信息编码形式有关系，而且和石头、莎草纸、印刷术等媒介有关系，媒介和决策过程的结构变化形成了一定的因果关系。

帕金森[①]先生最近使我们大开眼界。他分析了官僚主义的决策过程，其表现是文字形态的备忘录综合征。经过几十年的电子信息模式之后，书面的信息流动形式看上去就有一点古怪了。目前，加拿大战斗机配备两位飞行员，他们的决策完全是另一种外形，也就是同步的决策外形。指派他们合作前，他们要经过长时间的合作，这个过程叫作"关系稳定期"。最后让他们匹配时，指挥官举行一个严肃的仪式，公开宣布他们"结婚"。今天我们觉得，只有婚姻才能够表达用新技术决策所必须具有的合作、宽容和同情。这个新模式是潜意识的，却又是占主导地位的，是电报以来的媒介所要求的新模式。然而，没有一家教育机构对这样深刻的讯息进行过研究，可是儿童自降生之日起，这些深刻的讯息就强加在他们的感觉器官上。这方面的教育似乎能够抗衡媒介的影响。

---

① 帕金森（Cyril Northcote Parkinson, 1909—1993），英国历史学家。提出帕金森综合征，世人称之为帕金森定律：时间越充裕，工作进度越慢；文书越多，效率越低。

许多媒介里的商业信息流动会产生这样一个结果：我们今天生活在许多没有围墙的课堂里。纸印书使我们能够用上完全一样的可以重复的信息，结果就产生我们熟悉的那种课堂。过去，即使手稿和手抄书可以做到人人都买得起的地步，它们也是不可能整齐划一、重复生产的。而且上品的手稿读起来是很缓慢的，它们给学生的语感是非常独特的，这种感觉是多重语义的感觉。可是到了今天，这种多重语义的感觉又回来了，电视问世以后，这个趋势更加明显，因为电视图像是光透射的图像，而不是光照射的图像。一句话，纸印书并不就是价格比较低的手稿，正如摩托车并不就是没有马牵引的车辆一样。我们还在努力弄明白，印刷术的可重复性对科学和产业会产生什么样的影响。

一切先在的外形遭遇到一种后继的外形的沉重压力或有力牵引时，都会发生点金术式的变化，活字印刷的外形也是这样的。

电子时代起始于电报，我把电子时代称为后机械时代。这是因为，在我们的新结构里流动的不再是轮子和轴杆（偶尔有例外），而是光。我们能够洞察谷登堡神话和技术的形态。我们理解谷登堡结构的因果关系运作，这样的知识可以使印度人和中国人避免对自己的文化成分做许多不必要的清算，西方人已经学会珍视这些文化成分。更加紧迫的任务是，我们需要预先充分认识新媒介里固有的因果力量，目的是拯救自己的印刷文化，同时也拯救汉字的书法和教育。我们有可能理解新媒介未来的影响，从中得到一种点金术式的知识。在电子条件下，一切效应的互相碰撞和兴起都越来越快，所以预测将来的后果是基本的需要，同时也是新出现的可能性。比如，我们当前对教育闭路电视的关注就像16世纪的人对印刷术和方言的关注一样，这样的关注能够完成严肃的教育任务。实际上，这样的关注相当于拷问：汽车是否会取代马。

让我提一提电子外形的核心特征：它使生产者和消费者关系逆转。几百年来，印刷术产生了稳定的生产者—消费者关系。然而，电报诞生100

年以来，读报的人不得不承担编辑的职能，这是此前的读报人闻所未闻的责任。

新闻传播的速度缓慢时，报纸有时间提供视角、背景，又能够提供新闻之间的相互联系，读者得到的是一揽子的消费包。新闻高速涌来时，缓慢的文字处理不再可能，读者得到的是一个自助包。这种电报模式很快传递给诗歌、绘画和音乐，消费取向的人因此而困惑不解。杜威[1]想要把这种电子模式（即自助模式）迁移到学校教育之中，但是他失败了。他对情况的分析不够充分，又没有考察影响他的媒介因素。倘若他把自助教育倾向用来训练年轻人对校外媒介的感知和判断，他可能就成功了。倘若是这样，我们今天在教育方面的处境就会强多了。培训年轻人掌握新的全球性媒介，这就是我们今天必须完成的任务。

到此为止，我大多数的议论指向技术原因及其性质，这些原因是潜意识的、非言语的。我们给教育和产业里的艺术赋予新的重要性，原因何在呢？是不是由于它们帮助我们把潜意识的、非言语的经验提升到有意识的、清楚表达的层次上了呢？是不是我们意识到它们的作用了呢？

在同步信息结构比如电子全球社区（global community）里，我们再也无法忍耐潜意识的因素，因为它们的运作是无规律可寻的。同步性迫使我们去理清社会秩序，就像理清诗歌或绘画的秩序一样，这样的秩序要实现一切因素的相互联系，而且要使每一个因素具有完全的相关性。

现在，我们能够认清教育界的基本变化，这些变化很可能预示将来的发展线索。为了将这些变化以简明的方式记录在案，请让我提出以下建议：

在书面文化时代（age of literacy），我们使很多人获得了社会素养。在

---

① 杜威（John Dewey, 1859—1952），美国哲学家、教育家和心理学家，实用主义学派创立者之一，机能主义心理学先驱，实用主义教育的倡导者。代表作有《经验和自然》《学校与社会》《心理学中的反射弧概念》。

电子时代里，我们将使每个人得到更好的教育。我们正在从教育的延伸转向更加广泛的延伸，我们还要走向更有深度的延伸。

难道这不是向关注天才儿童的方向迁移吗？

新批评 ① 在今天的意义不仅是文化素养，而且是向深度阅读迁移，这样的深度阅读是完全的意识而不是单一层次的意识，单一层次的意识是昔日的文化素养。

由于电视和录像，我们使教育得到延伸，我们发现，老师不再是数据或洞见的源泉。越来越多的教师需要接受深度教育培训，这是与电视同步走的自然而然的结果，因为电视再也不是光照射的媒介，而是光透射的媒介了。

电视本身的性质决定，我们需要越来越多的功底深厚的教师，可是电视谈话节目却给这个需要涂上了一层阴影；自广播电视问世以来，这样的谈话节目表面上看是很自然的，它似乎比单一源头的评论和信息更加自然。两个以上的老师对话或者与学生或公众对话，其后果与电视产生的后果完全一样：产生一种光透射而不是光照射的效果；这就是电视图像或马赛克图像自然而然的效果，电影或印刷品却不是这样的效果。同理，谈话人的声音穿透观众，而不是映射到观众身上。

同样，凭借动机研究，实业界能够使消费者成为生产者。现在的教育者认识到，教育问题是动机问题，而不是消费一揽子信息包的问题——难道不是吗？用动机完全调动起来的学生在消费和认识能力上都富有创造性。这样的学生是合著者与合作生产者，所以，新型的教育必须要让学生担任与老师合作的角色。实际上，由于学生在课外吸收了大量的信息，他已经获得了这种潜在的地位。

---

① 新批评（New Criticism），新文学评论流派。起源于英国剑桥大学，20 世纪中叶进入鼎盛期；通过仔细阅读原文文本来评价和解释文本，不重视作者的生平或社会环境，与传记批评和历史批评迥然有别。

　　教育的任务将是发现新东西，是师生互动，这个倾向日益明显。正如工业生产完全有赖于高等教育一样，正如文化将成为全球的主要产业一样，学习很可能成为回报最丰厚的事业，教书得到的回报反而不如学习的回报丰厚。我们正在学会参与，而不是学习专门化的、应用知识模式的行为。在这个过程中，我们回首看到，商讨的习惯日益增长，这个习惯预报了师生角色的变化。用于生产的应用型知识被认为是理所当然的，知识迁移走向全球一体和参与；在一定程度上，这样的变化和新媒介的角色是相称的。

第二章

通俗文化／大众文化：美国的视角（1960）

1959—1960 学年，麦克卢汉休学术假，他应聘担任美国广播电视教育工作者协会"媒介工程"项目的主持人，该会设在美国首都华盛顿。他写学术文章特别多产，在电气媒介方面已经在学术界非常出名。1960 年 10 月 28 日至 29 日在俄亥俄州立大学研究生院举行的第三届人文学术会议上，他成了核心人物。会议的总题目是"通俗文化 / 大众文化：美国的视角"（*Popular/Mass Culture: American Perspectives*）。

麦克卢汉第一天讲话的题目是"技术、媒介与文化"。在学术生涯的这一段时间里，他毫不掩饰对电气新媒介潜力的乐观主义态度："商品的生产和运输终于和信息流动本身融合在一起，一个学习的全球社区正在涌现出来，这是自然而然的结果。"

第二天，麦克卢汉参加吉尔伯特·塞尔德斯（Gilbert Seldes, 1893—1970）主持的小组讨论，塞尔德斯是名重一时的文化批评家。讨论题目是"传播革命"。参加讨论的其他两位传播学教授来自俄亥俄州立大学：埃德加·戴尔（Edgar Dale, 1900—1985）从事电化教学，吉斯·泰勒（Keith Tyler, 1905—1994）从事广播教学。麦克卢汉在这次讨论中阐述了他最有名的命题之一：电视是冷媒介，它不能够容忍"热"性的人物。

技术、媒介与文化（Technology, the Media, and Culture）

多年前，哈佛大学远东系一位教授在北京与一位中国朋友吃饭。室内的装饰品是从美国杂志上裁下来的美女像、大学的三角旗、可乐瓶、拼夹式火柴和广告，这位哈佛人既高兴又迷惑。他热情赞扬中国朋友对美国生活的广泛兴趣。不过这位中国朋友说，他只不过是想回报许多美国朋友的友情，他们的墙壁上和壁炉上贴满了东方集市上的苦力照和家用的垃圾。

同样，我们听说毕加索对美国漫画很感兴趣、乔伊斯生活在流行歌曲和新闻的包围之中时，我们会感到困惑不解。福楼拜[①]以诗意的目光审视富有吸引力的艺术的各种定型。在 19 世纪中叶，他分析这些新的留学艺术形式，证明了他自己言之成理。他说，如果人们拜读并理解了他写的《情感教育》(*Sentimental Education*)，就不会爆发 1870 年的普法战争。同样，温德汉姆·刘易斯[②]认为，如果人们认识到他在《被宰制的艺术》(*The Art of Being Ruled*)里写的通俗文化，就不会爆发第二次世界大战了。

以上几个人对通俗艺术的言论，如今得到了加尔布雷斯[③]的唱和。加尔布雷斯在《地平线》(*Horizon*)（1960 年 9 月号）上撰文《缪斯与经济》谈商业，他说，通俗趣味不能够给决策者提供及时的数据，这是西方艺术家一百多年来可以触摸到的感觉。然而，实验科学家始终忙于建立将来的模型，试图给社会导航人提供可靠的灯塔。社会科学家只能够就当前的趣味模式提出报告，他无法理解艺术家能够感知到的将来的模型。这个差别

---

① 福楼拜（Gustave, 1821—1880），法国小说家，19 世纪文学大师。代表作为《情感教育》《圣·安东尼的诱惑》等。《情感教育》用伤感悲观的调子写 1848 年的法国革命。

② 温德汉姆·刘易斯（Wyndham Lewis, 1882—1957），英国小说家、艺术家，旋风派主帅，20 世纪上半叶最重要的前卫文学家和艺术家之一。第二场世界大战期间旅居北美，与麦克卢汉过从甚密。

③ 加尔布雷斯（John Kenneth Galbraith, 1908—2006），哈佛大学教授、经济学家、外交家。曾任驻印度美国大使，著《富裕社会》《美国资本主义：抵消力的观念》《新兴工业国》等。

的原因很简单：正如温德汉姆·刘易斯所云，艺术家"给将来写详细的历史，因为他总是意识到当前未开发的潜力"。

本期《地平线》的下一篇是卢瑟尔·林内斯（Russel Lynes）的文章。几年前，他在《生活》杂志撰文，报告一切已知自然规律和经济规律的一种逆转：美国穷知识分子成了消费品设计里执牛耳的人物。本会的议题说明，有关消费品的各种思想和感知已经固化。人们有一个预设：通俗文化与精英文化的差别之一是消费品类型的差别。这是最典型的精英人士的学究观点。林内斯有一个理所当然的观点："你可以从人们吃的玉米片品牌来判断人的身份"，而不是"从他们吃的水果来看人的身份"。我们的人文教育计划都建立在消费者预设的价值上。我们的作家、诗人和艺术家不得不从其他地方学习以生产者为导向和创造性的视野，他们可以在报馆、麦迪逊大街① 和好莱坞学到这样的视野。在承认通俗商业领域的艺术生产方面，欧洲人一直是很慷慨的。在这个领域，他们不能和我们相比，在进入消费者价值方面，他们才刚刚起步，而我们在北美却准备抛弃这些价值了。

书籍是第一种大宗商品。按照定义，印刷术就是整齐划一、可以重复的，它不仅重组了"商品"这个观念，而且为这种整齐划一、可以重复的商品开拓了市场。印刷品装配线的形式与纸型的生产过程被拓展到一切的生产形式，同时又塑造了我们对精英活动的态度，这是十分自然的结果。英国和美国的精英同样吃莲藕，都是进口商品的优雅消费者，原因很简单：以艺术品取向的世界就是一个消费者的世界。在过去的100年里，我们的机械星汉向着电气星汉运行，其结果是：即使我们熟悉的世界成分也被外在模型重构了。电气星汉以生产者为取向，重新配置了我们的文化电路，给我们传统的消费者观念涂抹了一层可恶的贪婪色彩。这个过程肇始于电报，到了电视时代已充分发育成形。十几岁的年轻人曾经拒绝接受消费品

---

① 麦迪逊大街（Madison Avenue），纽约市著名的新闻街，是美国广告业和新闻业中心。

世界，如今却接受了艺术家的观点。即使在企业界，加尔布雷斯这样受欢迎的作家也证明，艺术与商业昔日的争吵也以双方的姻缘而告终。我们已经做好准备接受西方戏剧中的突变。长期以来，我们钦佩无文字社会或半文盲社会里落后民族的自然流露和艺术。如今我们发现，凭借新的电气媒介，我们已经踏上了重新部落化的道路。长期以来，我们议论个人在大众社会里的悲惨境遇，如今我们却准备描写大众社会在个人主义世界里的悲惨境遇。到了喷气机时代，连轮子也可能重新与动物的形式融合在一起了，轮子是西方机械成就的基础，它最初是从动物的形态中抽象出来的。

个人和大众（individual and mass）冲突的戏剧性全貌，从研究诗人的角色着手是最有效的；我可以从诗人与其创作手段的关系来看这个问题；这是因为从一切意义上说，语言都是一种大众媒介。语言不是任何一位个体造就的。但是任何人都必须用这个大众媒介来思考、梦想和感觉。在某种特殊的意义上说，诗人是语言的监管人，他使语言焕发青春。

西方人正在回到原始的、非理性的那种"神圣"的声觉空间，画家和作家集于一身的温德汉姆·刘易斯花了大量的经历来研究和描绘这种漂移。他批驳施本格勒 ① 给发展描绘的图景。施本格勒认为，他描绘的是宇宙必然的内在趋势；刘易斯则认为，文化演变的原因来自民族的视觉价值，他把这个责任放到艺术家、科学家和哲学家的家门口，用这个观点来取代施本格勒的观点。他认为，艺术家、科学家和哲学家正在登上通俗的大众文化的手推车。这就是说，根据他的诊断，前卫画家和诗人热衷报纸和电影技巧是精神上的失败，他们放弃了自己对西方价值的一切道德义务。比如，

---

① 施本格勒（Oswald Spengler, 1880—1939），德国哲学家。认为任何文化都要经历成长和衰亡的生命周期，著有《西方的衰落》《世界历史的远景》等。

他并不批评乔伊斯和庞德①高超的艺术天才，而是嘲笑他们甘心与通俗艺术和世纪趋势随波逐流。

刘易斯批评我们的时代甘心放弃整个希腊—罗马的传统，在这个过程中，他仔细审查了20世纪各个方面的许多活动。他的作品给当代艺术和文学提供的指引，恐怕比文学史上的任何一位作家都要全面。我们静静思考他的许多著作时，不妨这样问："什么东西最有助于我们对这次研讨会选定的问题做出最高水平、最强有力的思想分析呢？"

1896年，贝伦森②写了这样一段话："只有给视网膜上的印象赋予触觉的价值，画家才能够完成他的作品。"③他登上了印象派画家的手推车，提倡电视的图像。和电影的影像不同，电视的图像是马赛克网状的图像，以触觉的价值轰击看电视的人。由此看来，流行的艺术似乎在回应艺术的最高指令。正是在这一类问题上，刘易斯抨击他的艺术家同行，说他们只追随技术。他最鄙视时代精神（Zeitgeist），最鄙视试图描绘时代精神的怪相以便追随时代精神的艺术家。有人认为，高尚的"节目内容"的热闹场面可以减轻新艺术形式的影响；刘易斯不会受到这样的误导。古今的艺术家都知道，任何艺术形式都能够将其预设强加在欣赏者的头上。和艺术形式一样，任何传播媒介都是一种或多种感官的延伸。只有言语这一种媒介才是一切感官的同步延伸。外化于人的感官（"说出"＝外化）是多种感知的混合，按一定的比例构成；说话、广播、摄影里外化的感官，都以无声语言

---

① 庞德（Ezra Pound, 1885—1972），美国诗人、评论家、意象派诗歌代表人物。翻译汉诗，深受汉诗影响，对艾略特、乔伊斯、海明威、麦克卢汉等人产生深刻影响，著《诗章》《阅读初步》《文化指南》（*Guide to Kulchur*）等。

② 贝伦森（Bernard Berenson, 1865—1959），立陶宛裔美国艺术批评家、历史学家。专攻意大利文艺复兴时期的作品，著有《佛罗伦萨画派的绘画》《文艺复兴时期的意大利画家》。

③ 贝伦森，《文艺复兴时期的佛罗伦萨画家》（*Florentine Paiters of the Renaissance*），New York: Putnam's Sons, 1898，4页。——原注

的方式将一切人类活动的参数或框架强加在我们身上。人类的任何交往模式里都存在着无声的或潜意识的预设，这些预设则是由经验编码和信息流动的媒介决定的。拼音文字来临之后，对这个明显事实的普遍意识似乎已经远离识文断字的社群。卡德摩斯①神话形成时，字母表还是革命性的新奇事物，这个神话是用来解释字母表运作机制的。神话是这样的：卡德摩斯把腓尼基文字引进希腊，种下龙牙，龙牙长成了武士。神话似乎能够简单明了地表述复杂的因果关系，一瞥而观全貌。在电子时代，时间和空间在很大程度上已经还原为信息流动，所以我们就像古代小型的口头社群一样以神话的方式思考，这是再自然不过的事情。这是因为我们今天很容易感觉到嵌入任何革新里的后果。如果我们看不见这些后果，它们很快就会把我们打得头破血流。在今天的工业设计里，产品和消费者反应的时差已经压缩到不能再压缩的程度，所以乔伊斯作品里的人说："生产者不就是自己产品的消费者吗？"②让公众意识到新产品的说法是旧观念，人们不再说这样的旧观念，而是说让产品具有公众目标意识。人们很快就意识到新媒介的后果，即使最迟钝的脑袋也开始考察即将向公众推出的产品，并预测其后果。

有一段时间，工业生产的经费很大一部分用于研究。这是客观需求。工业星汉常常入侵其他的星汉，结果就对原有的外形构成压力，并使之变化。德鲁克在《明天的路标》里指出，在决策过程中施行委派权威再也行不通了，唯一可行的是知识的权威。信息以书面形式缓慢流动时，劳动分工的专门化和职能的层级化是正常的，而且是行得通的。电话及其相关的电子仪器使我们熟悉的组织模式过时，就像装配线已经过时一样。使装

---

① 卡德摩斯王（King Cadmus），腓尼基王的儿子。发明腓尼基文字，奉阿波罗神谕，修建底比斯城，成为底比斯王。建城之前曾战胜凶龙，将龙牙拔下，种在地里。龙牙长成了全副武装的武士。

② 乔伊斯，《芬尼根的守灵夜》（*Finnegans Wake*），London: Faber and Faber, 1939，497 页。——原注

配线过时的是磁带录音的信息流动，这样的信息流动不仅能使一连串的操作准确协调，而且能够使许多集束的操作准确协调。今年4月，理查德·迈尔（Richard Meier）在安阿伯^①发表题为《信息，资源利用与经济增长》（*Information, Resource Use, and Economic Growth*）的讲话提出了一条媒介的自然规律。他说，信息流动水平提高以后，就产生了替代的结果：

> 随着电气工程的发展，化学知识的许多线条融合在一起，一个场域正在快速形成，成为一个自主的主流，这个流动趋势是从物质反应走向分子、原子和核子反应，于是，一种灵活的、快速反应的、自主的经济应运而生。它可以用一套原材料来替代另一套原材料，以对付一切可以预计到的紧急情况，原材料供应减少甚至切断的紧急情况，都可以应付了……剩下的任务就是重新设计社会制度，使之和业已揭示出来的可利用资源和技术效率相适应。

与此同时，一切文化与其他文化的接触，一切主题与其他主题的联系，都发生了类似的增长。在这样的情况下，西方世界教育制度的重新设计不仅是理想的，而且是必需的。公司管理的老模式在过去的十年里不得不重新设计。

这个新模式显然是管理的核心理念，或者说形成了一个场域，它和员工管理的层级体系、线性管理体系和金字塔型的职能分割，是决然对立的。这个新模式是一个小团队模式，由具有各种能力的员工组成，他们习惯于跨越职能界线，不断进行对话，他们具有你中有我、我中有你的互相渗透的意识。我们看到，这种团队已经在大学的人文学科中露头。不过我们还是倾向于认为，大学专门化的总体构架仍然适合教学任务。不久，我们就

---

① 安阿伯（Ann Arbor），密歇根州东南部一城市，密歇根大学所在地。

不得不进行历史意义的思考，当前的知识分割是如何建立起来的。同样，现代数学和物理学不得不和欧几里得①空间的预设和参数拉开距离。

埃利雅代（Mrcea Eliade）的《神圣与亵渎》（*The Sacred and the Profane*）和诸如此类的书旨在说明，时间和空间对古人是非同质的、非连续的。换句话说，无论何时何地的部落人都设想，一切时空都具有独特的结构。对塞尚②以降的画家、波德莱尔③以降的诗人而言，这样的观点是很自然的，对核物理学家来说，也是很自然的。今天的问题是解释非常态的时空——欧几里得的空间及与之关联的连续的时间。凡是前文字的社会都不具有欧几里得空间的经验。既然如此，我希望可以说，欧几里得空间虚拟的属性可能是西方拼音文字的经验造就的，恐怕这样说不是太大胆吧。圣书文字、象形文字和会意文字不大可能造就水平面的、直线的和整齐划一的虚拟空间。相反，拼音文字是一种抽象的技术，它把言语的多维度感知转化成纯视觉的感知。拼音文字是文明的语言，因为它们使部落人从复杂的声觉和触觉世界转换成单一的视觉世界；自从"理性"这个词发明之后，我们一直把这个世界称为理性的世界；反之，数字这个科学语言是把纯视觉转换为触觉和声觉的手段。

丹齐克④在《数字：科学的语言》里告诉我们："用理性的算数解决几何问题的尝试，产生了数学史上的第一次危机。"⑤今天，这个危机正在成为

---

① 欧几里得（Euclid，约前3世纪），希腊数学家。著《几何原理》13卷，所谓欧几里得空间就是连续、一致和连接的空间，在很大程度上要依靠视觉与触觉、声觉分离的空间。

② 塞尚（Paul Cezanne, 1839—1906），法国画家，后印象派头面人物，西方人尊之为现代绘画之父。

③ 波德莱尔（Charles Baudelaire, 1821—1867），法国诗人，象征派诗歌先驱，现代主义创始人之一。著有《恶之花》。

④ 丹齐克（Tobias Dantzig, 1884—1956），立陶宛裔美籍数学家。先后在多所美国大学执教，著有《数字：科学的语言》《线性规划及其范围》等。

⑤ 丹齐克，《数字：科学的语言》（*Number: The Language of Science*），New York: Doubleday, 1954，139页。——原注

大规模的文化危机。拼音文字把理性的、连续和同质空间的欧几里得世界从共鸣的部落世界里驱赶出来；今天，这个欧几里得世界不得不面对电子世界的挑战，因为它已经不太适用，且显得多余。我想，丹齐克能够帮助我们找到正确的方向。就在这段引文之前，他对数学使用的一个重要观念进行了解释，这个观念是文艺复兴"无穷过程"（infinite process）的观念。即使这个观念不是源于新的透视观念或消失点观念，至少它是与透视观念平行发展的。丹齐克说："一切无穷过程的原型都是重复。"[①] 这是汇合、衰退、消失点、透视、无穷等观念的一个侧面，这个观念和谷登堡技术是不可分割的。这是因为，整齐划一性和可重复性是印刷术的基础，正如可视性是拼音字母表的基础一样。

丹齐克接着说："无穷过程观念对解决技术生活中的实际问题非常重要，其重要性实在是怎么估计也不过分的。实际上，算数用于几何、力学、物理学和统计学，都直接间接地涉及无穷过程……摒弃这个观念，理论数学和应用数学就会倒退到前毕达哥拉斯[②]的数学。"也就是说，如果没有细腻的切分，无论是字母表还是微积分的切分，任何转变、桥梁都是不可能的，触觉、共鸣、部落的世界就不可能过渡到理性、平面和视觉的世界。

丹齐克断然指出，凭借无穷过程的数字可以计量我们的世界，数字可以把拼音文字造就的视觉的欧几里得空间转换成为触觉和声觉的空间。我们从不列颠、多重感知的世界抽象出来的代价之一是，如果要恢复与部落世界的联系，我们就必须越来越多地依赖数字。因此，作为拼音字母奴仆的数字最后反而凌驾于它的主子即文明的头上。这是因为，数字或触觉式计量推向极端之后，就会产生新的电气媒介；这些新媒介回复共鸣的、触

---

① 丹齐克，《数字：科学的语言》（*Number: The Language of Science*），New York: Doubleday, 1954, 141 页。——原注

② 同上，136—137 页。——原注

觉的世界，把它变成一个直觉的数据，一个无所不包的文化母体。丹齐克说：

> 我们把一段弧线构想为一个长度的线段，这个观念可以作为例证。这个物理观念依托的是一根弯曲的铁丝。我们想象把这根铁丝拉直，实际上却不必拉直；于是，这根直线线段就可以用来计量弧线。现在要问：我们所谓的"实际上没有拉直"是什么意思？我们的意思是，其长度不变。但是这个术语暗示，我们已经知道弧线的长度。这样的表述显然是把尚未解决的问题作为论据，所以它不能成为数学定义。
>
> 另一个计量办法是在弧线内侧画一连串的直线，形成无数个边线组成的轮廓。这一连串的轮廓逼近极限，弧形的长度就可以定义为这个序列的极限。[1]

换句话说，微积分是从一种空间向另一种空间转换的手段，尤其是从视觉空间向触觉和听觉场域转换的手段。他接着说：

> 对称度概念适用的道理也适用于面积、容积、质量、时刻、力量、速度、加速度等。这些概念全部是诞生于"线性的""理性的"世界，这个世界里的一切都是直线的、平坦的、均匀的。我们只能够二选其一：一是抛弃这些基本的理性观念，这意味着一场真正的革命，因为它们深深地扎根在我们的脑子里了；二是修正这些理性的观念，使之适应一个不是直线、不是平面、不是整齐划一的世界。
>
> 然而，直线、平坦、整齐划一的东西怎么能够修正为其对立面的

---

① 丹齐克，《数字：科学的语言》（*Number: The Language of Science*），New York: Doubleday, 1954，137页。——原注

东西呢？怎么能够修正为弯曲、弧形和非整齐划一的东西呢？不可能用有限的步骤去完成，肯定不行！这个奇迹只能靠创造奇迹的无穷概念来完成。既然决心坚守基本的理性概念，我们就别无选择，只能够把我们感官的"弧形"现实当作超终极的步骤，我们在一连串无穷的平坦世界里走向这个终极的一步，可是它只存在于我们的想象里。[①]

这个道理同样适用于数学家为科学提供的修正、补偿和矫正的导航技术。同理，它也适用于艺术家为修正、补偿和矫正我们的感知能力而提供导航技术，社会技术和媒介变革扭曲了我们的感知能力。

丹齐克认为，拼音字母在我们的感官上虚构起来的欧几里得空间观念，具有基本而独特的理性。这样的看法当然是错误的。阿基米德[②]的豪言壮语要靠拼音字母来完成。使用拼音字母的文化矗立在人的眼睛之上，拼音字母像杠杆一样把我们的其他感官撬起来，扭曲了它们的结构。今天，阿基米德可以凭借广播矗立在我们的耳朵上，凭借电视可以矗立在我们的触觉上；他可以放大这两个感官的运作范围，直至它们能够拥抱全球。不过，让我们把话说明白：电气技术可以取代并消解欧几里得的理性空间。作为教育工作者和负责任的公民，我们必须要问，我们是否愿意为一场技术变革付出必要的代价。这场技术变革不仅要取代我们长期固守的欧几里得世界里的多重空间和时间，而且要动摇 3000 年来西方世界的一切法律、政治和教育制度。造成这些后果的原因，就是信息流动的速度达到了电子的水平。信息论有一条著名的原理，随着信息水平的上升，不仅自然资源可以

---

① 丹齐克，《数字：科学的语言》（*Number: The Language of Science*），New York: Doubleday, 1954, 137—138 页。——原注

② 阿基米德（Archimedes, 前 287?—前 212），希腊数学家、发明家、工程师、物理学家。发现阿基米德原理和杠杆原理，发明阿基米德螺旋泵。所谓阿基米德的豪言壮语指的是：给我一个支点，我会撬起地球。

相互替代，而且主题的分割也会消解。我们面对的是整体场中最基本的力线（lines of force）和发展。在部落的、前文字的社会里，不存在什么主题分割，智慧却是有的；不存在历史，因为一切时间观念就是此时此刻。即使到了手稿文化阶段，也说不上有多少历史。手稿传递的信息太慢，不可能积累起什么视角，也不可能为人和事提供详细的图像式背景。那时的人还没有固定视点的习惯，所以他们对历史的态度里不存在或几乎不存在什么视角。固定视点的习惯是阅读印刷品自然而然的产物。今天，我们正在构建一切历史文化和历史时期的相互关系，而不是只培养一个单一的观点。同理，人类学家研究史前人、古人时，并非只注重他们的经济生活、艺术生活或语言，而是同时研究这一切的侧面。随着信息水平的上升，固定的观点让位于无所不包的、多维度的意识。塞尚以降的画家和波德莱尔以降的诗人使我们认识到了这些新模式，给我们的新时代指明了方向。

也许另一个有说服力的例子是报界，同样的变革也在这里发生，对历史的态度和办事的程序也在发展。电报来临之后，经过编辑消化、排版和指向读者的报纸发生了很大的变化。世界各地的新闻以很快的速度源源不断涌进报馆时，用老观点的风格来加工新闻再也行不通了。发电讯稿的记者必须要用中立的语气，以便让不同的新闻以单一的形象装配到同一张报纸里。从东京、北京、柏林、莫斯科、纽约、伦敦发出的新闻不可能是同一个观点。报人唯一的编排办法是以马赛克拼图为基础。在一个报头日期之下，他把电传打字机送来的文字稿和图片组合成一张报纸。他不会用一个政策的观点对读者说话，而是把读者纳入他那个无所不包的马赛克形象之中。报纸提出"人的兴趣"的时刻就是读者登台亮相的时刻。这一刻启动了一场深刻的政治革命。这就是大众媒介诞生的时刻。大众媒介的讯息不是指向读者的，而是要通过读者来发挥作用。读者既参加表演，又成为讯息。语言就是这样的大众媒介，不过它把使用它的一切人纳入麾下，使人成为讯息的一部分内容。有了电报之后，有了电子信息和同步信息之后，我们就接触到一个整体场；这是一个部落式的、无所不包性、相同的声觉和口语组成的整体场，这个整体场就是语言。

仅此一例就足以说明我们所谓的可替换性原理（principle of substitutability），信息水平高涨时，这条规律就起作用。如今它不仅适用于我们的大宗产品和自然资源，而且适用于我们传统的学科、主题甚至是传播媒介。但是就媒介而言，正如对大宗产品一样，如果我们要一种媒介发挥另一种媒介的作用，我们就必须要理解这两种媒介的属性。电讯报（the telegraph press）既不能替代书籍，也不能替代观点鲜明的报纸。为了让电报适应报纸、或让电讯报适应观点鲜明的报纸的政治目的，我们的教育方法就必须要做大量的调整。可惜，迄今为止还没有做任何调整。结果，脑子里旧的政治形式洗掉，新的政治形式兴起。今天有一个观点认为，我们可以让电影、广播或电视传递旧主题、旧学科的信息，这个观点的基础是：信息传递媒介是中性的。X光机可以烧热，但是它不能用来取暖。我们的许多电气媒介就可能被乱点鸳鸯，就像把X光机用作电热器一样。纸印书长期被认为是廉价和庸俗形式的手稿。但这样说并没有把旧教育形式拓展到更多的公众之中，纸印书消解了对话，创造的却是全新的政治权力和个人交往的新模式。我们的新科学和数学不仅消解了欧几里得空间，而且在全球规模上重新构建了部落生活的模式。我们必须明白，以电的速度和方式流动的信息为全球范围内的一个口头交流村落创造了条件。因此我们必须做好精神准备，个人与国家和社会相联系的一切观点都可能要走向终结。我们要接受这些后果，就像梦游症患者顺从环境一样；我们促进技术清算建立在拼音字母表和印刷术之上的一切价值和制度。

贡布里希[1]在新作《艺术与错觉》（*Art and Illusion*）里说，立体派是"根绝含糊歧义，强加一种解读方式去理解绘画的、最极端的企图，而绘画则是一种人造的构图，一种有色彩的画布"[2]。立体派的手法同时从物体的各个侧面去观察，它和电讯报几乎是等值的手段，电讯报提供的是无所不包的全球的快照。他说，透视和第三维被推向极端时，就突然产生特征的逆转。他说得对。我们突然面对的不是图像空间而是形式的空间。我们遇见的世界不是包含物体的视觉世界；在这个世界里，每一件物体创造了自己的空间，像旋律一样把自己的预设强加在人的头上。

贡布里希的《艺术与错觉》的一段话能够立即吸引读书人的注意力。他说的是第三维的模糊歧义，阿德尔波特·艾姆斯（Adelbert Ames）感知实验室展示了这样的错觉。贡布里希想要弄清楚的是，为什么我们认为第三维（即透视这一维）不是错觉："弄清楚错觉形成的这一刻是非常重要的。我认为，那是因为我们相信，只有一种办法能够解释我们面对的视觉模式。"[3]这也是阅读纸印书的人非常珍视的错觉。"唯一清楚意义"的观念从来就不曾困扰读手稿的人，古代和中世纪的读者都没有这样的观念，迄今为止还没有人研究，为何产生这样的错觉。也许，纸印书比较高的清晰度造成的期望是排他性的意义，而不是包容范围宽的意义。不过，在我们之前的时代里，读书人就惊奇地再发现，即使在最简单的词语和句法里，也包含多层次的意义。随着我们深入电子世界的星汉，重新勾勒字母表和印刷术里悠久模式的压力就出现了。

---

[1] 贡布里希（Ernst H. Gombrich, 1909—2001），英国美学家、艺术史家。著《艺术与世界》《艺术与错觉》《艺术方法论》《艺术的故事》《艺术与人文科学》《理想与偶像》《秩序感》《图像与眼睛：图画再现心理学的再研究》《艺术与科学》等，均有中译本。

[2] 贡布里希，《艺术与错觉》（*Art and Illusion*），Princeton: Princeton University Press, 1960，281 页。——原注

[3] 同上，229 页。——原注

字母表出现时古人感到的震撼，如今我们能够比较容易理解、容易对付了。欧几里得在人类感知模式中造成的虚拟成分，使古人感到不安，就像今天核物理的、非欧几里得感知模式使今人感到不安一样。关于公元前6世纪和公元前5世纪图像空间和错觉的兴起，贡布里希说："柏拉图强烈抨击这样的错觉，这使我们想到一个重大的事实：他写书的时候，模仿说才刚刚发明。"[1]

他又说："最后要说的是希腊绘画。我们可以从彩陶去追溯它的发展历程，我们会发现，表现远景的技法和征服空间的技法发生在公元前5世纪初，而光的发现则是在公元前4世纪。"[2]

我们今天能够非常清楚地看见，希腊人进入图像空间和欧几里得空间绝不是自然而然的结果。无论古今，前文字的自然人生活的世界图式，都是我们在儿童画和原始艺术中看到的图式。这样的艺术不追随眼睛主导的倾向。在洞穴画里，多层次、多样式的声觉和触觉处在优先的地位，是高于视觉的。言语也具有这样的优势。然而，拼音文字的技术把言语化简为视觉，这就使眼睛凌驾于其他感官之上；对人类来说，这绝不是自然而然的事情。我这个判断不是价值判断。自然的事情也可能根本就不尽人意。但是，眼睛官能上升压倒其他感官却创造了模仿的奇迹、远景拉近的奇迹，最终还产生了透视和消失点的奇迹；千百年来，我们把这些观点当作自然的、理性的产物。然而，这样的预设并不会与电气媒介的预设相吻合。广播的"讯息"是全球部落鼓的讯息（海明威似的钟声），它唤起了最原始的记忆，使偏重文字和视觉的人深深地感觉到，自己是不完全的人，使他产生一种愧疚的意识：分离的自私意识和个人主义意识。对文化程度比较低

---

① 贡布里希，《艺术与错觉》（*Art and Illusion*），Princeton: Princeton University Press, 1960, 116 页。——原注

② 同上，117 页。——原注

或刚刚有了文字的社会而言，广播的讯息是一种高清晰度的指令，它敦促人加强部落价值，使之达到新的强度。电视的讯息是触觉，其指令与流动的世界融为一体。新的电视一代的特征是对深度的关怀，包括对内外深度的关怀，是渴望永恒和稳定。电影观众是摄影机，是观察世界的贪婪的眼睛；相反，电视观众却成了屏幕。与电影同行的是外向一代疯狂的名言："我要告诉世界。"电视来临之后，我们接触到的世界是一个非常内向的世界，世人的目的是追逐时尚，倾向于深度卷入，也就是追求意识和清晰度。这是因为对观察的执着延伸到对制造和认识的执着、对创造和秩序的执着。这些倾向不是让年轻人退隐到子宫那种安乐窝里去的倾向。

电视来临之后，理解创造过程的动力随之增加；也许，这个判断是我们表明立场的一个理想判断。我们甚至把这种动力理想化。印刷文化的成员很容易因为新的发展而感到不安，因为我们觉得有必要把新事物塞进旧图式里。我们需要用视觉模式把数据图像化，并给予分类。如果数据根本就不是视觉数据，它们就进不了我们的图式，就造成混乱。

人们常常说，20 世纪最重大的发展是发现夜晚的、梦的世界。这个世界不是高度个人化的精神姿态和集体舞蹈的世界；在这个梦境的世界里，人的一切活动都可以转化为其他的活动，印制一本书可以变成生孩子，打仗可以变成追女人。白天，我们力求创造性；夜晚却把剽窃强加在我们身上。白天，我们处在双层蒸锅的底层；我们就像蒸锅一样加足了马力，可是我们不明白自己在烧什么菜。

像电灯光消除了昼夜之别一样，乔伊斯的《芬尼根的守灵夜》照亮了夜晚，在个人工作和游戏之中，既消除了昼夜之别，也消除了内心世界与外部世界之别，还消除了个人和集体之别。一旦内心世界与外部世界、意识和无意识之间互补的动态关系揭示清楚之后，就容易看清语言的运作功能，就可以看到它们如何塑造人的预设，包括感知和心理的预设。《芬尼根的守灵夜》是一部百科全书，词语源头和影响、文字、道路和砖头、电报广播和电视的知识都尽入其中，人类光谱变化的色度都清晰可见。

我们暂且回头来看一看，我们对过程、学习和创造的动态关系的意识在如何日益增长。我断言，这种意识从电视图像的潜意识模式获得了新的力量。德鲁克在《明天的路标》里指出，运筹学是"有组织的无知"（organized ignorance）[1]。原创性是解决问题的一种方法，类似于济慈[2]所谓的"负面的能力"（negative capability），也就是一种知识柔道。它不是穷尽一切努力去追求一个千禧的目标或问题，而是让答案从问题中自然而然地流露出来。倘若你不能够把牛赶出花园，那你就让花园远离牛吧。怀特海[3]喜欢说，19世纪的伟大发现不是这个那个具体的发现，而是发现了发明的技巧。这段道理很简单；爱伦·坡[4]、波德莱尔和瓦莱里[5]都大声宣示这个道理。换句话说，他们从答案开始去解决问题，然后寻找一步步求解的办法。换言之，这就是逆向求解的方法，这就是运筹学。用这种方法时，冶金学问题就可以由心理学家和历史学家来解决，而不必由冶金学家来解决。这是因为，专家事前已经对问题烂熟于胸，他们已经看到这个问题为何无法解决。然而，聪明人组成的非专家团队，由于事前看不到困难，反而常常能够战胜困难去夺取胜利，并且能够快速解决问题。管理科学的新模式是由各种能干的人组成的小组，而不是工作分割的金字塔组织。世界著名

---

[1]　德鲁克，《明天的路标》（*Landmarks of Tomorrow*, Harper & Brothers, 1959），28 页。——原注

[2]　济慈（John Keats, 1795—1821），英国浪漫主义诗人。其抒情诗尤为优美，其古典意象丰富，代表作有《夜鹰》《希腊古瓮》《无情的美人》《秋颂》等。

[3]　怀特海（Alfred North Whitehead, 1861—1947），英国数学家、教育家和哲学家。与罗素合著的《数学原理》被称为永久性的伟大学术著作。创立了20世纪最庞大的形而上学体系。

[4]　爱伦·坡（Edgar Allen Poe, 1809—1849），美国小说家、诗人和记者、侦探小说鼻祖。著有《乌鸦》《莉盖亚》《莫格街凶杀案》等。

[5]　瓦莱里（Paul Valery, 1871—1945），法国诗人、评论家、思想家。与马拉梅过从甚密。代表作有《杂文集》《札记集》《旧诗集存》《幻美集》等。

的管理顾问伯纳德·穆勒–蒂姆[①]说，在核子时代，文化程度低反而成为印度最大的财富。他采用的技巧就是爱伦·坡、波德莱尔、乔伊斯和运筹学的创造性。

今天，信息流动本身已然成为世界上最大的产业，正在成为电脑和电子音像带传输信息的生产场面。劳动力逐渐退出了工业生产现场。它将向何处去？它将做什么？任何问题的答案就在问题之中。在老式的经济里，问题是调整供需关系。今天的情况是瞬即完成的信息流动；在这样的情况下，供应创造需求，就像浮动物体的重量被水体承载和取代一样。很长一段时间以来，信息就是最大宗的消费品了。随着传输信息的手段增加（卫星传输的广播是一个惊人的发展），民族资源范畴就流动起来了。所以，今天的世界已然是一个学习的社区。今天的大学已经不是加工年轻人头脑的地方，校园成了人们交往组合的规范之地。校园人的对话已经为世界各国和社区提供了一个活生生的楷模。

商品的生产和运输终于和信息流动融为一体了。在这个世界里，一个全球学习社区的涌现难道不是自然而然的结果吗？我们最高级的技术不仅来自个人的创造性和创造意识，而且直接培育了创造性和创造意识。在这样的情况下，难道我们不能够从中获得大量的希望和鼓舞吗？罗伊·哈维·皮尔斯（Roy Harvey Pearce）对我说："千百年来，我们的生存可以不顾及传播媒介，甚至是对抗传播媒介；如今，我们正在学会与传播媒介共生，学会以其方式生存，我们不是能够从中发现人类社区的生存基础吗？"

这些媒介是我们人体官能的延伸，是破天荒首次在人体内外同时创造出来的感知系统。如果我们能够理解其威力和影响，它们就能够立即成为个人平衡和社会平衡的手段。这样看来，我们珍惜的价值必然比以往任何

---

① 伯纳德·穆勒–蒂姆（Bernard J. Muller-Thym），麦克卢汉的同事、好友。20世纪30年代圣路易斯大学法语教授，后来转入管理咨询工作。

时代都更加生机勃勃。认知和再认知是最高级的人类行为，是人类共同的行为，我们用艺术形式将其外化出来或说出来。迄今为止，这些艺术形式常常被精英当作消费品享用。然而，电子信息流动以及随之而起的人类表达和交往的方式，一定是以生产者为导向的。令精英震惊的是，受众日益深刻地卷入创造行为，因为长期以来，精英们对艺术的取向都是以消费者为导向的。精英文化与通俗文化的二分方式，就像个人与社会的二分方式一样，是过渡时期一种不舒服的分割方式；当新技术星汉入侵并重构另一个旧星汉的时候，这种不舒服的感觉就特别突出。电子星汉入侵印刷术和文字的星汉时，如果我们面对滚滚而来的电子形象束手无策，我们就看不见旧星汉里我们熟悉的成分所承载的新模式，看不见那些应激和张力的新模式。在这个时代，非印刷媒介、非言语交流已经成为规范的正常态，我们陷入了担心书面文化的恐惧之中。然而，正是这些损害旧书面文化方式的新模式给我们打开了大门，使我们意识到词语的构成和作用是复杂而宝贵的，它们在我们的生活中发挥着深层的作用。这样的新知识使我们获得更好的语言知识，更好的阅读习惯，这个效果是显而易见的。曾经使社会原子化的印刷词语如今正在社会场里形成新的核心。棘手的个人主义问题也在形成新的核心。这些问题太大，个人的观点实在是无足轻重。我们不妨比威廉·怀特先生①更加仔细地看看组织世界（the organization world）的情况。如果是这样，我们就会发现，乍一看扼杀产业界个人的传播技术改进，产生了对创造性的强调，各级组织的决策都更加强调创造性的自主行为了。起初，这种变化使守旧的劳动分工者非常痛苦，他们高叫"不确定性经济"（uncertainty economics）。今天很清楚，变化是我们社会的常态，而且要完全适应变化是不可能的。相反，我们没有时间去调整和取代我们

---

① 威廉·怀特（William H. Whyte, 1917—1999），美国社会学家、新闻记者和人类学家。著有《有组织的人》（*The Organization Man*）《有人在听吗？》等。

对变化过程的理解。过去的自由精英不是哀叹，在环境压力下调整和屈服是可耻的吗？今天，我们再也不能屈服，无论我们私下想要屈服的倾向是多么强烈。机械时代的原子化和非人性的团队模式正在消解之中，正在退出历史舞台。我们大多数人会怀念这些模式，原因很简单，它们代表着我们塑造和抗拒的世界。不过我们看到，过去那种不妥协的僵化态度已经让位于新的流动性与灵活性，这需要启动每个人心灵里的资源。我们可以处处看到新形式和新需求。过去作为精英奢侈品的高等教育，如今已经成为普通生产和计划程序中最普通的必需。当奢侈成为每个人指望之中的必需品时，我们是否会更加喜爱这样的奢侈呢？答案是非常肯定的"是"。这是因为，我们的同伴掌握的知识越多，我们使用知识和交换知识的乐趣也就随之增加。如果使用知识和交换知识能够提高人生的品质，电子时代的人就会因为首次享受到普遍的机会而成为非常充实的人。不过对有些人而言，人的对话延伸到拥抱全人类和一切知识的时候，全世界就成为一台计算机了。

"传播革命"四人谈

戴尔（Edgar Dale，以下简称戴）：我们要花点时间来谈传播革命的问题。我想，这个意思是，在过去的几十年里，现代媒介广播、电视、电影非常兴盛。这些媒介对我们的美国文明实际上是对一切西方文明产生了重大的影响。塞尔德斯先生，你那天讲得很好，描绘了传播革命涉及的问题；我想这也许是我们开始讨论的比较好的起点吧。

塞尔德斯（Gilbert Seldes，以下简称塞）：我认为你想说的是我提到的一个情况，即各种学者都研究传播革命。我当时和现在都想确保一个要点：我们谈的多多少少是相同的话题。在这个意义上，我们的确是在讨论相同的话题。你可以从社会学家、语文学家或其他什么家的角度来研究这个问题……一方面，我们努力弄清楚新传播媒介的性质。每一种媒介比如电影、广播的性质是什么？所有这些媒介的性质是什么？我们所谓的大众媒介全都放在一起来看的性质是什么？我想我们大家想要说的是，这些媒介对我们起什么作用？然后，我就把自己的专业放进去研究。我们怎么着手去研究呢？我想我和你没有多大的分歧，麦克卢汉先生。

麦克卢汉（以下简称麦）： 对。我从你的研究中学到了许多东西，塞尔德斯先生。你进入这个领域的时间比我们大家都要早。我们努力沿着你的足迹前进。

塞： 不过你和我对另一个人抱有相同的热情，他就是加拿大经济学家哈罗德·伊尼斯。实际上，他清楚地表述了这场革命的实质，你看是这样吗？也许你记得他使用的确切的语句，他论述了传播媒介的重大变化及尾随而至的社会变迁。

泰勒（Keith Tyler，以下简称泰）： 麦克卢汉先生，我想你的研究也许是这样的吧：你指出刚刚过去的印刷时代的特征，把当前的时代叫作电子时代，并按照你的想法指出两者的明显区别。

麦： 我想，一种新媒介登台时，你会意识到旧媒介的基本特征。在一定程度上，只有这些旧媒介时，你没有这样的意识。我认为，现在比过去更加清楚印刷术的性质。电视出现之后，广播比过去获得了更加明确的身份，电影也是如此。这场革命的一个好处是，新媒介揭示了旧媒介的一些特征，使这些特征更加容易理解，更加有用，使我们觉得更有把握控制这些旧媒介。

泰： 不用说，进入电子时代以后，我们是不会放弃印刷时代的。

麦： 对。旧形式派上新用途，并发现新的作用，这很自然。比如，当代的书籍就发现了50年前或100年前没有的许多新的功能。书籍产生了一个非常有力的指向，它使人学会书籍之外的东西，如何学习许多种艺术。它获得了一个强有力的新功能，成为提供咨询的媒介，把人们的技能引向许许多多领域。

戴：麦克卢汉先生，你有时说，印刷术是线性媒介。苏珊·朗格在《心理学新解》（*Psychology in a New Key*）[1]里区别推理性的交流（discursive communication）和非推理性的交流。你的观点如何与她这个图式协调？

麦：我想，如果受制于语言的视觉安排或线性的、高度序列化的、精确而僵硬的视觉安排，人们就会养成这样的生活习惯，就会这样来安排他们的社会生存状况，他们的生活习惯和生存状况就与印刷术的形式非常吻合。可是人们却不是特别清楚地意识到这样的情况。然而，线性并非广播、电视或电影的特征。由此可见，我们受制于强大的新的力量、新的影响，我们的印刷术世界获得的旧习惯就被打碎了。

塞：你是不是说，我们往往会以直线的方式思维，直到我们与印刷术决裂？

麦：我们仍然喜欢说这样的一些话：跟随一个人，按一些线条来做结论，"我跟不上（don't follow）你说的意思"，"我跟得上（do follow）你说的意思"，这一类话说明，我们心中想到的思维本身是——

塞：但是请注意，我们现在还是说"我'挖出'（dig）你的意思"。

麦：无疑，这句话更加接近电视媒介的情况。顺便说一下，电视对年轻人产生了奇怪的影响，把他们驱赶到图书馆去借阅数据参考书。图书馆工作人员报告，年轻人对这些文献而不是对小说产生了新的爱好。我的意思是说，数据文献是你不得不花点精力去挖掘（dig）的东西。你读这样的书不是沿着一条线走，不停留在故事这样一个单一的层次。你不得不去深挖这样的书。今天的年轻人深挖他们读的书。他们的阅读有深度。

泰：你有这样一点意思，这场革命的特点之一是，人们追赶潮流，就是说我们与人的交流比过去快得多，我们在追赶发生的事物，而不是事后

---

① 苏珊·朗格（Susanne K. Langer），《心理学新解》（*Psychology in a New Key*），原书有误，苏珊·朗格的著作应为《哲学新解》（*Philosophy in a New Key*），而不是《心理学新解》。

以线性的方式一件一件地去学习。

麦：我们与新事物的关系不纯粹是描写性或叙事性或带有观点的关系。你瞧，如果你带观点，你就没有跟上形势。你已经抽象出了一个视角，这是你自己的一个侧面。在追赶形势的新情况下，你不带观点。你仅仅是在各个层次上与你的整个存在求得认同。

戴：你是不是说，摄影术和这些新艺术更加原始，和这些媒介打交道时，我们需要少一些抽象呢？

麦：我想，"原始"这个词也许容易使人误解，但是它的确暗示这样一种人：他们较少习惯于从单一的侧面和层次等去进行抽象，他们习惯于以更加宽泛的方式和完全的感知投入到情景之中。

塞：让我接着戴尔先生的原始说一说，麦克卢汉先生。情况表明，我们现在的公众不如过去精明。你说当你赶潮流时，你不需要观点。这正是我们听到的抱怨：人们没有自己的观点，没有自己独特的处世态度。实际上有人说，这个结果是大众媒介造成的，因为我们看见的是同样的事情等。可是你却暗示，这些传媒自身的性质强化了这样的倾向。

麦：是的。

塞：所以我提到伊尼斯的一条原理：新传播媒介要产生一种迁移、变化和社会变革。我提这条原理时，我发现你暗示这样的意思：新媒介引起的变革并不有利于智能本身。那么，我们得到的结果是不是越来越不聪明的人呢？

麦："跟上形势"（being with it）是对话的典型特征。与人对话时，你不维持一个固定的观点。你在交换意见、互相渗透、互相修正，两个人的观点都要被对话修正。你不死守固定的观点，撰文著书时，你才抱定一个固定的观点。你瞧，这很自然。

戴：你在说的是，我看电视时——我这里说的是娱乐节目——我就在一定程度上参与了这个节目，并与它同步，我叫作与眼前的节目对话，无论节目里呈现出来的是什么东西吗？

麦：我想，电视图像的性质就培养这样的参与，原因很简单，电视图像相当模糊，它要看电视的人参与并补充画面中不存在的大量的细节。看电视很像读侦探小说，你要参与，你追随它，原因很简单，你没有得到多少叙事的信息。你不得不把这些信息填充进去。

泰：我想说一点，这使知识分子的工作更加困难，因为他遇上了这一切的事件。如果他要留出时间来思考、来解释而且实际上来领导，他就必须有意识地与这一切事件拉开距离。否则，他就和一切正在发生的事情纠缠在一起，成为其中的一部分，他实在不会有时间挖掘出其中的实质。

戴：我心里也在问，这些摄影术式的过程，这些新的过程，是否在把人们带回印刷媒介？比如有人说，《生活》杂志创办时用大量的图片，后来又回归到许多文字。泰勒先生，这有没有可能是因为广播之类的设备使人具有更好的阅读能力呢？

泰：我认为，所有这些媒介都是人们有意识地使用的，在这一点上，它们都是互相联系的。困难之一还是你提到的广播，因为今天它被大量用来作为其他活动的背景。

塞：广播消除噪声，或者压住了家里的噪声，所以儿童可以在广播的背景中做功课。我知道，这是早就有的情况，我还没有意识到由此而伴生的后果时，这样的事情就出现了。我想请麦克卢汉进一步说一说，因为我对伊尼斯关于变革的理论的了解很肤浅。

麦：他的观点是，任何信息传播过程中的变化必然要引起一切社会模式的调整，教育模式、政治权力的环境都要随之调整。他走上这条路子是很有趣的。你瞧，他是经济史学家，他原来研究的是铁路、鳕鱼业、皮货、纸浆和造纸业。起初研究的是这些大宗产品对经济生活的影响，后来转向把媒介作为大宗产品来研究。他把新媒介当作基本的经济资源来研究。比如，正如棉花塑造了南方的文化一样，广播正在塑造一种全球文化。这种文化是全球文化，因为它能够被全世界利用。由此看来，一个即将来临的文化是全球性文化，与广播相宜的全球文化，就像南方文化与棉花相宜一样。

塞： 接下来他举了一个非常简单的例子：印刷术来临之后，整个封建制度随之崩溃。现在我担心的是，接下来崩溃的是什么？他没有来得及预测就去世了。当前权力的转移将要在哪里发生？

麦： 我们个人学习、孤军奋战、内省的习惯等都得到极大的发展，这些习惯可能会代人受过，受到本该媒介受到的责难。这些媒介涵盖了整个社会，涵盖了一切层面。想想看，电视用于政治之后，此刻政治权力的迁移是多么深刻啊！

塞： 哦，这一点我还真想弄明白。过去 30 年，我只看到一个用视觉媒介的鼓动家，休伊·朗[①]用电影鼓动。听说他也擅长于广播讲话，他的开场白是："朋友们，在接下来的一分半钟里，我不会讲任何这样的事情。请你们拿起电话通知几位朋友，请他们听我讲话。"这是非常聪明的鼓动，不过只有一次他真的使我害怕，看见他在电影和记录片里时，我真有点害怕。我真的觉得他很有力量。

麦： 麦卡锡[②]上电视一个星期就败下阵来。倘若休伊·朗上电视，他立即就会惨败。电视不接受形象鲜明的人物、"热"的人物。因为电视是冷媒介，我们的文化正在降温，降到僵尸那样冷的程度。许多人都有这样的看法。电视媒介的性质是要求你大量参与，它不会给你一个完整的一揽子信息，它没有一个完整的形象。你不得不一边看一边构建一个形象。因此，

---

① 休伊·朗（Huey Long, 1893—1935），美国律师、政治人物、联邦参议员。任路易斯安那州州长时，在该州搞独裁专制。

② 麦卡锡（Joseph Raymond McCarthy, 1908—1957），美国极右政治家。曾任参议院非美活动委员会主席，煽动反共十字军运动，指控数百位国务院官员，其名字成了迫害狂、政治投机和公开诽谤的代名词。1954 年被解除参议院调查委员会主席职务，从此销声匿迹。

如果面对电视摄像机的人已经是形象完整的人物，是可以明确归类的人物，比如政治人物、大夫、律师等人物，电视媒介就排斥他，因为他没有给观众留下什么需要观看、补充完善的东西，观众就会说，这家伙有点虚假，他不对劲。

戴：我想请你就一个观念做出回应。自美国建立以来，起初的权力制衡只限于小群人里，逐渐扩大到越来越大的人群中，参与投票的人、有财产权的人越来越多。如今的电视如何适应这一情况？实际上，从家用电视机来看，电视已经完全普及。这是否意味着，权力越来越多地流向了选票多的竞选人呢？

麦：是这样的。实际上，全民参与政治过程已经有很深入的发展。现在的问题不再是评估论战、竞选纲领、地区冲突等问题。人人都参与了——所有年龄段的人都参与了。

塞：你肯定参与度很深吗？

麦：是的，面对你的问题不再是单一层次、单一模式的问题，而是全方位的问题。

泰：你这个深度参与的观点说得好。这是不是一种假性事件（pseudo-event）呢？

麦：不是的。

戴：你认为你站在真实情况的一边，然而你上电视的时候，你展现的是他们想看到你的那些方面，这给你参与的感觉，但你并非真正参与了。

麦：观众在他们之间进行一种新形式的交往。他们创造了一种新的现实，一种新的艺术形式。

塞：你并不认为，学到的东西增加，但深度却不如以前吗？

麦：不，你不会这样想。在这个时代，各种形式的东西，新批评、心理学或其他什么领域都用这个词：深度。阅读深度、心理深度，一切都有了深度。

塞： 持这种观点的是人数相当少的专家和局外人。

麦： 不，不，不，不。

塞： 你现在的意思似乎和你几分钟前的意思刚好相反。我不想为难你，马歇尔。我只是想把问题弄清楚。刚才，按我的理解，你的意思是说，我们需要费心去考虑大众媒介的，是它们造就了非个人主义的人，赶潮流的人，这样的人追随仍然在做的事情，用现在的一个陈词滥调来说，他就是一个顺应的人（conformed person）。另一方面你又说，电视可以用来使人思考问题。

麦： 电视上效果最好的娱乐形式是容许大量随意轻松参与的形式，无论帕蒂·查耶夫斯基①还是杰克·帕尔②，他们的节目都有轻松的一面。受访人面对摄像机时的介绍和对话可以涉及他们生活的各个层次。你捕捉住他们奇怪的、最不经意的生活状况。这种探察受访人、剥离其表层的做法是电视媒介的常态。电视是有深度的媒介。比较而言，电影媒介是非常偏重摄影术的华而不实的包装的媒介，给人的印象是高度清晰、非常华丽而完全的包装。

戴： 不过我还想回到刚才的一个问题：有了这种赶上一切时髦的感觉之后，人们是否还需要，或者是越来越需要从潮流中抽出身来呢？至少知识分子还需要留一点时间来思考呢？我们是否还需要做一个有个性的人而不是只做一个墨守成规的大众人（formist mass man）呢？我想是需要的。

麦： 知识分子不一定需要隐私。他们需要刺激思考的会话。和能干的人长时间谈话时，你能够思考很多问题。

泰： 你不能和电视对话。

---

① 帕蒂·查耶夫斯基（Paddy Chayefsky, 1923—1981），美国剧作家、电影编剧，奥斯卡金像奖得主。

② 杰克·帕尔（Jack Parr, 1919—2004），美国电视主持人，谈话节目先驱之一。创下的名牌栏目有《今晚秀》《杰克·帕尔访谈节目》，上过这档节目的名人有卡斯特罗、J. F. 肯尼迪等。

塞：这正是我赞同你的地方。只要不停止思考，我们就一定在思考吗？

麦：我想此刻提一个问题很合适。任何新形式进入前台时，我们自然会透过老框框来看它。我们禁不住要这样做。这很正常，我们还在看，过去的政治模式和教育模式如何在电视来临之后维持不变。我们正在尝试把旧东西装进新形式里去，而不是问：新形式将要对我们过去的预设起什么作用？这样的拷问是不好的。

塞：我想我们在场的人学会了读书，因而要保卫书。从读书中我们了解到过去发生的事情，书籍来临的时候，曾经受到谴责，有人问，你怎么能够去读书而不要老师的权威呢？现在我们问，你怎么能够把电视机搬进课堂而不要书本的权威呢？这一点我明白了。但是我没有把握说，这样的时刻会不会来：我们从新媒介得到大量的信息之后，再没有必要深入思考，而且深入思考就难以进行。我拿不准。

戴：还有一个问题。我想电视电影的播放是连续不断的。换句话说，看电视的时候，你没有办法去检查。看书的时候却可以检查，你可以回头读。你有记录摆在面前。我们不能假定，谁可以得到一盘录像带，或者想办法让电影院重放电影；所以说你没有机会检查这些新媒介，你只好接受在你眼前播放的东西。

麦：另一方面，读书的时候，你在作者的股掌之中，他带你去乘车出游，你坐车是被动的。这一点常常被人绕开了，没有被提出来讨论，读者忽视了这一点。他们有一个错觉，以为自己私下踏上了一个精神上的发现之旅。实际上，他们仅仅是在兜风。

泰：先生们，很显然我们提出了许多问题，我们不可能在短时间的讨论中回答这些问题。

麦：把这些问题摊开来审查，弄清楚相关的问题，这很有价值，毫无疑问是这样的。

第三章

控制论与人类文化（1964）

1962 年，麦克卢汉出版《谷登堡星汉：印刷人的诞生》，这是印刷术对西方个人和社会影响的研究成果。两年之后，他又推出《理解媒介》，详细论述他的革命性思想，该书涉及新媒介对传播过程和社会变革的影响。这两本书带给他国际声誉，使他成为世界领先的传播学权威。1963 年，多伦多大学校长任命他为文化与技术研究所所长，该所的宗旨是研究技术与媒介的心理影响和社会影响。

1964 年 11 月 20 日，麦克卢汉应邀出席"控制论与社会研讨会"（*Symposium on Cybernetics and Society*），这是乔治敦大学 175 周年校庆的活动之一，会议由乔治敦大学、美利坚大学和乔治·华盛顿大学联合承办，协办单位还有新成立的美国控制论学会。会议主题是"控制论对社会秩序和个人实现的寓意"。

麦克卢汉讲演的题目是"控制论与人类文化"（*Cybernetics and Human Culture*）。他就新的自动控制的电子时代和旧的视觉/机械时代做了对比。"意识到电子信息反馈的重要性之后，我们对自己行为后果的意义和效应就有了强烈的意识；经过千百年心不在焉和超然物外的态度之后，我们终于意识到自己的行为会产生什么样的意义和影响。"

今天的年轻人老是说，"幽默不酷。"老式的故事情节已让位于这样的谜语："什么紫色的东西会嗡嗡响？"回答是："一根电线做的葡萄藤。""它为什么会嗡嗡响？"回答是："因为它不知道自己说的是什么话。"这种幽默使人深度介入，要求听者参与。相反，老式的幽默容许人超然，使人禁不住要嘲笑一番。新型笑话是一个完形或轮廓，其风格就像集合论（set theory）。老式的故事是带有观点的记叙文。这有助于解释史蒂夫·艾伦[①]培育的异乎寻常的幽默。

在《滑稽人》（*The Funny Men*）一书里，史蒂夫·艾伦说，"滑稽的人是有怨气的人。"今天加拿大魁北克省的分离主义者牢骚满腹。和他们的怨气有关的许多笑话出现了。其中一个是这样的：猫追老鼠，老鼠逃到地板的洞里躲着不出来。过了一会儿，老鼠听见一阵汪汪的狗叫声，觉得狗把猫赶走了。所以它就露出脑袋瞧瞧，猫猛扑上去抓住它，大口大口地吃起来。猫一边吃一边说："你瞧，会说两种语言就是有好处！"

在许多艺术里，故事情节作为组织数据的手段倾向于消亡。诗歌里的故事情节终结于兰波[②]。绘画里的故事情节终结于抽象画。电影里的故事情节终结于伯格曼[③]和费利尼[④]。描绘电子时代处境的一种方式就是说，我们到了新石器时代的终点。数千年前，新石器时代引入工作和组织的新模式，其表征是从游猎人和采集人向定居的农业人的过渡。新石器时代肇始于劳作和行为的专门化，结果就产生了了不起的手工业和象形文字，石头或莎草纸上的文字，镌刻在石头上书或写在莎草纸上的文字。直到公元前 3000 年文字出现以后，人类才学会圈定空间，我们称之为建筑。文字出现以前，

---

① 史蒂夫·艾伦（Steve Allen, 1921—2000），美国演员、电视人、作家，革新脱口秀。

② 兰波（Arthur Rimbaud, 1854—1891），19 世纪法国著名诗人，早期象征主义诗歌的代表人物，超现实主义诗歌的鼻祖。著有《元音》《醉舟》《彩画集》《地狱一季》等。

③ 伯格曼（Ingmar Bergman, 1918—2007），瑞典导演。多产，与费利尼、安德烈·塔尔柯夫斯基并称为世界现代艺术电影的"圣三位一体"，擅长探索人际关系和人与上帝的关系，用象征手法揭示人物心理，代表作有《沉默》《东之光》《朦胧地透过玻璃》等。

④ 费利尼（Federico Fellini, 1920—1993），意大利电影制片人。与英格玛·伯格曼、安德烈·塔尔柯夫斯基并称为世界现代艺术电影的"圣三位一体"，给意大利电影打上"费利尼风格"的印记，5 次获奥斯卡金奖，代表作有《罗马，不设防的城市》《游击队》《大路》《卡比莉亚之夜》《甜蜜生活》《八部半》《罗马风情画》《阿玛珂德》等。

任何文化里都没有建筑。这个事实的原因很有教育意义。文字出现以前，人的空间取向是非专门化的，人的洞穴是剜出来的空间。人居的棚屋是紧裹身体的、本体感受的空间，和现在的大众汽车和太空飞船相去不远。爱斯基摩人的雪屋和普韦布洛人的石头排屋不是封闭空间，而是富有弹性的空间形式，很接近雕塑。

今天蓬勃发展的雕塑是很值得注意的空间组织方式。雕塑不把空间封闭起来，也不被任何空间包裹。准确地说，它模仿或形塑空间。雕塑像音乐一样共鸣。在《听觉实验》（Experiments in Hearing）一书里，贝凯西①发现，以波斯壁画为例很容易解释声音的性质和听觉空间。平面的图标形象（iconic image）是声音世界的指南，远远胜过三维艺术或绘画艺术。平面艺术的图标形式与声觉空间或共鸣空间几无共同之处，因为它只选取形式生命的一刻；相反，平坦的图标形象表现的是整合的边界线或形貌，它代表的不是一个时刻，也不是形式的一个侧面，而是一个无所不包的整体模式。对高度视觉取向和书面文化取向的人而言，这实在是神秘莫测，因为他们把经验的视觉组织和"真实的世界"联系在一起，他们说"眼见为实。"然而，专门化的视觉世界与整合的声觉世界之间有一条奇异的鸿沟，认清这条鸿沟的性质成了今天压倒一切的需要，因为这里面有一把理解自动化和控制论隐含命题的钥匙。

且让我做一点预测，只三言两语，我可以说，自动控制与声觉世界（acoustic world）有许多共同之处，与视觉世界几无共同之处。粗略地说，自动控制恢复整合、包容的工作和学习模式，那是狩猎和采集时代的特征；但随着人类工作与活动专门化革命的兴起，这样的特征就逐渐淡化了。机械时代是分割和分离的时代，自动控制的电子时代是统一与整合的时代。

---

① 贝凯西（Georg von Bekesy），匈牙利裔美国物理学家、生物学家，诺奖得主。确立"行波学说"（traveling wave theory），著有《听觉实验》《感觉的抑制》等。

表面上看这条规律有矛盾，但的确是事实。

今天，在新石器时代的终点，我们有了原子弹这样的环境。原子弹不是小玩意。它不是硬生生插进军界的装备，就像自动控制不是插进工业界的设备一样；像自动控制一样，原子弹是一个新环境，其组件是信息网络和反馈回路。从机械世界走向电子世界时，我们从轮子的世界过渡到电路的世界。轮子是分割的环境，电路是整合环境的过程。作为纯粹的信息，原子弹含有高等教育的成果。它仿佛是现代大学最高级研究领域的延伸，形成了一个密封的环境。

原子弹接过了以前的一切技术和组织。它还使我们清楚地意识到，一切文化都是回应性的自动控制系统。除非环境成了一个新环境的内容，我们对它是不知不觉的。我们生活在文化中，文化的结构建基于背景规则；神奇的是，我们意识不到这样的规则。爱德华·霍尔①《无声的语言》（*The Silent Language*）雄辩地证明了这些神秘的规则。然而，文化背景规则的任何变化都会使其整体结构发生变化；自动控制加速文化里的信息运动，其加速功能远远超过铁路或飞机，自动控制造成感知、观点和社会组织的全局性变化。

从新石器时代走向电子时代时，我们从轮子的模式过渡到电路的模式，从线性的、单一层次的经验组织走向反馈、电路和参与的模式。在专门化技术的千百年里，人类养成疏离和冷漠的习惯，对专门化技术的社会后果熟视无睹。在电路时代，任何学问的后果都与行为同步发生。因此，我们感觉到一个日益增长的需求：把规划的后果嵌入初始的设计，把消费者嵌入生产流程。意识到电子回馈的重要性之后，我们对自身行为后果的意义和效应就有了强烈的意识；经过千百年心不在焉和超然物外的态度之后，

----

① 爱德华·霍尔（Edward T. Hall, 1914—2009），美国人类学家、跨文化传播之父。著有《无声的语言》《隐蔽的一维》《超越文化》《生活之舞蹈》等。

我们终于意识到自己的行为会产生什么样的意义和影响了。

在今天自动控制和信息机器的时代，还有一个审视情况的方式；可以说，从文字和轮子滥觞之日起，人就在凭借技术来实现身体的延伸。人制造工具，刺激、放大和分割肢体的力量并予以强化，以记录数据，以加快行动和交往的过程。随着电磁技术的到来，一种全新的有机原理开始起作用。电力技术使人的神经系统延伸并形成一种新的社会环境。1844 年，克尔恺郭尔①《恐惧的观念》(*Concept of Dread*) 出版。这是商业电报启用的第一年，他表现出了千里眼的意识，看到电报对人类的意义。艺术家往往能充分意识到环境的意义，所以他们被称为人类的触须。艺术家的良心聚焦在技术的心理影响和社会影响。他为新环境和新的社会生活建立模型，这样的模型是新技术隐蔽的潜力。

汤姆·亚历山大（Tom Alexander）在《财富》杂志（*Fortune*，1964年 8 月）撰文《野鸟找到公司巢》(*The Wild Birds Find Corporate Roost*)。他所谓的"野鸟"是大企业延揽的科幻作家，其任务是发明新技术的新环境。大企业想要知道，十来年后它需要为自己营造什么样的世界。换句话说，大企业意识到，它们的技术革新可能会为企业和官僚体制创造新的环境。不过，这些新环境几乎是难以觉察的，只有艺术家才能够感觉到。实际上，如果企业家训练有素，能读懂艺术语言，他就能预测到十年、十五年里教育、政府、商业各方面的情况。企业家不仅要有敏锐的艺术意识，而且要在艺术领域里训练有素，这是电子时代富有讽刺意义的现象之一。自动控制的神秘特征之一是，它永远受到挑战，需要模拟意识。实际上，在未来的一段时间里，自动控制将要局限于脑子的专门化活动。同样，在

---

① 克尔恺郭尔（Søren Kierkegaard, 1813—1855），丹麦宗教哲学家、存在主义创始人。认为"真理即主观性"，二战以后，名声日盛，影响至今，著有《非此即彼》《人生道路的阶段》《恐惧的观念》等。

过去的千百年里，我们的技术模拟的不是人体，而是人体的碎片。进入都市化时代之后，人体作为整体的形象才显示出来。

在《柏拉图导论》（*Preface to Plato*）里，埃里克·哈弗洛克[①]追溯了部落社会向文明社会的过渡。公元前 5 世纪，文字已在环境里广泛渗透；此前，希腊教育年轻人的办法是要他们记诵诗歌。这种教育致力于操作性、谨慎的智慧。这样的智慧充分体现在荷马史诗《奥德赛》（*Odyssey*）里。主人公尤利西斯又名伯吕梅迪斯（Polumetis），意思是长于机巧的人。诗人用无穷的实例显示，在日常生活的各种偶发事件中如何立身行事。哈弗洛克把这种教育称为"部落百科全书"，恰如其分。这种教育期待受教育者上知天文、下知地理。而且，他们要与部落里的所有人分享这样的智慧，就像今天有文化的英国人要知道《爱丽丝漫游奇境记》（*Alice in Wonderland*）一样。后来，文字使人非部落化、个性化的结果给人相当重要的启示。培养去部落化的个人时，拼音文化产生了对新教育计划的需求。哈弗洛克说，柏拉图是直接应对这个问题的第一人。他想出一个令人叹为观止的战略。他不再提倡部落式百科全书，而是提倡分类数据。他不再传授集体智慧，而是传授分析方法；他不再主张共鸣式的部落智慧和精力，而是主张把思想的视觉秩序用于学习和组织。今天，哈弗洛克这本书令我们神往，其重要性在于，我们似乎正在倒着放柏拉图留下的录音带。自动控制正在把我们带出分类数据的视觉世界，回归整合模式和集体意识的部落世界。同样，电子时代似乎正在废掉分割和专门化的分工，即所谓工作岗位（job），使我们回归非专门化的、深度参与的工作形式，也就是所谓的角色（role）。我们似乎正在从专门化的时代走向全面参与的时代。

---

① 埃里克·哈弗洛克（Eric Havelock, 1903—1988），多伦多学派、媒介环境学派主要代表之一。对麦克卢汉产生影响，后转哈佛大学任教，著有《柏拉图导论》《缪斯学会写字：从远古到当代的口头文化和书面文化》等。

　　既然这是人类事务中令人困惑甚至是令人恐惧的逆转，因此重新审视人类发展的一般模式，也许是不无好处的。我们可以从一位售货员的趣闻得到一些安慰。他看见一位顾客仔细看一件玩具，开口说，"夫人，我可以推荐这种玩具，它可以帮助您的孩子适应现代世界。您瞧，无论你怎么拼装，它都不对劲！"

　　研究自动控制这个信息环境的意义时，考虑人这个有机体的其他延伸，看看这些延伸创造的环境的性质和功能，是颇有好处的。比如，衣服是肌肤的直接延伸，其功能是能量控制和能量传导。即使在比较暖和的气候里，不着衣物的人群比穿衣服的人所吃的食物，要多 40%。换句话说，衣服保存能量，使人能完成裸体时所不能完成的任务。如果丛莽里没有食物和饮水，24 小时以后，不着衣物的人就会陷入困境。另一方面，零下 60 摄氏度时，裹着厚实衣服的因纽特人不吃不喝也能活几天。作为技术的衣服是能量储备所。它使人能够做专业的分工。从改变感官组织和感觉来看，衣服产生的结果具有非常深远的意义。

　　表面上微不足道的技术变革也产生重大的后果，神奇的例子之一是林·怀特① 在《中世纪技术与社会变革》（*Technology and Invention in the Middle Ages*）里对技术变革的描绘。该书第一章说的是马镫，马镫是脚的延伸。希腊人和罗马人不知马镫为何物，马镫在中世纪来自东方，使人能身披重甲骑马作战，于是骑士就成了无坚不摧的坦克。马镫成为必需的装备；但一套重甲需要一个熟练工全年的劳动。领主制使小农买不起盔甲。但是为重甲提供生产资金却又是社会精英的急需，于是，重组整个土地所有制就成为当务之急。为了支付重甲的成本，封建领主制应运而生。炸药这一新技术出现后，骑士的重甲就被炸飞了。炸药使封建制的基本规则剧

---

　　① 林·怀特（Lynn White, 1907—1987），美国中世纪研究专家。著有《中世纪技术与社会变革》《中世纪宗教与技术》《生态危机的历史根源》等。

变，就像马镫使古代经济的基本规则剧变一样。炸药和印刷术一样成为民主的媒介。

神经系统在电子技术里的延伸是一场革命，这场革命的重要性不知比刀剑、笔和轮子之类较小的革命要大多少倍。相应的影响也要大得多。目前，我们每天看到这种环境突变而引起的混乱，青少年的辍学就是一个很好的例子。今天，一般的孩子都生活在电子环境里，生活在信息超载的世界里。从婴儿期开始，他就面对电视，电视有盲文那样的触觉性质，电视图像要求观者的深刻参与。我们喜欢向后看，喜欢用旧眼睛来看新环境，这是积重难返的典型习惯。我们可能想象电视是视力的延伸，实际上，电视更像是整合性的、积极触觉的延伸。任何一刻的电视声像所提供的数据都远远超过了几十页文章所提供的数据，下一刻的图像又要提供更多页码的数据信息。在普通的环境里，儿童已习惯"数据的尼亚加拉瀑布"，但他们被带进的课堂里塞进了 19 世纪的课堂和教学计划。在那种课堂里，数据流的量值不仅很小，而且模式是分割的。各门课程彼此没有联系。这种环境冲突可能会扼杀儿童的学习动机。

辍学的往往是班上最聪明的学生。被问到想做什么时，他们常常说，"我想当老师"。这句话真有意思。他们说的是，他们想要参与生产的创新过程，而不是消费并慢慢吸收一揽子的数据。我们的课堂和课程仍然仿照旧工业环境的模式，还没有与电子时代和电子反馈达成妥协。发展走势表明，新学习过程不是吸收分类和分割的数据，而是模式识别，而是了解知识关系里隐含的命题。我们正在经历这样一个悖论：和我们正规的教育制度相比较，我们的城市是更加强有力的教学机器。环境本身更加丰富多彩。我们似乎正在走向这样一个时代：给环境编程，而不是给教学计划编程。这种可能性的预兆是著名的霍桑实验。

埃尔顿·梅奥[①]的团队在霍桑厂发现，无论工作条件怎么调节，无论调节到比较宜人的状态还是不那么宜人的状态，实验的结果都是产量上升、产品质量提高。他们断定，观察和实验是要求人参与的环境，这样的环境倾向于改变整个工作情境。他们发现，事先准备的学习工作环境必须要进行理想的编程，方能有新的感知和发现。霍桑厂的工人不仅是被观察的受试者，他们还主动共享这个实验的发现过程。未来的课堂和课程设置必须要有这个内嵌的发现模式，以匹配大大改善的信息流动的潜力。自动控制的世界眼前就有可能制定发现式的教育计划，而不是传授和数据输入式的教育计划。这是蒙台梭利[②]的伟大发现：精心安排的环境比精心准备的教学计划更能够产生奇迹。

伴随自动控制和自动化来临的误解之一是对集中化的恐惧。实际上，在各个方面，自动化都被视为机械时代的进一步发展而受到欢迎。乍一看，新技术就像无马牵引的"马车"，还有人挥舞马鞭驱车，然而事实上，自动化废止了机械时代的模式和过程；新技术总是被用来完成不适合它的旧任务。自动控制其实是一个自主和非集中化的世界，在一切人类事务中都是如此。在电光和电能的基本问题上，这个道理看上去显而易见，但在一切层次上，这个道理也是适用的。以通信卫星为例，满效能运行时，它将取代现有广播网的集中化。自动控制的趋势不是把一个相同的模式推向人类事务的一切领域，而是走向定制生产、自主和深度学习。用当代诗坛、画坛和建筑设计的势头为例，就比较容易说明这样的发展模式。我这次讲演的题目显示，我想把这个发展势头与伦理学和宗教联系起来。只需提及当代泛基督教主义运动或礼仪改革运动，你就可以把握自己在这

---

① 埃尔顿·梅奥（George Elton Mayo, 1880—1949），美国管理学家、行为科学的奠基人、人际关系学说创始人、美国艺术与科学院院士。在霍桑厂主持著名的霍桑实验，代表作《工业文明的社会问题》。

② 蒙台梭利（Maria Montessori, 1870—1952），意大利医生、教育家。创办"儿童之家"，提出蒙台梭利教育法，强调儿童潜能的自由发展，著《蒙台梭利教育法》《启发人的潜力》等。

些问题上的文化方向。这两场运动有一个共同的重点：强调多元性，强调参与和介入。

对许多人而言，这些新模式似乎对个人身份的结构形成威胁。几百年来，我们在用分离和不参与来界定自我的性质，用排斥而不是用包容来界定自我。电子时代使每个人立即和所有其他人牵连在一起，开始重新建构身份性质的模式，这是千真万确的动向。在过去的一个世纪里，哲学家和艺术家致力于解决这个问题。不过，以前的身份问题是贫瘠和贫困的问题，现在却成了一个富裕和奢侈的问题。今天，我们个人被团体意识压得难以抵挡，古今人类无所不包的经验使个人难以应对了。如果人不能应对经济秩序和心理生活的充裕问题，那岂不是滑稽的讽刺。但这种局面不太可能发生。在慷慨和富裕生活的冲击之下，最积重难返的贫困习惯也必将退出历史舞台。

第四章

电子时代人类的未来（1965）

1964 年，麦克卢汉的新作《理解媒介》在英国出版时，他的大众媒介理论立即引起英国报界的注意。1965 年 1 月 24 日，英国广播公司邀请他上《箴言》（*Monitor*）这个电视访谈节目，文学批评家弗兰克·科莫德（Frank Kermode）与他对谈。

科莫德显然熟悉麦克卢汉的思想，所以他挑战麦克卢汉关于未来的预见，说他这是"老大哥"[①] 的形象。麦克卢汉反驳说："我们从未停止用尽一切可能抓住的技术手段来进行干预，并急遽地改变我们自己，我们从未停止过。我们反反复复地一次又一次地打乱了自己的生活。"麦克卢汉还描绘自己理论的某些侧面，说它们为什么颠覆了常识：为什么看上去非常偏重视觉的电视是一种触觉媒介；为什么看上去非常浅陋的电视是一种有深度的媒介；为什么看上去戴着沉重文字镣铐的电视是一种神秘的媒介。

科莫德（以下简称科）：我们这次谈话可能要频繁使用技术这个词。所以，我们能不能一开始就请问，你使用的这个词在语境中的含义究竟是什么？

麦克卢汉（以下简称麦）：我尝试不用我个人特别的意义，弗兰克，我认为技术是我们身体和官能的延伸，无论衣服、住宅或我们更加熟悉的轮子、马镫，它们都是我们身体各部分的延伸。为了对付各种环境，需要放大人体的力量，于是就产生了身体的延伸，无论工具或家具，都是这样

---

① "老大哥"（Big Brother 或 big brother），英国小说家乔治·奥维尔（George Orwell）的政治寓言小说《一九八四年》里一个统治者的形象，这个极权主义国家的统治者无所不在，对所有的国民进行监视。

的延伸。这些人力的放大形式，人被神化的各种表现，我认为就是技术。

科：对，你的主张是，借助这样的延伸，我们改变了自己感觉器官的整体模式。

麦：这些延伸创造了环境。每一种技术都立即对人的交往模式进行重组，实际上造就了一种新环境。也许，在感知比率和感知模式的变化中，我们最能够感觉到这个新环境，虽然我们未必很注意这个新环境。

科：我可以这样来形容你吗？在一定程度上，按照你做研究的方式，你是历史学家。我们先说一说你那本《谷登堡星汉》。你在书里说，长期以来，虽然我们不理解，但是我们生活在这样的文化中，我们看世界的方式完全是由印刷术决定的，由前后相继的铅字顺序等决定的。你能不能再阐述一下？

麦：我记得，我读到心理治疗专家卡罗瑟斯的一篇文章[1] 时就决定写一本书。她说的是非洲人的精神健康与疾病，描写了印刷词语对非洲人的影响。我大吃一惊，决定深入研究。我们现在的机会更好，我们看见我们的旧媒介与世界其他民族遭遇的情况。旧媒介对多数人的影响使人震惊、非常突然，使我们看到千百年来它们在我们身上产生了什么样的影响。

科：我们看不见这些影响，那是由于我们置身于这个体制之中。你不是说，旧媒介使我们习惯于印刷术的信息加工方式、前后相继的排列方式吗？不过，你的思想根子里也许有这样的一个观点吧：我们能够看到一个整体的世界形象，不过在技术压力之下，我们愿意用印刷术排版的方式去看世界。是这样吗？

麦：每一种技术仿佛都有它自己的基本规则。它决定其他领域的各种安排。早在 3000 年前，文字就使我们能够清点库藏、编制目录、收集和储

---

① 卡罗瑟斯（J. C. Carothers），《文化、精神治疗和书面语词》（*Culture, Psychiatry and the Written Word*），*Psychiatry*, November, 1959。——原注

存数据，使我们的许多生活习惯和程序发生变化。这样的变化大致和文字的出现一样古老。这些新媒介重新安排和组织经验产生的效果，出乎我们意料。我想此刻我们不用深入研究这个问题，不过我想，文字确定无疑的结果之一是建筑的兴起。除了挖掘地下洞穴、棚屋和雪屋的空间之外，文字使我们能够构建封闭的空间。

科：你现在说的是文字而不是印刷术。

麦：文字产生的结果之一是组织经验，它加强了视觉因素，直到建筑能够产生。

科：我们能不能这样说呢？如果往回追溯，追溯到一种原始文化，你看到的情况就是，我们的世界观并不会因为我们用技术处理世界的方式而受到影响。这能不能代表你的观点呢？换句话说，书写的时候，你就开始了一种前后相继的安排，你使用印刷技术的时候，你就得到更大程度的个人观念，因为人们看书是静悄悄的，而不是……

麦：弗兰克，我想，也许我们能够这样说：书写表示我们感知能力比较高的专门化分割。和前文字的社会相比，发展了书写这样的能力之后，文字使我们偏重一种感知。

科：这是视觉，你所谓的视觉感知。

麦：对，和普通的口头社会的感知能力相比，文字的视觉感知是高度专门化的感知。这方面的研究很多，而且是各种各样的研究；在我们的西方世界里，拼音文字的兴起似乎和柏拉图式的文化有很大的关系，和他那种用理念安排经验大有关系，和按照理念所做的数据分类和经验分类大有关系。

科：你是不是说，视觉成了最显要的感知，对柏拉图就是最显要的感知，文明社会自始至终是视觉优先的，原始社会则与此相反。

麦：视觉优先的情况愈演愈烈。

科：并且由于印刷术的到来而达到高潮。

麦：印刷术加速视觉的发展，使之达到相当的高度，是这样的。

科：你如何描写印刷机这种发明的冲击。请举例说明这个发明产生的后果。

麦：几乎在一夜之间，它就造就了民族主义，民族主义实际上就是一个公众。旧的手稿形式不是技术力量很大的工具，不足以造成印刷术造就的那种公众——统一、同质的阅读的公众。

科：然而一定程度上享受着隐私的公众，是吗？

麦：高度分化的公众。文人的分割、私密观点和印刷术大有关系，当然，这个观点随着技术比如电子技术的发展倾向于消失。

科：宗教改革的情况怎么样？你在《谷登堡星汉》里说，宗教改革是我们进入印刷术这个历史阶段的结果。

麦：我想，我没有做这样的强调。我只是隐隐约约地做了这样的暗示。西方世界珍视个人主义、分离主义，我们珍视独特观点和个人判断，印刷词语珍视这一切因素；其他文化形式比如广播或手稿却未必珍视这一切因素。印刷术来临之后，这一切因素都受到强化，分割的、私密的、个人判断的观点都随之大变，实际上我们的一切词汇都发生了很大的变化。

科：个人自由，或者说言论自由的观念，基本上是印刷术的产物；在我们正在进入的另一种文化里，这个观念很可能会消失。这样说合适吗？这是不是把你的观点推向了极端呢？

麦：很可能要推向极端的，如果还没有出现这种局面的话。强调观点给人的印象其实是强调表达的重要性，而不是强调社会归属的重要性，不是强调社会深度参与的重要性。个人表达的需要随之诞生，与此同时，技术使个人的声音和观点能够向社会延伸。

科：所以，一个艺术阶段也就是诗歌发展的一个阶段，属于这个印刷术决定的文化，它可能随着印刷术走向终结；不过泼洒画（action painting）显然既是印刷术的遗物，又是走向新艺术的——

麦： 我想它是跨界的艺术，两个世界兼而有之。

科： 这个跨界的观念对你十分重要，不是吗？

麦： 是重要。

科： 你说，两个技术时代互相渗透时，一些强烈的自我意识才有可能。这恐怕不太像你以前的说法。

麦： 一种新技术往往要把旧技术作为自己的内容，因此新技术往往使许多旧词语泛滥，柏拉图在他的对话录里就用了大量的旧词语。《柏拉图对话录》谈的是过去的口头文化。

科： 当然，其中一个含义是，一切文明制度比如法律都是旧制度，是不是？我的意思是，新技术依靠过去的事物生存。

麦： 印刷术刚问世的时候，它用中世纪的材料充斥文艺复兴。实际上，除此之外，文艺复兴没有什么新东西。

科： 还有古代的东西。

麦： 有古代的东西，但主要是中世纪的东西。当机械技术和后来的工业技术刚刚问世时，它包围农业世界，把艺术、手工艺和自然转变成新的艺术形式。新技术有这个趋势，它包围旧技术，使旧技术上升到有意识的层次，使我们对过去的认识大大提高。

科： 这就是互相渗透时刻的价值吗？

麦： 我不敢肯定。

科： 这样说吧。我想，我们已经多少抓住了你所谓的谷登堡技术的意思，这是一个历史阶段，由印刷术发明决定的阶段。我们不妨强调说，它显然涉及信息处理的一种方式，序列的而不是同步的信息处理方式，用拼音字母排版来表示的信息处理方式。现在我能不能问，你认为正在取代谷登堡技术的技术，正在对我们的生活产生重大的影响，它的影响与谷登堡技术的影响可有一比，虽然从性质上来看是一种迥然不同的方式。

麦： 谷登堡技术是极端机械的技术。实际上，它产生了大量的机械革命的装配线风格以及运作和功能的分化，使之成为工业化的根本原理。这种分割的滥觞历史悠久，早在狩猎和采集之后的新石器时代就开始了。我想极端地说，谷登堡技术是新石器革命的末期。谷登堡革命和其后的工业革命是专门化的推进过程，这个过程始于新石器时代，经过农业革命，一直推进到谷登堡革命和工业革命。以后，我们突然遭遇电气技术即电磁技术，这种新技术的原理似乎迥然不同；有人觉得，它是我们神经系统的延伸，而不仅仅是我们肢体的延伸。如果轮子是脚的延伸，工具是手、腰背、臂膀的延伸，那么电磁技术似乎是我们神经系统的延伸，而且主要是一个信息系统。首先它是一个反馈系统或环路系统。

科：对，自从电报问世以来，它就在向我们逼近。我们已经深入到所谓电气星汉的腹地。

麦：我们进入电气星汉已经一百多年了。你瞧，这里的特殊现象是，轮子时代之后，你突然进入了电路时代。轮子被推向极端之后，它突然获得了相反的特征。许多技术都发生过这样的逆转，当它们被推向很远的一点时，它们的特征就会发生逆转。轮子成为电路或环形系统之后，其特征就逆转；环形系统中的反馈对心理和社会的影响，和过去的机械技术所产生的心理影响和社会影响相对，是截然相反的。

科：电气技术对我们关注的内容产生的影响有什么不同，这个媒介实际发出的讯息有何特征呢？

麦：肯定很复杂。不过，从机械运动的部件和轮子转向电路的结果之一，是信息流动量的急剧增加。在旧的分割分类模式中，你不能对付大量的信息。你往往寻求神话和结构形式去管理这种高速运动的复杂的数据。所以，电气工程师常常谈论模式识别，把它作为用电气技术和计算机进行数据处理的正常需要。一百多年前，诗人们就预见到这种需要；他们想回归组织经验的神秘形式就反映了这样的需要。

科：是啊，你说的是一种嵌入式的原始主义，现在与技术系统对立的系统里就存在这样的古风。

麦：对。我们抱怨自己的浅薄，抱怨我们缺乏整体的品格；在这个过程中，我们突然发现，自己陷入了整体的全人类一体的超级的原始泥沼。一切原始主义的宣传鼓动似乎都回归到新技术提供的大量古风中，呈现出一派壮丽的景色。我们生活在神奇的色彩中。我们继续用旧技术、旧式的理性模式思考问题，可是我们突然被迫生活在非常复杂、高度压缩、高速运转的系统中，于是我们必然要转入神奇的模式之中。

科：我想静下来粗略地说一说你所谓的印刷文化和电气文化的区别。首先，前者是视觉文化，后者是听觉文化。

麦：我们还没有进入这种视觉文化。视觉感知越来越令人注意。视觉文化的属性是视觉特有的属性，其他的感官没有这样的属性。亚历克斯·莱顿（Alex Leighton）说过这样一句话："对盲人而言，一切都是突然的。"如果没有视觉，在普通的数据经验里就没有连续性、一致性和连接性的感觉。我们有这种生活期待，我们相信，我们坐在这里谈话的空间里，多数人生活的空间里，各部分是一致的、同质的，一个空间与另一个空间是非常相同的。

科：印刷术怎么能够产生这样的结果呢？

麦：或者问，识文断字怎么能够产生这样的结果呢？早在欧几里得时代，人们的期待就是，空间是连续的、一致的、连接的，这就是希腊科学的基础。但是，对相对论、核物理和电子人而言，这样的空间是不存在的。

科：那么，时间又如何解释呢？

麦：同样，时间带有书面文化的许多特征，带有统一、同质和连接的视觉文化的特征，带有视觉空间的特征。我们可以把这个文化模式延伸到我们生存和经验的一切事实中。

科：不过你很难证明，又很难想象，在另一种文化里，时间并非我们构想的那种时间。否则，我们就没有办法和原始文化交流。

麦：你大概熟悉，中国古人用嗅觉计时吧。

科：不，我不熟悉。

麦：最近贝迪尼有一篇文章《时间的气味》^①就研究这个问题，非常有趣。在口头文化的社会里，根本就不存在时间是连续体的观念，根本就不存在时间的一致性和连接性的观念。时间的一致性和连接性是视觉人和文字人特殊的错觉。

科：我们的文化里难道就不存在这样的传统吗？就不存在时间前后相继的观念吗？就不存在把时间当作四季的观念吗？我想，神秘经验等的叙述总是不断使人想到这样的传统吧。难道这不是连续性吗？一切历史时期都出现过这样的观念，我们知道，一些经验里都存在着超越时间观念的感觉。

麦：时间经验一直是非连续的。计时的方法带上了顺时针的视觉特征，那是书面文化的伴生物；对许多科学目的而言，这种计时方法已经不令人满意了。

科：举例说吧，电气技术的来临怎么会修正我们的时间观念呢？

麦：我想，路易斯·卡罗尔的《艾丽丝漫游奇境记》等作品的描写，就体现了这样的修正。在这里，时间和空间都突然变得不连续、不一致、不连接了。

科：我们在梦境里一直有这样的感觉，不是吗？

麦：路易斯·卡罗尔是数学家，这是他的笔名，他原名叫查尔斯·道奇森。他对非欧几里得空间和几何产生了浓厚的兴趣，把这种兴趣转移到儿童世界里，结果却创造了一篇非常前卫的、象征主义的论文。所以说，

---

① 贝迪尼（Silvio A. Bedini），《时间的气味》（*The Sense of Time: A Study of the Use of Fire and Incense for Time Measurement in Oriental Countries*），《美国哲学会论文集》（*Transactions of the American Philosophical Society*），53 卷（1963），5—47 页。——原注

我们这个世界始于象征主义诗人兰波，我们的整个环境进入了电磁世界里非连续的、非连接的、独特的空间之中，而不是同质的空间之中。

科：现在看来，这种说法实际上依靠你前面提到的观点：这些变化似乎是在不知不觉间发生的，达到某一点后，我们才恍然大悟。也许，很多人不知道他们正在经历的变化。他们怎么认识这样的变化呢？在平常使用报纸、广播、电视之类的媒介时，如何识别这样的变化呢？

麦：他们常常看到一种媒介撞击另一种媒介。声轨打到电影胶片上时，电影的声响从头至尾不停时，各种奇怪的情景使他们意识到有声片的存在。目前，电视正在把电影作为自己的内容，电影成了电视的内容。我们完全没有意识到电视这个形式，对电视内容的意识却很明显，这个内容是电影，这个意识比电影是环境的意识更加强烈。电影本身是环境的时候，我们对它的感觉是比较弱的。如今成为电视的内容之后，我们就清楚地看见它了。

科：瞧啊，我们两个人，老古董，文字人，谷登堡人，在电视上滔滔不绝，观众从这里得到什么？他们在听我们的议论吗？还是在感觉一种新的电子媒介的冲击呢？

麦：有一本书叫《有人在听吗？》(*Is Anybody Listening*？)，作者是小威廉·H. 怀特。你的问题也是广告人感到非常困惑的问题。回馈的想法、包含观众的活动、参与观众的活动，都是电路自然而然的产物。电气条件下的一切都形成一个圆环回路。你绕了一个圈又回到自身的位置。你自我感觉的形象彻底改变了。

科：你最近的另一本书《理解媒介》深入探讨了这些课题，你用了一句口号式的警语。我想是"媒介即是讯息"吧。你要不要阐述一下？

麦：我想，换一种说法可能会更加令人满意：任何媒介，无论广播还是轮子，都有一个趋势，那就是创造一个全新的环境。这样的环境往往带有一种难以看见的属性。我们对环境习而不察，但得到一个补偿机制，那就是注意环境的内容。环境纯粹是一套基本规则，一种总体上囊括一切的力量，这种形式几乎辨认不出来，唯一的例外是艺术家。他们一般用激情向人们解释新环境的性质，提出对付新环境需要的文化战略。布莱克①就是一个极端的例子。他在新环境中感到极度恐慌；在牛顿、洛克②和产业主义的鼓动之下，他感到这种新环境正将他包围起来。他以为，这个新环境将把富于幻想和感知的生活化为齑粉。他终生坚持的主张后来化为一种流行而普遍的运动。

科： 我回头说电视好吗？这是因为我们两人在这里，听我们对谈的人此刻正在受电视的影响，无论他是谁。观众注意的是我们说什么；按照你的观点，他们都在欺骗自己，因为他们看到的实际上是一种媒介，一种图像媒介，他们关心的应该是这个图像，而不是我们说的内容。

麦： 电视有许多特征还不为人注意。大多数情况下，电视被人看见的一面是它的电影形式。电视摄像机没有快门，它不拍照。它只是摆弄，只是捕捉环境，就像广播捕捉环境一样。它摆弄环境，扫描环境；电视想象的性质是图像，因为它用轮廓去构造事物的形象，而不是用一张接一张的快照去构图。

科： 这是你用得很多的一个词：图像式（iconic）。我想我们最好澄清一下你的意思。

麦： 还是用布莱克来说明。我想这个词和布莱克有关系，他终生坚持镂刻式的、高度模式化的、酷似雕塑的形式和形象。我所谓图像式的意思是，它的视觉品质低，触觉品质高，积极触觉的品质非常高；用心理学家的话来说就是"积极的触觉"，而不是肤浅的触觉。

科： 你把电视叫作触觉媒介。

---

① 布莱克（William Blake, 1157—1825），英国诗人，前浪漫主义代表人物。对英国浪漫主义运动产生重大影响，讴歌自然，抒写理想与生活，风格独特，代表作有《天真之歌》《经验之歌》等。

② 洛克（John Lock, 1632—1704），英国唯物主义经验论创始人。主张君主立宪，著有《人类理解论》《政府论》等，其思想对美国《独立宣言》产生了影响。

麦： 图像式媒介和漫画有许多相同之处，电视是漫画的理想媒介，它适合漫画的程度大大超过了适合绘画的程度。

科： 让我提出一些大家可能会提出的反对意见。首先，在一定程度上说，你观赏绘画时，无论观赏什么画，都有一个花时间的过程，因为你需要扫描这幅画，不是吗？无论它播映的是曼特尼亚①的作品还是《加冕礼大街》②，你都得扫描。就我的理解而言，电视摄像机也是这样扫描的，并不是说我理解它，而是说它沿着这样的路子展开。这是一个快速移动的扫描点。反正，这个扫描点是不选择的；相反，漫画的效应是依靠排除产生的。

麦： 不，电视摄像机比电影摄影机更具选择性和抽象性。实际上，画像式（pictroial）和图像式（iconic）的区别似乎是，画像式包容大量的细部。用大量细部去填充空间，这是文艺复兴画家在第三维里学会的技法。他们发现，你可以获取空间、用物件去填充空间。图像式的人不用物件去填充空间，他制造空间。图像式的形象与其说是三维空间，不如说是一个人为造就的、塑造的、调节的、共鸣的空间。

科： 我想你这一番话适合漫画，却不太适合电视图像。

麦： 你认为电视画面是充满细部的图像。

科： 至少它不是选择性的。就是说，如果录音话筒掉到地上，电视摄像机也是能够记录下来的。

麦： 和类似体积的留声机比较而言，电视有很高的选择性和抽象性。

科： 好，我们谈第二点。电视摄像机用扫描点工作，我们与之合作用这些扫描点来构建画面。

麦： 有许多空间需要我们去填充。

---

① 曼特尼亚（Andrea Mantegna, 1431—1506），意大利画家、雕刻家，文艺复兴先驱。主要作品有圣·吉诺教堂的圣坛、曼图亚都卡莱官的婚礼厅等。

② 《加冕礼大街》（Coronation Street），英国电视肥皂剧。1960 年 12 月 9 日开播，描写几家人的日常生活，故事以一家酒店为背景展开。

科：是有许多东西需要填补，我们在实践中做很多事情都需要填补。我们这样做是自然的、生理的运动，难道不是吗？我看，这似乎不同于观赏漫画，看漫画填补缺失的成分是另一回事。

麦：看电视需要填补的东西更多。

科：有更多的填补，但那是另一种迥然不同的填补。电视摄像机要做到的是提供我们不太习惯的画面，因为它使用的材料就像保留映像的视网膜；相反，漫画却故意给我们提供不习惯的画面。

麦：这是一个充满玄机的地域，弗兰克。土著人和前文字的民族看不懂绘画，他们使用眼睛的方法和识文断字的人大不相同。许多人听说后感到不安。阿拉伯人很难看懂明信片上或照片上的骆驼，或是他们日常所熟悉的其他东西。本地非洲研究院的约翰·威尔逊（John Wilson），他在非洲执教 20 年，用电影教非洲人写英文，他想通过写英文来教他们看电影。如果你想要他们看懂电影，你就必须用我们学读书写字的方式来教他们。这样的方式不是人自然而然就会的方式。我们所谓的画面、填充完全的画面、自然而逼真的画面，对非文字人来说，绝对不是清晰可见、一望而知的。

科：然而，一旦学会之后，他们就扫描电影，是吗？换句话说，这里有一个序列的、前后相继的成分，在电影画面和印刷品的形象中都有这样的成分。

麦：图画和印刷词语有许多共同之处，实际上两者都是一连串黑白小点的画面和形象，你按照顺序去扫描。另一方面，这个形象刹那间给你大量的数据，很像一个格式塔完形，你不可能在一刹那间读出全部数据。

科：但是，你说"刹那间""格式塔"，实际上就是在找同步性的问题，难道不是吗？

麦：在这种形式的经验中，往往存在着大量的同步性。

科：如果你觉得我们不得不或者正在与这种瞬间形象达成妥协，如果你觉得我们在这方面比印刷人做得好，那我就请问，在电气媒介内部，你如何划线区别不同的媒介。你把电视之类的电气媒介叫作冷媒介，把广播之类的电气媒介叫作热媒介。这是什么意思？

麦：这和俚语"热辣和酷毙"有关系，这使许多人困惑。俚语的用法把"冷"的意思颠倒过来。俚语里"冷"的意思是卷入、深度参与、深深投入。我们过去激烈争论的一切东西在俚语里都叫作"酷"。冷的意思逆转，这个想法和一个事实有关。我们的文化重心发生了重大的转移，它要求我们更加投入我们的工作情景之中。

科：冷媒介是清晰度低、受众必须要填补空白的媒介。

麦：对。就像你刚才提到的漫画，漫画就是"冷"媒介。和古典音乐比较，它在许多方面是不连续的，有很多空档需要去填补。凡是信息程度或数据程度低的地方，填补或参与的程度就高。如果你填补复杂的数据，填补的机会就少，参与度就低。

科：这里有一种悖论，有许多悖论。不过此刻我只想这样一个悖论：许多人认为，你坐着看电视时，电视是可以让你慵懒放松的东西。

麦：那是因为他们只注意到电视播送的节目和电视的内容，这与电视媒介没有关系。

科：对。所以你会说，有人还在努力弄清楚我们谈话的意思，但那不是我们的意思，电视之冷不是因为我们的谈话冷。我们的谈话是热的，大概是热的吧？

麦：我们努力保持比较超脱和文雅的态度。在这个意义上，我们的说话是很平直的。

科：我们说话平直？

麦：对冷静的听众而言，我们说话都四平八稳。不过这个问题很复杂，仿佛是我们文化的一种新的综合征，这个冷的属性很复杂，不容易揭示真相。在几个星期前的一次节目里，杰克·帕尔问一个年轻人："你们为什么用'冷'这个词去表示'热'的意思？"这位年轻人的回答是："因为你们老辈人在我们出世之前就把'热'的意思用完了。"

科：那就是说，年轻人表现出标准的黑格尔式的逻辑，也许你那灿若群星的言论是黑格尔式的。或许，你会反驳这样的比方？

麦：你在想心脏的收缩和舒张那样的形式吗？对，我想这个比方也有道理，这个角色扮演和深度参与的驱动力有一定的道理。不过这个需要始于一百年前的诗人和艺术家。他们构想出晦涩而困难的形式，真正"冷"的形式。兰波和波德莱尔开启了这个潮流。他们创造的形式要求你大量参与以完成其意义。请记住埃德加·爱伦·坡在象征派诗歌兴起的同时发明了侦探小说的形式。他设计的形式实际上是让读者去创作故事，他们不得不填补各种各样的线索和空白。这成了故事创作过程的一部分。你可以预留空白，让读者和观赏者参与创作过程，这样一个发现始于一百年前。

科：这大概正在退场，是吧，这种故事、这种需要是在淡出吧？

麦：把连成一气的故事情节作为组织数据的手段正在退场，这是真的，这个趋势在伯格曼、费利尼的电影中就已经开始了。

科：它有赖于一个独特的观念，关于什么是立即的或清晰的事件序列的观念。我们正在退出这样的逻辑，进入电的逻辑，正如你反复重申的，这是一种听觉文化。这使我想起要问你的有关问题，我想这个问题对你的研究很重要。如果你划分技术决定的阶段，你就不能只谈目前的状况，你就能够在一定程度上进行预测。我想，在《理解媒介》里，有时你深入到我们尚未达到的电气技术领域。你的确大胆预测了这样的生活，预测了感知新变化的那种感觉。你能够就这一点谈一谈吗？

麦：我阔别多年后于两年前再次来英国；和 20 年前相比，地区方言行情高涨，标准和同质的英语反而走势下降，人们骄傲地显示自己的方言，我 20 年前难得听到的方言，这使我大吃一惊。这种向地区文化深度进军的驱动力，是电子形式的正常特征，因为这是让我们深入自我参与的环形电路。比如，目前魁北克省操法语的分离主义者就深深地和他们自己的这种新形象联系在一起，这是自电视问世以来的有深度的形象。

科：这是你在 19 世纪印刷时代的心脏地带得到的形象，不是吗？马修·阿诺德就很强调这样的地区特征。

麦：不过我想得更多的是爱尔兰、苏格兰、威尔士的所谓民族主义运动，还有现在加拿大法语区等许多其他地区的民族主义运动。现在，这些运动突然坚持古老的民俗和深厚的文化之根。

科：另一方面，你说民族主义本身是印刷术的产物。

麦：对，你瞧，民族主义这个术语用得不是很严密的，就像冷热用来描写完全对立的情景一样。民族主义起源于高度视觉整合一体的情景，人们首次把自己看成整合一体的公众或整合一体的社会群体，这种情景先出现，过了很久才有人提出民族主义的理论。事件在前，理论在后。

科：我们什么时候能够生活在你所谓的地球村里？我们多久会失去你所谓的个人感觉和民族感觉？我想你说这是电气媒介的效应之一。

麦：我认为，这种感觉在很大程度上已经失去了。美国人近年来感觉到的动乱，使他们难以清晰聚焦自己的形象，也就是所谓的戈德华特①情绪，虽然他代表的这个情绪相当怪异、相当有力。这种感觉和情绪试图重新发现他们 18 世纪开始的文化蓝图，试图回归原来基本的文化规则。美国目前正在经历一场回归自身的深刻的运动，青少年流行的做派就是这种回归的一个方面。重新发现自我比过去任何时候都更加深刻，它正在扰乱美国目前的形象。

科：你在书中提出的未来愿景在一定程度上可能会给人留下"老大哥"的形象。比如，你说给文化编制程序。又比如你说，如果广播节目过量使南非看起来太热时，我们就用编程的办法给它提供大量的电视节目，使它

_____

① 戈德华特（Barry Goldwater, 1909—1998），美国政治家，保守的共和党人，亚利桑那州参议员。1964 年参选总统败在林登·约翰逊手下，因为梦想重整美国保守的个人主义而败下阵来。

降温；可是这样的编程就干扰了印刷文字人所谓的人权。

麦：我们从未停止用尽一切可能抓住的技术手段来进行干预，并急剧地改变我们自己，我们从未停止过。我们反复地、一次又一次地打乱了自己的生活。

科：你看这会不会把我们引入一种电气式的极权主义呢？

麦：不会的。我想如果不妨碍这种逻辑，它是会保持静止状态的。

科：有没有终点呢？我们是否应该永远从印刷术的命题走向电气技术的反命题呢？

麦：如果电路的自然游戏是深度和日益加强的参与和责任，它似乎就需要我们增加人的自主和人的意识。如果此间有逻辑的话，如果此间出现一种有希望的逻辑，这个逻辑就是驱散我们生活中一切无意识的方面。我认为，为了过上这种有深度的生活，为了生活在瞬间回馈的情景中，我们就必须理解一切东西。只有这样，我们躺在无意识里懒散的颓势才不会旷日持久。我想，我们必须要把人的整个环境接过来，把它当作一种人工制造物。

科：这样，你在书中所说的印刷人那种头和心的分裂就可以治好了，是吗？

麦：你说得完全对。如果我们充分利用艺术，借以提高觉悟，认识我们习而不察的环境，并且把这一套技能用于转化环境，使之成为一种艺术，使之成为一种超越性的意识，这就是这种形式的逻辑。把环境当作人工制造物和艺术品来编程，这是人们在各方面走向的趋势。城市规划师就是我们熟悉的例子。他们的工作就是塑造整个环境，而不仅仅是把人工制造物引入环境，环境仿佛就是人工制造物。我想，迄今为止，人类满足于把人工制造物引入环境，否则就无法控制环境；我们把艺术用作控制环境的手段。把整个环境用作一件艺术品、一件人工制造物的可能性，的确令人大吃一惊，也许这是一番令人振奋的景象，不过它似乎是强加在我们身上的。

不等我们所作所为的后果发生，我们就需要独立自主，就需要意识到这样的后果。这就是我们的方向。

　　科：好了，马歇尔，我希望听众对媒介和讯息的区别比较清楚了。

　　麦：这也是我的希望。不过我认为，弄清楚两者的区别未必就是我们要去滩头上发现的东西。实际上我们已经建立了一个滩头堡。

媒介即是按摩（1966）

第五章

1966 年 5 月 7 日，麦克卢汉在纽约市 92 街的考夫曼艺术馆发表讲演。这是当代表演艺术基金会与青年诗歌中心联合主办的 6 场讲座中的压轴戏。

他讲演的题目是"媒介即是按摩"，这是他从著名的警语"媒介即是讯息"变幻出来的戏语。他首先区别这两句话的含义，然后解释了他的论点：媒介"是按摩而不是讯息，它给我们沉重的打击，其实它抓住所有的人，以野蛮的方式给我们大家按摩"。

最近，人们在介绍我时说，我是加拿大对美国的报复，你瞧，加拿大是美国的早期预警系统（the dew line/Distant Early Warning line），我来自这个预警系统的国度。这就是我今天晚上讲演的主题之一，艺术家是新媒介的早期预警系统。另一个主题是：媒介即是按摩，而不是讯息。媒介其实是按摩而不是讯息，它给我们沉重的打击，实际上它抓住所有的人，以野蛮的方式给我们大家按摩。

我来自预警系统的国度，能够给你们带来一种特别的俏皮话，你们可能还没有听说过这样的笑话，和加拿大法语区人抱怨相关的笑话。不是波兰人的笑话，也不是意大利人的笑话。史蒂夫·艾伦说，滑稽的人是牢骚满腹的人。如果你从这个角度去观察笑话，他这句话真的是发人深省。加拿大有一个笑话，说的是猫捉老鼠，老鼠躲到地板下，接着是死一般的寂静，突然响起了一阵嗷嗷汪汪的叫声。老鼠心想，哦，家里的狗来了，它把猫赶走了。于是老鼠露出脑袋瞧瞧，猫立即扑上去抓住它，大口大口地吃起来。猫一边吃一边说："你瞧，会说两种语言就是有好处！"我们国内有许多这样的笑话。我认为，把笑话当作抱怨的象征，是非常有趣的。

　　同样，俚语是感知微秒变化、感知模式变化的指针。如果鼓励我们的年轻人用这个观点去注意并尊重俚语，他们就可以澄清自己遇到的一些问题。无论俚语是多么复杂，没有一个小孩子会把俚语说错，连"酷"这个字也不会用错。有一次，我送给孩子一个奇怪的礼物，实际上是莱斯大学的年鉴，大约 6 英寸见方，由纸版粘贴而成，里面印的是一些小故事和四季诗。我们 13 岁的孩子看见之后说："爸，酷毙了。"他这个词用得很恰当。但许多人用这个词有困难，我的困难更大。实际上，我仅仅是把它从俚语世界中抽取出来，这个词的意思就像是大夫动手术的情况：既卷入又超脱。

　　"冷"的意思是和创造过程融为一体。一个人既卷入又超脱，他就认同这个创造过程。在艾略特[①]的诗歌《四个四重奏》（*Four Quartets*）里，你可以读到许多"冷"的概念。这是具有相当东方色彩的观念。西方人的倾向是卷入或超脱，二者必居其一。可以看出，这是我们社会的一个新的发展趋势，是一个复杂的概念，具有深刻创造意义的概念。

　　我们这个世界正在发生许多奇怪的变革。其中之一是，我们正在退出农夫的、专门化的、被分割的人的世界，进入猎人的、整合的人的世界。最近，约翰·凯奇[②]给我一个饶有趣味的例子，说明这对他有何意义。这就是詹姆斯·邦德的意义，侦探的意义，我们这个世界对罪案感兴趣的意义，因为罪犯和犯罪学家双方都是猎人。他们属于古老的旧石器世界，实际上是一种新型的人。他们探索的是我们整个人类环境，就像古代的狩猎人和采集人把整个环境当作统一场来探索一样。旧石器时代之后来到的是栽培作物的人、编织篮子的人、烧制陶器的人。农夫的历史已经有数千年。

---

　　① 艾略特（T. S. Eliot, 1888—1965），20 世纪伟大文学家、现代派诗人、剧作家、文学批判家。生于美国，卒于英国。著有《普鲁夫洛克情歌》《荒原》《四个四重奏》等，1948 年诺贝尔文学奖得主。

　　② 约翰·凯奇（John Cage, 1912—1992），美国作曲家。开创"非古典"原则，记谱不作一个规定，取意于中国的《易经》，最著名的作品有：《4 分 33 秒》《幻景第四》《奏鸣曲与变奏曲》《喷泉混合物》等。

我对约翰·凯奇说这一番话时，他说："你知道的，这很有趣。我生平喜欢采蘑菇。我对培植蘑菇没有丝毫的兴趣。"这耐人寻味地说明了两种人的差别。狩猎人不关心分类、专门分割或培植的程序，只对发现感兴趣。

有些令人兴奋的事情正在发生。比如，如果你想说工作的未来，我们就知道，它和我们目前理解的职业工作没有关系。它和发现机制有密切的联系，和认识过程大有关系，它和我们参与的过程大有关系，所以将来的工作显然就是我们的认识过程。

有一段时间，皇家和王公不必学习任何特殊的技能，只需要自然成长。雅克·艾吕尔①在《宣传》(*Propaganda*) 里指出，20世纪的儿童是人类历史上最用功的儿童。在20世纪的信息环境中，我们的孩子不得不处理的数据远远超过历史上任何一种文化环境里需要处理的信息。从婴儿期开始，我们的孩子就不得不非常用功。他们要用功学习的主要是如何成长；在现代电子环境里成长是非常复杂而艰难的任务。这个任务威胁着人的身份，还可能会剥夺个人的身份。电子环境的特点之一是，人们彼此的介入程度很深，于是就觉得失去了个人的身份。这是我们时代特殊的难题之一。在一个事件瞬间同步发生的整体场内，人们彼此的介入程度很深，所以就失去了个人的身份感，这是因为在过去的岁月里，个人身份与简单分类、分割和非介入的状态联系在一起。在深度卷入的世界里，身份似乎已经在人间蒸发了。

工作的未来是认识，身份的未来是参与，未来的观念也许是角色的观念，而不是职业分工的观念。母亲是没有职业的；她有60种家务，这是一种角色。一位顶级的企业主管没有一个职业上的分工，他同时承担许多责

---

① 雅克·艾吕尔（Jacques Ellul, 1912—1994），法国哲学家。偏向技术决定论和悲观主义，被北美媒介环境学派视为同道，著有《无政府状态于基督教》《城市的意义》《西方的背叛》《新的魔鬼》《技术社会》《革命的尸解》《基督教的颠覆》《宣传》等。

任，这是一种角色。我想，这是发生在我们大家身上的事情，只是程度不同而已。我们这个高速运转的世界必然要产生这样的后果：我们大家都进入一种高度整合一体的生存状态，其实它指向的是角色的扮演而不是职业的固定。

最近我曾经和一些企业经理交谈，我把以上看法告诉他们，试一试他们的反应。好像还灵。我说，老龄的岁月是一段发现的时期，这给他们留下了很深的印象。这个观点富有深刻的意义，因为他们多半已经年过四十。老年人的岁月成为一个发现的时期，这个观点与单纯看生理年龄的观点是矛盾的。企业里年纪比较大的人知道满场子的游戏规则，他们的地位比年轻人优越，他们更容易发现新的游戏规则，而年轻人仅仅是打一份工。这些经理的反应使人相信，老年人有希望。

计算机对职业分工的观念构成威胁，还有另一个基本主题与此相关。计算机对专门化分工的人说："请君进我的房间看看。"凡是想让电脑接替自己的人只需要做专业的工作。不过，电脑有一个充满希望的优点：它可以用作一个检索系统，瞬间完成的信息检索将产生一个伟大的发现的未来，因为高速检索系统把许多事实搜集起来。许多层次的经验囊括在一起之后，它们就能够显示出自身的结构和形式，就能够揭示这些形式的生命，就能够揭示各种新模式的知识。所以人们要开发这种新技术形式，将其用于原有的按照职业分类的数据，这似乎是我们时代的特征，或许也是其他时代的特征。迄今为止，我们仅仅把电脑交给图书馆馆员和编目人员。换句话说，我们用新形式来做老工作。

然而，一个发现的形式用于检索的可能性是我们大家都记得的事情。我们的回忆过程往往就是发现的过程。我们肯定会修正我们所知的模式。《芬尼根的觉醒》完全是建立在这个检索系统上的。"明珠投猪，对牛弹琴。"①这是《芬尼根的觉醒》里的一句话，也是它典型的创作手法。乔伊斯把语言当作人类知识和感知的最大的储存系统。他利用这个海量仓库来检索模式，是发现自然而然的模式："虽然福尔摩斯可以再谦虚一点，但是这警察那警察，谁也不如他。"这句话说的就是信息检索。作为检索形式的双关语把各种层次和各种语境的信息网罗在一起，创造出一个新的发现的模式。由此可见，除了对工作职位构成威胁、给人提供闲暇之外，电脑还有许多好处。

在电气条件下，"未来"这个研究方法还可以用于其他一些领域。把未来的地球当作一件艺术品，也是这个主题之下的一个领域。地球有了卫星和电子信息这样的新环境之后，正在迅速变成火箭头部一样的头锥、一件艺术品，就像福特汽车公司的 T 型车。像电视上播映的无声片一样，地球正在成为我们人造环境的内容。地球的未来是威廉斯堡②，是一件艺术品，一件精心呵护的出土文物，这个前景真的是非常有趣。人类未来的工作主要是耙梳、整理和修剪这个老的行星，使之恢复青春，恢复到原始拓荒者定居时的样子。

我用这个例子来说明一个基本的主题：一旦受一个新环境包围，任何东西都会成为一件艺术品。给任何一种形式赋予新环境，它就会取得艺术品的地位。换句话说，它就成为习而可察、肉眼可见的东西，因为这就是艺术的特性。作为永恒模式和永恒手段创作者的艺术家的角色，也许是被一些人误解了；他们认为，艺术主要是储存人类价值的血库。在我们这个时代，许多人感到不痛快；他们认为，新的庸俗而堕落的环境污染了古老而伟大的艺术宝库。他们不曾想到，自己的任务也许正是深入探索这些新

---

① 乔伊斯，《芬尼根的守灵夜》(*Finnegans Wake*)，London: Faber and Faber, 1939, 202 页。——原注

② 威廉斯堡（Williamsburg），弗吉尼亚州的第一任首府，后衰败。1926 年小约翰·洛克菲勒投入巨资复兴这个旧都，使之成为著名的旅游中心。

环境；他们没有想到，人类在血库中积累经验也就是艺术，艺术本身并不会给我们感知当前的环境作出很大的贡献。

当前，许多人感到迷惘和郁闷；他们觉得一切伟大的价值都被庸俗的娱乐和大众的娱乐污染了、腐败了，都患了贫血症。在这个方面，让我们稍事留步，看一看书籍的未来。纸印书创造了我们所谓的公众。电路来临之后，你就有了所谓的大众。这是一个时间的因素。纸印书之所以造就了公众，那是因为它造就了一个庞大的、不同步的群体。大众的特征却是同步的。大众的形成就像电报一样，像日报一样。日报很能够说明问题，因为里面的一切都是同步发生的。报头日期是报纸的唯一组织原理。除了报头之外，报纸里的新闻和栏目没有任何联系。拿掉报头日期之后，任何一张报纸都成了一首非常漂亮的超现实主义诗歌。拿掉报头日期之后，读起来更加有趣。报头日期成为一个颇有几分道理的借口，给我们提供了理性、意义和联系，这些东西和报纸并没有很深的关系。

集中到一张报纸里的繁星满天似的事件，是一种环境形象，许多人很自然地认同这个形象。作为事件的报纸具有强烈的同步发生的维度。反差很大的是社论版，它表现的是一个观点，对事件抱有一个固定的、紧守的立场。就形式而言，社论和书籍的关系很密切。

作为形式的纸印书创造了公众。蒙田[①]认识到了这个新的实体，认识到了这个名叫公众的新环境。他说："我的自画像得益于公众。"[②]这是作家立即对公众做出的回应；有了纸印书之后，他们的任务就是衍生出自画像似的形象。中世纪的作家没有这样的冲动或回应，中世纪只有抄书人加手稿的文化，古代也没有这样的冲动或回应。等到纸印书来临之后，人们才

---

① 蒙田（Michel Eychem de Montaigne, 1533—1592），法国散文大家。反对经院哲学和基督教原罪说，代表作有《随笔集》。

② 蒙田，《蒙田全集》（*The Complete Works of Montaigne*, Eng. tr. Donald M. Frame, Stanford, Stanford University Press, 1957），677—678 页。——原注

突然感觉得有必要反思，让自己的形象反射到公众身上，把这个形象作为自我表达的形式，作为自画像。自画像是对印刷词语的非常特殊的回应，手稿形式的文化不可能感觉到有必要做这样的回应。

复印机在出版界产生了一场革命，可是对这场革命的感觉却来得很慢，不过将来的感觉会越来越强烈。复印机是电路在过去纯机械的、分割的世界里应用的产物。复印机和复印术使读者能够成为出版人，这是一切电路的一个重要的侧面。读印刷品的时候，读者是拉开距离的观察者，他不卷入。在这样的电路条件下，读者介入了阅读过程，参与了出版的过程。

书籍的未来进入了信息服务的轨道。书籍不再是可重复的、统一性的、明码标价的、适合市场的、固化的一包纸，而是日益带上了服务的性质，它成了一种信息服务业，作为信息服务业的书籍将是量身定做、按需定做的。

电气信息有一个奇妙的动态或模型，它使受众的参与度日益提高，使之成为生产力的一部分，而不仅仅是把它提供的东西扔给受众，不仅仅是把受众作为消费者，或者仅仅是把它提供的东西当作娱乐。它的趋势是让受众作为生产力参与到生产过程中来，就像电动烤面包片机、电动剃须刀和其他电器一样。你就在做工。我们正在抵达这个地步。我会在适当的时候回头说电视或电影的未来；将来甚至现在，电视将能够在黄金时段的顶级问题中给观众提供物理学等科学的知识，邀请观众回答问题，回答在超市或杂志里派送的 IBM 公司卡片上提出的问题。奥本海默[①]喜欢说：在路边上玩耍的孩子里，就人有能够解决我在物理学中遇到的最艰难的问题，儿童的一些感知模式早在 40 年前我就已经失去了。他说这句话时意识到，大多数科学问题不是观念问题，而是感知问题；由于预设的观念和预先的执着，大多数科学家的感知被堵塞了。

---

① 奥本海默（Robert Oppenheimer, 1904—1967），美国物理学家，第二次世界大战中第一批原子弹"曼哈顿计划"的负责人之一。

当你同时和几百万人打交道时，总有一人能够在感知上穿透你手里的问题，且不费吹灰之力。8 位科学家奋战 50 年解决不了的问题，1000 万人考虑 10 分钟就有可能解决。

受众参与有许多含义。你们记得过去的知识竞赛节目，观众发现作弊嫌疑时非常气愤，实际上他们早就被排除在外了。这样的电视节目犯了不诚实的错误，其实它和电影里的操作也差不多，电影的操作是为了看起来有别于实际生活。不过，电视媒介使用这种操作手段是不太妥当的，因为这个媒介需要观众的深度参与。与此相反，电影世界不要求参与。电影世界是一个梦幻世界，高度视觉化，观众和电影之间拉开一定的距离。电视就不一样，它是一个参与度高的媒介，观众成了环境、消失点和屏幕。

看电影的时候，观众就是摄像机，他们窥视外在的环境。看电视的时候，观众成了环境屏幕和消失点，产生了一种和节目迥然不同的关系，形成了一种逆向的视角，也就是东方的效应。电视观众成了消失点，产生逆向的视角，一种东方式的参与。电视问世以来，西方世界获得了一些深刻的东方特征，这不是偶然的。不过并非电视才有这样的特征，一切电路都有这样的特征。

安保车（safety car）是另一个有特色的例子，说明电路如何冲击机械，就是说，安保车的设计者现在感觉到了它的后果，过去他们关心的仅仅是它弹射的性能。你把设计抛给公众，不管你抛射的碎片落到何方。可是到了电路时代，反馈的信息突然回到了设计之中。产品设计带上了受众参与的特色。

也许，安保车更能够说明空间囊（space capsule）的效应。富勒 [1] 有许

---

① 富勒（Buckminster Fuller, 1895—1983），美国建筑学家、工程师、发明家、哲学家兼诗人，被认为是 20 世纪下半叶最有创见的思想家之一。建筑设计富有革命性，运用所谓的迪马克喜翁原理（Dymaxion Principle），主张以最少材料和能源求得最佳效果，设计了一批永垂不朽的著名建筑，获英国皇家建筑金质奖章，1968 年获得美国文学艺术协会金质奖章，著《太空船地球使用指南》等。

多著名的言论，其中一点是，空间囊是人造的第一个环境，完全是人造的。大家都知道有一句老话："你不能带着它与你同行。"至于空间囊，你却不得不带着它与你同行。你不得不与地球同行。所以，空间囊实在是一种完整的环境，一切操作的一切后果都在设计时的预料之中，在内置的设计模式之中了。

这种空间囊的感觉用于汽车之后，使人产生了软面墙壁小房间的那种感觉。还有什么设计比现在的汽车更加适合飙车族的吗？我有一位朋友把汽车叫作流动的"卡萨法格斯"①。他还说："不要放弃手推车。"这种流动的空间是一种游动工具的形式，客体对环境的影响又回到客体之中。这是电路的特征。电路这种形式给我们信息反馈，同时又把我们回馈到电路之中。一切电路都是自己动手的客体。

书籍到了复印机上就有一点像安保车。读者就成了出版者和作者。在手稿时代，抄书人就是出版者和作者。我们现在又回到那种情况。有了复印机，读者就可以摘录一个段落，把它和其余的摘录、观念和声道拼接起来去自己出版。这是正在发生的事情。教师往往会为自己的学生编写教材，以适合本班学生的需要。这是电气技术的另一个特征。电气技术倾向于提供非集中化的、定制的、满足特别需要的服务。

我们的后视镜偏向有一个特征：我们把这些新技术当作旧技术的反射。谁也不知道有多少岁月了，人们接触到每一种新技术时，都把它说成是一种熟悉的旧技术。你们都知道各种各样的例子。最初的汽车上都配有马车上那种插马鞭子的地方。新型自动计算机的制造流程有点像卡片分类法。我们向前进时习惯向后看，这种奇怪的习惯却不是事事处处适用的，比如它就不太符合喷气式速度和电子速度。原因可能是：我们这一代人也许是仔细审视眼皮底下发生的事情的第一代人，我们不再用后视镜的观点来看

---

① "卡萨法格斯"（carsophagus），原为汽车公司名，借指汽车。

问题。后视镜是令人舒服的一块栖身之地。它给你一种《宝藏》^①的感觉。我们时代的都市郊区就是这样的洞天福地。它给郊区人的感觉是既有距离又有安全的感觉。这是 19 世纪的形象。那时的铁路还是新鲜事，人们心目中的形象不是铁路的形象，也不是铁路正在创造的都市的形象。它们给人的形象是古希腊雅典悠闲生活的形象，一种田园牧歌、纯真无瑕的世界，一种杰斐逊^②勾勒的天堂。这就是 19 世纪郊区人心目中铁路的形象。他们撞上铁路之后，自己就立即回到农业的、雅典田园牧歌式的世界。这是人们面对新奇和革新之物时的正常反应。尽管它不妥当，但是它不会阻止人们使用这种策略。这是众人早就知道的东西。每一次你看见新东西时，你总是说："我曾经来过这里，不是想象的那么陌生。"

这似乎吻合人类古老的从已知到未知的学习理论。我想这不太能够证明，这就是人类学习的一个基本模式。不过我认为，有大量证据证明，一接触到未知的东西，你就立即把它转换为已知的东西。这就是说，我们从来不会遭遇到未知的东西。我们遭遇到的仅仅是方便自己的自我欺骗。电气技术的电路让人卷入而成为生产力，这里隐含着许多非同一般的命题。你可以看到，一方面是电气技术的发展，是受众深深卷入一个娱乐的世界；另一方面是郁郁不乐的偷窥者站在一旁给节目分类，同时又提供最令人不快的节目评估分级制。一方面，受众即将接过这种大量的创造行为；另一方面，郁郁不乐的偷窥者站在一旁很快就读完这些受众评估数据。比如，每周 62 个国家 3.5 亿人看《宝藏》。还有比这更加令人沮丧的情景吗？实际上，这是一部很糟糕的电视连续剧。几个星期之前，非洲内罗毕有一个小孩子在城里游荡。警察问他在城里干什么，他回答说，他来自乡下，是

---

① 《宝藏》（*Bonanza*），又译《波纳扎》，以美国西部为背景的一部电视连续剧。1964 年由美国国家广播公司推出，连续播映 14 年，且连续三年保持收视率第一。

② 杰斐逊（Thomas Jefferson, 1743—1826），美国政治家，第三任总统，独立宣言的起草人。代表比较保守的、美化了的农业社会理想，反对北方政治家追求工业社会的立场。

孤儿。警察又问："那你来干什么？"他回答说："我在寻找卡特赖特先生。我想他可以帮助我。"我也敢肯定，卡特赖特先生会帮助他。

对非洲、印度尼西亚或中国这样的国家来说，《宝藏》一定是一种非常奇怪的景象，一定像遥远世界的科幻片。对从未经历过 19 世纪那种社会的国家来说，它就是这样的科幻形象。还需要顺便指出的是，这样的印象也符合我们西海岸人心目中的形象。加利福尼亚州没有经历过 19 世纪那种社会。在 19 世纪，人们竭尽全力向外部世界开拓。19 世纪的加利福尼亚州没有工厂、没有城市、没有产业生活。结果，由于没有 19 世纪的经验，我们的西海岸从 18 世纪跳进了 20 世纪，这使它处在非常有利的地位。这就是说，如果你跳过一两个世纪而进入一个新世纪，遇到新情况，你绝不会受到旧情况的约束。你的一举一动都会很自如，很有力量，你胜过那些经历过那整个过程的人。

经历过 19 世纪的人遭遇到人类历史上最令人麻木的、分割肢解的、条块组织化的、分类归档的生活。因此，像青蛙一样跳过 19 世纪的人可能还保存着幻想丰富的生活。经历了 19 世纪的人受到了可怕的肢解，因为分割、条块组织和分类归档的力量实在是太强大了。

加拿大处在一个独特的位置。除了 19 世纪的经验之外，加拿大没有其他的经验，加拿大就是 19 世纪发明出来的。美国却是在 18 世纪发明出来的。阿德莱·史蒂文森①说过"哥伦布是不是走得太远了？"不是吗？这种蛙跳式的前进具有意味深长的特征。目前，实际上有许多国家正在从公元前 1 万年的史前时代跳进后历史时代。单单从物质层面上来看，它们跳过几千年的西方历史会产生什么后果呢？谁也不知道，还没有人想过。

让我们回头看一看复印书的奇观。让受众参与成为行为者、出版者和

---

① 阿德莱·史蒂文森（Adlai Ewing Stevenson, 1835—1914），美国副总统（1893—1897 年），格罗弗·克里夫兰（Grover Cleveland）总统的副手。

作者这个特征，除了适合复印技术外，还适用于大量的电气技术。这种前景使我们日益需要对付新问题的新工具。这种前景有一种表述：开天辟地头一回，课堂和校园之外的信息和数据始终超过了课堂上和校园里的信息和数据。周围环境中的信息水平大大超过了课堂里的数据和信息。这并不是最近才兴起的现象。它发生发展的速度越来越快，规模越来越大。你知道那些吓唬人的统计数字，到1980年，科学家的人数将要超过普通人的数字，科学家的人数会越来越多。因此，在信息比例颠倒过来的未来世界里，教育的前途会是什么样子呢？在人类历史上，课堂里的信息总是比外面多。在这个蔚为壮观的逆转之中，学校的任务似乎也可能逆转，学校的任务不再是传授知识，而是发现知识。教育机构的任务是培训儿童对环境的感知能力，而不仅仅是把环境里的知识刻印在儿童的脑子里。

我们从来就不曾有训练感知外部世界的教育制度，现在转入这种活动会造成相当大的伤害或震撼。但这个问题就像是娱乐界的人准备解决高层次的问题一样。在当前的学校体制下，儿童的肌体和神经系统里都享有很高水平的信息资源，他们可以立即获得这些资源，我们可以让他们组合起来完成任务，去搜寻各种各样饶有趣味的问题。比如，我们可以叫小学生到电视节目里去寻找美国正在发生的事情。可以放手让这些小组里的孩子列出一个个清单，看看衣食住行、汽车、设计、家庭生活等方面究竟发生了一些什么变化。仅仅是让他们开清单，不是叫他们做什么结论，仅仅要他们观察，罗列出一些结果而已。小孩子喜欢这样的作业，他们这种搜寻的能力，实际上可以和任何社会学家的团队媲美。这样积累起来的单子对于高级的操作运算绝对是必需的、必不可少的。

今天我听到一位社会学家说，根本就不可能把电视和任何变化直接挂钩。在一定意义上说，这句话是对的。另一方面，如果你就电视问世以来发生的变化拉一个清单，罗列十来年的变化，15年的变化，不加任何预设，不带任何判断，不提出电视是什么、做什么的理论——即使只罗列言语、政治的变化，即使只罗列交往习惯、阅读习惯、穿衣吃饭习惯的变化，你也很可能会揭示出一目了然的模式。这已经是一份常规的归纳法的科学报告，虽然你没有做结论，虽然你仅仅是罗列电视问世以来这些领域里 15年来的变化。如果你愿意的话，你可以再做与其他技术相联系的变化，你可以看到与此类似的变化曲线。

如果你想研究汽车引起的变化，你就可以更加了解它对环境和社会造成的影响。换句话说，如果你注意到，汽车造成了公路系统和庞大的服务业，你大概就更加了解汽车，而不仅仅是看到它在分类目录里的照片。汽车的作用是它对人和环境的影响，就我所知，任何媒介的资源都是这样的。一种媒介造就一种环境。环境是一个过程，而不是一层包装的外壳。媒介是行为，它作用于神经系统和我们的感知生活，完全改变我们的感知生活。

任何技术的内容必然是一种旧技术。新环境包裹旧技术，把旧技术变成一种艺术形式。希腊人的生活中发生了这样的变化，罗马人的生活中也发生了这样的变化，中世纪发生了这样的变化，文艺复兴也发生了这样的变化，如此等等。这样的变化不乏证据。至于当代的情况，我已经提到过地球命运难以名状的变化，由于地球卫星和信息环境的作用，它正在成为一件艺术品。

在 18 世纪，艺术家有意识地创作风景画和外部环境，将其作为控制精神生活的一种方式。这是西方文化最伟大的革命之一。无论是在绘画、诗歌、园林或市政建设里，18 世纪的艺术家都在创造风景画一样的环境，他们将其称为美化，使他们创造的环境像装在镜框里的风景画。他们发现，这些风景画或如画的环境可以用来调节观赏者的精神生活。浪漫派绘画或美丽如画的环境能够调节观赏者的情绪。这些作品偏重的是效果。在此之前，艺术品更加关注让观赏者欣赏社群一体和欢庆节日的感觉。中世纪的艺术是欢庆的、社群交往的和参与的艺术，这是我们普遍意识到的特征。它们不必刻意提供特权生活或精英生活的感觉。

这有点像巴厘人 ① 的感觉，他们说："我们没有艺术，我们把一切事情都干好。"他们认为艺术也适用于环境，把环境纳入日程。对他们而言，艺术就是与环境本身打交道，仿佛环境就是艺术。这就是流行艺术意义的一个方面。流行艺术承认，外部环境能够加工成为艺术。在电子技术贴近生活、无处不在的时代里，我们才能够梦想把整个人类环境作为一件艺术品。这就是一种电子现象。我们就生活在这样的环境之中。流行艺术是向国民发出的一份报告书，它宣称，这样的事件正在发生，我们可以做好相应的准备。

你们知道，精英艺术家等精英人士面对流行艺术时都感到震惊，因为他们想对新艺术的内容进行分类。他们不是把流行艺术当作感知的手段，而是把它当作分类的手段，只把它当作评估的手段。艺术还可以用来训练人的感知，这样的念头难以进入这些人的头脑。

让我们回头看一看 18 世纪风景画艺术家。他们把风景画当作调节精神生活的手段，但是过了不久，到了 19 世纪中叶就发生了一次突变；他们说，内心生活重要，而不是外在环境重要。象征主义艺术家兰波、瓦格纳 ② 和波德莱尔开始审视内在的精神景观，认为这个景观可以用来丰富人的意识，并创造一种无所不包的意识。他们对神秘的意识、对神秘人的集体意识和荣格 ③ 的原型产生了浓厚的兴趣。这是艺术和文化发展中与我们关系密切的一个伟大的时刻，因为艺术家发现，艺术品的意义不是传送带或包装

---

①　巴厘人（Balinese），印度尼西亚巴厘岛上的部落人。巴厘岛在被荷兰人征服而成为殖民地之前，甚至在被征服之后很长时期内，是人类学家研究原始文化和部落文化的天堂，至今仍然是旅游胜地。

②　瓦格纳（Richard Wagner, 1813—1883），德国作曲家。尤以其浪漫歌剧著名，善于改革创新，作品有《漂泊的荷兰人》《纽伦堡民歌手》等。

③　荣格（Carl Gustav Jung, 1875—1961），瑞士精神病学家，心理分析心理学创始人之一。曾经是弗洛伊德最亲密的同事，著有革命性的《无意识心理学》，提出无意识两层次的假说：人生活中被压抑的事件和集体无意识的原型之中。

袋的意义，而是探针的意义，艺术品似乎是探索外部世界的手段。

你们能够看到，福楼拜[①]、蒙田、波德莱尔等人表达的意思都是非常一致的。福楼拜以简单明快的方式说道："风格本身是感知事物的一种绝对的方式。"[②]风格不是表达的手段，而是观察、认知的方式。我的一切有关媒介的知识都是从福楼拜、兰波和波德莱尔这些人学来的。他们学习创作用的素材，以便忠实于风格。他们有意识地研究他们创作用的材料和素材。你们看见赖特[③]等现代建筑师在世纪之交创造这样的风格。他们研究的不是自己想表现什么，而是能够用什么手段来表现。当他们研究这些材料时，他们很快发现，媒介即是按摩或讯息。这是一次大突破，因为他们发现艺术的功能是向人传授如何感知外部环境。康拉德[④]有一句话常常被引用："毕竟最重要的是让你看清楚！"[⑤]关键不是你知道这样那样的东西，而是你拥有掌握感知的手段。

这个观念是调动我们的一切资源瞄准急需感知的世界的观念，是未来之未来就是当前的观念，是如果深入考察当前就可以发现一切可能之未来的观念——这个观念成为象征主义者非常普遍的观念，成为 19 世纪末许多人的观念。这个观念赋予艺术一个厚重的角色，它传授感知而不是传递什

---

① 福楼拜（Gustave Flaubert, 1821—1880），法国小说家，19 世纪文学大师。代表作为《情感教育》《圣·安东尼的诱惑》等。《情感教育》用伤感悲观的调子写 1848 年的法国革命。他要求自己的文字具有"诗歌的韵律和科学语言的精确性"。认为同义词是不存在的，作家必须找到"唯一合适的词"。

② 福楼拜，《福楼拜全集》(*The Complete Works of Gustave Flaubert*) tr. Francis Steegmuller, New York: Farrar, Straus, & Cudahy, 1953, 第 2 卷，358 页。——原注

③ 赖特（Frank Lloyd Wright, 1869—1959），美国建筑师。草原式建筑风格的主要代表，重要作品有东京帝国饭店、纽约拉金饭店、古根海姆博物馆、威斯康星州拉辛市的约翰逊制腊公司办公大楼，还设计了许多私人住宅。

④ 康拉德（Joseph Conrad, 1857—1924），波兰裔英国小说家。擅长环境描写和叙事，尤其擅长描写航海生活。代表作有《吉姆老爷》《黑暗的中心》《水仙号上的黑家伙》等。

⑤ 康拉德，《水仙号上的黑家伙》(The Nigger of the "Nacissus"), London: J. M. Dent & Sons, 1950, x 页。——原注

么珍贵的内容。我知道这两种立场之间有大量纷争的土地。旧的浪漫派艺术表现的是外在风景，新的象征派艺术表现的是内在风景或意识，无所不包的意识；两者之间的冲突已经成为我们今天奇怪处境的指示器。在这种奇怪的处境里，我们把意识的手段延伸到环境之中，也就是说，我们使自己的意识得到延伸。

用这个观点来看问题，我们就能够从艺术家得到一些教益。1880 年，修拉[①]已经在画电视，也就是说，他的作品里有一种模式，一种具备电视全部特征的感知模式，包括后视镜投射法、细腻分割的点画法。看电视的人身上接收这些小光点，被包裹起来，成为无冕之王。这些小光点就在他的身上落地生根，他全身覆盖着这些小光点，这些飞蛾似的小光点。修拉深知其中奥妙，1880 年他就这样作画，他想要的是效果。他画的不是技术，他画的是他想要的效果。他想从这种电视形象或点画法得到的效果，是观赏者的全身心参与，那种多重感知的卷入。他有意识地瞄准的不仅仅是视觉的参与，而且是全部感知的参与。他想要一切感觉器官投入到观赏的过程中，所以他用这种后视镜的投射法。有一个令人愉快的故事，最近马尔罗[②]陪同戴高乐将军到艺术馆去赏画，他指着一幅幅的画介绍，戴高乐突然指着远处一幅画问道："哦，那幅画是谁的作品？"马尔罗说："杜飞[③]的。""那一幅画呢？""雷诺阿[④]的。"戴高乐突然说："啊，我知道那幅卡通是谁

---

　　① 修拉（George Seurat），法国画家，新印象派点彩派的主要代表。追求色彩分析，用不同的色点构成画面，代表作有《阿涅尔的淋浴》《大碗岛上的一个星期日下午》等。

　　② 马尔罗（Andre Malraux, 1901—1976），20 世纪法国小说家。在考古、艺术、政治活动中均有建树，参加过中国革命、西班牙内战、法国抵抗运动，任内政部长达十年。代表作有《西方的诱惑》《征服者》《人类的命运》《希望》《沉默的声音》等。

　　③ 杜飞（Raoul Dufy, 1877—1953），法国画家。由印象派转为野兽派，作品色彩明亮，笔触有力，夸张变形，以比赛场面和海景著称，名作有《三把伞》《尼斯》等。

　　④ 雷诺阿（Pierre Auguste Renior, 1841—1919），法国印象派画家。喜用暖色调，创作题材广泛，尤以人物见长，主要作品有《包厢》《游船上的午餐》《浴女》《拿喷水壶的孩子》等。

的，一定是鲁奥①的作品吧？""不是的，先生，那是一面镜子。"戴高乐想到鲁奥，因为鲁奥也是一位后视镜投射的画家。光线穿透画面进入观赏者眼帘。光线穿透的现象或光线的后视镜投射，引起观赏者深深卷入的效果，别的手法达不到这个深度。画家想让观赏者调动一切感官来赏画。

电气技术，比如广播和电视，都有时刻调动我们感官的力量。许多人似乎不容易看清，一幅卡通、简单勾勒的几笔、简单的轮廓，要求观赏者深刻地卷入，需要我们调动一切感官。一幅照片只限于调动一种感官，只需要调动视觉；与此相反，虽然卡通看上去简单得多，可它实际上需要我们的感官深深地介入。

画家深知个中三昧。我这些东西全都是从19世纪后期画家那里学来的，我一切关于媒介的谈话都是从他们那里学来的。实际上，你们会看到，在理解一切媒介时，画家和诗人都能够给我们很大的教益，19世纪后期的乔伊斯、艾略特、庞德等人都是我们的良师益友。他们研究外在的技术环境时，始终研究我们的感知，因为他们意识到，这对语言有深刻的影响，而语言正是诗人创作的媒介。

许多人对广告大惑不解，其中的一个不解之谜是，广告的效果和广告的内容莫名其妙的不协调。以毕加索②的画《扶手椅中的男人》（ *Man Sitting in Chair* ）为例。你看不见椅子，看不见男人，他画的是效果而不是外形，这是让观众参与的手段。当代的画家和诗人日益追求让人卷入的创作手法。于是乎，诗剧就重返舞台，因为戏剧家发现，如果你想让观众参与到剧情中去，你就不能用散文，散文只能够让演员对演员说话，观众对观众说话。

---

① 鲁奥（Georges Rouault, 1871—1958），法国艺术家。受表现主义影响，作品多为宗教题材，亦表现人物、小丑或妓女，色彩明亮、轮廓暗淡，作品有《圣容》《耶稣和大祭司》、系列版画《上帝怜悯我》等。

② 毕加索（Pablo Picasso, 1881—1973），20世纪最富有创造性、影响最深远的艺术家，立体派创始人。作品数量惊人，风格技巧变化多样。

只有用诗歌，你才能够把观众送上舞台。

　　说诗歌比散文能够更加深刻地调动参与的经验，似乎是一种悖论，因为实际上大多数人只读散文，读诗歌的人则少之又少。但是从阅读效果看，诗歌的确比散文能够调动人的参与。绘画也能够深刻调动人的参与。现在可以说，现代广告里展开的革命和绘画诗歌界的革命一样，和娱乐界的革命也是一样的，观众参与剧中人行为的程度越来越深。现代广告日益成为产品的替代品。现代广告给你丰富的资源和感知诉求的手段，尽管你不必占有那个产品，可是它能够让你感觉到那个产品的效果。

　　托尼·史华兹[1]坐在台下听我讲话，多谢他，他是广告专家。关于听觉的魔力，虽然不拥有产品却能够感觉到产品魔力，这正是他的拿手戏。长期以来，广告人对市场调查中的一种现象大惑不解，人们是先拥有某一商品，然后才去看广告。有了某一种冰箱、某一款汽车以后，你才非常注意它的广告，因为那是你想证明自己有眼光而得到满足的办法。于是，广告世界成为一个庞大的信息产业，成为服务业的一部分，使你用效果取代商品，就像毕加索《扶手椅中的男人》的效果一样。这就是所谓的非客观抽象画。你时而看得见，时而又看不见。艺术家掌握这样的要领比工程师早五六十年。所以，懂艺术的好处是在复杂的世界里定向。轰动事物来临之前，你有了50年的缓冲时间和空间，这的确有相当大的好处。

　　和书面文化与视觉文化老套的距离说相比，电路的深刻参与说有许多独特效果，其中之一是西方世界日益东方化。我们把自己19世纪的技术大量向东方倾泻，与此同时我们又在走向东方。我们通过转向内心而转向东方。东方人走向西方的趋势是一望而知的，然而我们转向内心的趋势却很难察觉，因为这个转向成为我们的外部环境，这是难以察觉的外部环境。

---

　　① 托尼·史华兹（Tony Schwartz），纽约广告业怪才。专攻声响效果，曾任麦克卢汉的代理人，兼任《新闻周刊》和《纽约时报》《花花公子》等报刊记者，与人合著《交易的艺术》（*The Art of the Deal*）。

然而，如果你列出一个清单，你就可以发现，我们的艺术、产品和习惯里的东方价值全都有了惊人的增长。我相信，东方人只需要列出一个清单就能够发现，西方已经相当深入他们的世界了。

这个例子说明我们身上发生的变化，我们使东方走向西方，同时我们又在走向东方；我们似乎很注意东方的西方化，却不注意我们正在东方化。这是我们给自己带来的变化，没有人叫我们走向东方。

许多人觉得给我扣帽子过瘾，喜欢说我搞价值判断，认为有必要搞价值判断。如果你注意到西方世界的东方化，再来说对什么东西赞成不赞成，那实在是牛头不对马嘴，实在是昏庸无比，对于关系到世界各国和数以千万计人命运的问题，你不能抱这样的态度。这样的态度就很像是玛格丽特·富勒[①]的态度。顺便告诉大家，她是巴克敏斯特·富勒的先辈。1850年她说过这样一句话："我接受宇宙。"我想爱默生[②]对她的回应是："她最好接受！"

_____

① 玛格丽特·富勒（Margaret Fuller, 1810—1850），美国作家。对美国妇女产生重大的影响，著《夏日湖上风光》《19世纪妇女》《文艺论集》《国内外》等。

② 爱默生（Ralph Waldo Emerson, 1803—1882），美国思想家、散文家、哲学家、诗人，超验主义运动的主要代表。强调人的价值，提倡个性绝对自由和社会改革，著有《论自然》《诗集》《五月节》《论经验》《论历史》《美国学者》《爱默生讲演录》《爱默生选集》等。

第六章

预见互联网的传播（1966）

到了 20 世纪中叶，麦克卢汉已经让世人意识到，电视这一媒介以很深刻的方式奴役现代人，然而，人的眼睛是看不见这种奴役方式的。他用最老派的方式唤起世人的意识，这就是尽可能多地直接对人做报告。

1966 年 8 月 5 日，加拿大广播公司一个公共事物节目《此刻有七天》(*This Hour Has Seven Days*) 请他接受访谈，采访他的记者是罗伯特·富尔福特 (Rober Fulford)。麦克卢汉提出一个新奇的观点。他认为，20 世纪 60 年代中期的少年比上一代的少年更加现实、认真、喜欢沉思，这完全是电视造成的，因为电视的性质是要求人"卷入"。

在这次对谈里，麦克卢汉还准确地预告了"互动"式传播，这是在过去 10 年里由于互联网的出现才能够成为现实的传播。

麦克卢汉（以下简称麦）：我们的地球要经历重大的变化，气象学家要对它进行新的加工，科学家要对它进行各种各样的治疗，它将加入我们家常菜的行列，所以每隔一阵子从太空回到我们的老家园也是一件很温馨的事情。

富尔福特（以下简称富）：你著书立说讲大众媒介已经多年，如今你也成了大众媒介的靶子。你的观点因此而发生了什么样的变化？

麦：让我首先说一说这一切为何发生，因为如果你留意的话，北美人的情绪突然发生剧变。安保车之类的事情 10 年前是不可能发生的。

富：为什么？

麦：因为人们突然对事情的结果产生了很大的兴趣。他们过去关心的是产品和包装，是把产品推向市场，推向公众。现在他们突然关注这些东西上路以后会出现什么变化，这些节目播出之后会产生什么结果。他们想要安全的空气、安全的烟卷、安全的汽车和安全的节目。这种安全需求之所以产生，是因为人们突然意识到，什么事情都会产生一定的后果。我多年来写的东西就和事情的后果有关系，我关注的不是它们的冲击，而是这些冲击产生的后果。电影产生的是梦幻世界、消极避世的世界；与此相反，电视产生的是非常认真、非常讲究现实的人，这种人在内向的冥想方面很像是东方人。

富： 这就是今天的少年吗？

麦： 对，在内向探索方面很像是东方人。

富： 他敏于思索、严肃认真。

麦： 对，冷静的人。相反，20 世纪 20 年代和 30 年代那一代的电影人，是身穿浣熊皮衣的肤浅的一代人，他们很会玩，上大学，但不是去学知识，不是去用功。这一切都变了。

富： 这一切变化的原因都是电视吗？

麦： 很大程度上是因为电视。电视给原有的电路新的动力，很大的动力，使人向卷入和内心的方向前进。你瞧，电路不仅仅推出事物让你审视，它还把你推进电路中去。它把你拖进去。你把一种新媒介引进一个社群时，人们的感知生活都会或多或少地变一变，有时还会发生很大的变化。这就使人们的观点、态度发生变化，他们对学习、学校和政治的态度都会有所变化。电视问世以后，加拿大、英国和美国的政治几乎冷到了冰点。我们的政治需要大大加温，电视不足以满足这个需要。两位专家上电视的时候，就像我们对谈的时候，电视就成为理想的媒介。这样的情况很适合电视，因为这里有一个互相挑战、发现和加工的过程。所以说，上这种节目的时候电视就棒，上广告的时候电视也不错。如果观众能够参与制作广告的过程，观众就很高兴，就像电视上的竞猜节目一样令人高兴。竞猜节目很棒，因为它给观众参与的角色，让观众有事可干。如果发现竞赛节目有假，他们被排除在获奖之外，他们会感到震惊。这是电视制片人和编排人对电视性质产生的可怕的误解。

同理，大多数广告人并不懂电视媒介。你知道吗，有的人是买了东西以后才来看广告。他们不是先看广告然后才决定买，他们想要证明自己买的东西不错，以便放心。换句话说，他们这样做的目的是寻求信息上的满足，大大超过他们从商品本身得到的满足。广告正在走向何方？简单地说，广告将要成为商品的替代品，这就是广告走的方向。一切的满足都来自广告提供的信息，商品本身则成为分类归档中的一个条目而已。

你不再出门去买一本包装好的书，那是一次5000印数中的一本。在西方，你走到电话跟前，打电话描述你的兴趣、需要和问题，说明你正在研究古埃及的算数。你懂一点梵语，你的德语很合格，你精通数学；于是他们就说，你要的东西马上送给你。他们立即复印你需要的资料，他们有世界各地的电脑帮助。他们搜集的材料完全是你个人需要的材料而不是放在书架上的材料。他们给你提供的材料是直接为你一个人服务的一揽子材料。在电子信息条件下，我们正在往这个方向前进。产品日益成为服务。

富：你愿意生活在什么样的时代？你愿意生活的时代是过去的某一个时代呢还是将来的某一个时代呢？

麦：不，我愿意生活在任何一个时代，只要人们听任事态发展，不去干预就行。

富：但是，人们不会听之任之吧，是吗？

麦：不会的。因此，唯一的选择就是理解正在发生的事情，使之尽量中性而不偏不倚，尽量挫败事态的发展。我绝对反对一切革新、一切变革，不过我还是尽量弄懂当下发生的事情，因为我不愿意坐以待毙，让毗湿奴的神车①从我的身上碾过去。许多人好像是认为，如果你谈论刚才发生的事情，你就一定持赞成的态度。我的态度刚好相反。我谈论的任何东西都是我坚决反对的东西，反对的办法就是理解它，这似乎是最好的办法。只有这样，你才知道到哪里去关掉那个按钮。

---

① 毗湿奴的神车（Juggernaut car），传说该神车载毗湿奴（Vishnu）的化身游行，被神车辗死即可升天，所以许多信徒渴望死在车轮之下。毗湿奴是守护之神，印度教三大主神之一，其他两位主神是大梵天和湿婆。

第七章

马夫里特讲座（1967）

　　马夫里特讲座是莉迪娅·马夫里特（Lydia Marfleet）赞助的讲座，是她1910年为纪念亡夫皮尔森·科克曼·马夫里特（Pearson Kirkman Marfleet）设立的讲座。马夫里特是伊利诺斯州的一位商人，对加拿大和美国的关系表现出经久不衰的兴趣。第一位讲演者是塔夫脱[①]总统，他的讲题是论美国总统制。第二次讲演是在7年之后，讲演者是罗伯特·伯登[②]爵士，他的讲题是加拿大的宪政发展。后来，马夫里特讲座放弃了政治论题，请加美两国杰出的学者和知识分子讲演。

　　1967年3月16日到17日，麦克卢汉在多伦多大学的礼拜堂做马夫里特讲座，讲演分两次。讲座之前的一期《新闻周刊》（*Message of Marshal McLuhan*）（1967年3月6日）刊出了一篇封面文章，题为"马歇尔·麦克卢汉的讯息"，这就使讲演得到公众非常热情的欢迎。

　　讲演的总题目是《电子时代的加拿大》（*Canada in the Electronic Age*），第一天的小题目是《作为边疆的加拿大》（*Canada: The Borderline Case*），说的是加拿大处在许多边界线上的奇特现象。第二天的讲题叫《走向无所不包的意识》（*Towards an Inclusive Consciousness*），说的是电子媒介使人重新部落化。

　　在第一场讲演里，麦克卢汉描绘加拿大的意义。从文化上、地缘关系上、历史上来说，加拿大都与美国接邻。"自然和历史似

---

① 塔夫脱（William Howard Taft, 1857—1930），美国第27届总统（1909—1913），共和党人。

② 罗伯特·伯登（Robert Borden, 1854—1937），加拿大总理（1911—1920）。

乎都一致同意赋予加拿大人一个团体的、艺术的角色。美国靠资源、技术和企业而成为一个世界性的环境，于是加拿大就获得了一个功能：使这个世界环境的美国人能够感知到这个环境。"按照麦克卢汉的观点，加拿大在世界上的角色是扮演美国的反环境。他把加拿大想象成为一个边疆国家，"远程预警系统的国家，这是看不见的环境的组成部分。这是一个纯信息的边疆，是各种边疆中独特的边疆……这是 20 世纪出现的边疆，它改变了我们与自己的关系，也改变了我们与世界的关系"。

在第二场讲演中，麦克卢汉解释说，我们突然卷入了一个万事同步的世界。在这里，同样的信息在同一时刻来自世界各地，过去的信息刹那间就可以再现。这种万物同步性造就了一种整体的记忆，回归部落主义的记忆，也就是一种综合的、无所不包的意识。麦克卢汉把这种情景比喻为因纽特人[①]50 年前遭遇火车的情景："我们今天处在电子时代，我们全都像第一次看见火车的因纽特人，我们像他们一样地原始，像他们一样地迷惘。我们对付新电子技术的能力并不比他们强一丝一毫。"

作为边疆的加拿大

我请一位温莎的朋友给我举几个从海关和移民局搜集来的笑话，这个念头令人愉快。他想起的第一个笑话是一位移民局卫士的笑话。他探头问汽车里的人："你出生在哪里？"车里的人说："多伦多。"他说："把车靠到路边上！"凡是不能按多伦多的口音把多伦多说成是"特洛那"（Trona）

---

① 因纽特人（Inuit），北美爱斯基摩人的自称。

的人，肯定是冒牌的多伦多人。过去的 20 年里，多伦多是一个非常美好的适合人居住的城市，我和我的家人都很喜欢多伦多。再举一个边境上的笑话。12 月的一天下午，移民局的一位关员询问从底特律开车来的一男一女，然后他又问一个五六岁的男孩，孩子站在后座。他问："你是谁家的孩子？"孩子没吭声，所以他又问："你最喜欢谁？"孩子回答说："我最喜欢爹爹，因为他把我的圣诞礼物藏在前排座位下了。"

如果你忍受得了，我可以举很多这样的边境故事。这样的故事无穷无尽。圆珠笔刚刚问世的时候，加拿大圆珠笔是 17 加元一支，比底特律便宜多了。一天晚上，一位编瞎话的本地人在隧道口被拦住，海关的关员问，他的上衣口袋里那 12 支笔是怎么回事。他高声嚷嚷，最后却理屈词穷，关员告诉他，他应该缴税走人，不再犯事。他不得不撩起后摆掏屁股口袋里的钱包，这一下露馅了。他的两个屁股口袋里各藏着一包福喜牌（Lucky Strikes）的烟卷。

我做了一番研究，思考了几个星期，发现很难把加拿大人作为一个实体来考虑，很难把加拿大当作一个内聚力很强的统一的实体。前两天，让·马尔尚①在讲演中好像说过，他在周游加拿大以后断定，加拿大是 5 个国家，从西部的不列颠哥伦比亚省到东部滨海地区，加拿大一共是 5 个国家。同时谈 5 个国家是很困难的，不过我想这也是我们加拿大的长处之一吧。

自然和历史似乎都一致同意赋予加拿大人一个团体的、艺术的角色。美国靠资源、技术和企业而成为一个世界性的环境，于是加拿大就获得了一个功能：使这个世界环境里的美国人能够感知到这个环境。对使用和占据某个环境的人来说，他们所在的环境都是难以觉察的，唯一的例外是，他们能够觉察到艺术家创作的反环境。

---

① 让·马尔尚（Jean Marchand, 1918—1988），加拿大自由党政治家。与特鲁多合作。

《纽约客》(*New Yorker*)杂志几个月前刊载一幅漫画，是两条爬上岸的鱼。一条鱼说："这是我们行动的地方。"有一位聪明人说过，我们不知道谁发现水，但我们相当肯定，发现水的不是鱼。

你看不见的东西正是你正在搬运的物理要素。加拿大当然是远程预警系统的国家，这是看不见的环境的组成部分。这是一个纯信息的边疆，是各种边疆中独特的边疆。我稍后会做一些解释。这是 20 世纪出现的边疆，它改变了我们与自己的关系，也改变了我们与世界的关系。边疆的价值是用作一种界面，一种继续不断变革的复杂过程，它能够大大加强人的感知能力和成长的能力。比如，寻求维多利亚时代轮廓的作家就撞上了这个令人注目的边疆。

荷兰宫①的仆人开门向在场的客人通报："麦考利②先生到。"这是一个标志性的时刻，19 世纪英国的历史在此翻过了重要的一页。麦考利文笔非常受欢迎，就是这个时刻的标志。这正是实至名归，他现身辉格党③著名家族聚会的这一刻，正是一个时代的标志。他父亲是最早对黑人友好的英国人之一。这些人诚实的产业和博爱之心被灰暗骄矜的宗教气氛蒙上了一层阴影。这使人相信，他们爱黑人其实是爱其肤色，却可能转身不见红种人和黄种人，表现出华而不实的矜持。不过，麦考利既风趣又政治开明，他既放弃清教徒信仰的倾向，又保存清教徒谈吐的调子，这既标明他的阶级和门第，又使他上升到与他的

---

① 荷兰宫（Holland House），英国伦敦一幢贵族公馆，是英国著名思想家、知识分子、文学家、科学家的聚会之地。

② 麦考利（Thomas B Macaulay, 1800—1859），英国历史学家、作家、政治家。曾供职印度总督府，后任陆军大臣、军需总监，著有《英国史》《古罗马之歌》，常为《爱丁堡评论》撰文。从青年时代起，麦克卢汉就很崇拜麦考利。

③ 辉格党（Whigs），英国政党，自由党的前身，与托利党人（Tories，保守党）对立。

背景对立的高度。这个辉格党人的世界、新型产业大亨的世界虽然排外，却不狭小。圈外人固然难打进去，但打进去之后，麦考利所处的氛围还是比其他英国人自由得多。当时的贵族是18世纪的卫士，许多贵族捍卫拿破仑，几乎所有的贵族都讥笑英国皇家。一旦进入这个辉格党人的圈子之后，财富和门第就不再是彼此的障碍了。[①]

这种不同世界之间的边疆颇有价值，它提供的对话和互动过程能够使有关的世界更加丰富。其中任何一个世界内部都不可能产生那样的对话和互动。爱尔兰的价值就在这里。

继续说麦考利。他青年时代重要的一幕是《爱丁堡评论》（*Edinburgh Review*）收到编辑弗朗西斯·杰弗里[②]来信的一幕。杰弗里说："麦考利先生，我越思考越难以构想，你的风格是从哪里学来的。"[③]他的风格是在两个大营垒的边疆学到的。这是两种风格互动的结果。爱尔兰在英国人生活里的重要价值，在萧伯纳[④]的作品中充分显示出来。他的剧本《约翰牛的另一座岛屿》（*John Bull's Other Island*）是边疆人生活的戏剧版本。萧伯纳用上了他富有诗意的想象：

当我说我是爱尔兰人的时候，我的意思是说我出生于爱尔兰，我

---

① 原文未注明引语出处，从上下文可以看出，出处与下一段相同，应该是《麦考利勋爵：传略与通信》。

② 弗朗西斯·杰弗里（Francis Jeffrey, 1773—1850），苏格兰法官、批评家、辉格党人。创办《爱丁堡评论》。

③ 奥托·特雷维尔延（Otto Trevelyan），《麦考利勋爵：传略与通信》（*The Life and Letters of Lord Macauley*），New York: Harper & Brothers, 1878，第1卷，117页。——原注

④ 萧伯纳（George Bernard Shaw, 1850—1950），爱尔兰人，17世纪以来英国最伟大的剧作家。代表作有《恺撒与克娄巴特拉》《人与超人》《巴巴拉少校》《伤心之家》《圣女贞德》《卖花女》等。发起以渐进方式实现社会主义的费边社，一生比较激进。对同代和后世作家产生深远影响。

的母语是斯威夫特①的英语，不是16世纪中叶伦敦报纸上那难以上口的行话。我的血统是最正宗的英格兰血统。换句话说，我没有从北西班牙进口的商业血统，没有冒充爱尔兰土著的血统。异言之，我是正宗典型的爱尔兰血统，可是这个血统里有丹麦人、诺曼人、克伦威尔人和（当然）苏格兰人入侵带来的血统。我的家族传统是激烈而骄傲的新教徒传统；但是，请英国政府不要对我的忠诚打折扣。我的英格兰气质使我足以成为一位坚定不移的共和党人和地方自治的鼓吹者。不错，我的祖父辈里有一位是奥伦治会会员②，可是他的一位姐妹却是修道院院长，而且我骄傲地说，他的舅父却由于造反而被绞死。我环顾四周的大都会人，他们受贫民窟的毒害，受都市广场娇惯，他们自认为是英格兰人；我看见他们被驻扎爱尔兰的新教徒军人欺负，就像今天的孟加拉人再也不甘心受英格兰人欺负一样。我看见到处的爱尔兰人都袖手旁观，冷静、清醒、漠然，对英格兰人那孩子气的伤感、敏锐、轻信却熟视无睹；我看见由于这样的气质，英格兰人上当受骗，成为每一位江湖骗子的受害者，每一位愚蠢的偶像崇拜者都会使他们上钩。有鉴于此，我觉得爱尔兰是世界上唯一的风水宝地，它能够养育理想的创造英格兰历史的人物。③

萧伯纳笔下这一幅景观也可能出现在加拿大。毕竟，由于雷蒙德·马

---

① 斯威夫特（Jonathen Swift, 1667—1745），爱尔兰裔英格兰人，18世纪著名政论家、讽刺小说家。其小说《格列佛游记》几乎无人不知、无人不读，直至今天仍然流行。

② 奥伦治会，英国基督教新教徒反对爱尔兰天主教的一个秘密会社，1795年创立于北爱尔兰，支持新教和英国王权。

③ 萧伯纳，《约翰牛的另一座岛屿》（*John Bull's Other Island*），London: Constable & Company, 1932; revised for Standard Edition, 1947。《政客》序：什么人是爱尔兰人？"（Preface to Politicians: What Is an Irishman? 15—16页。——原注

西 ① 的演出，我们已经塑造出永恒、理想而典型的美国人的形象——林肯。萧伯纳压轴的几句话是：

> 我个人喜欢英格兰人，大大超过我对爱尔兰的喜欢（无疑这是因为他们更能够理解我），正如有些英格兰人爱法国人远远超过爱他们的同胞一样……但是我从来不认为英格兰人是我的同胞。我很快就会考虑把英格兰人的称号送给德国人。英格兰人也怀有同样的感觉。法国人不能够区分法国人和英格兰人时，我们双方都觉得，彼此的误解中有那么一点点鄙视。
>
> 麦考利看到，爱尔兰人在斯威夫特这个苏格兰人身上发现了可以剽窃的作家的气质，于是他们就把斯威夫特据为己有，并且争辩说斯威夫特应该算是英格兰人，因为他不是苏格兰的土著凯尔特人。麦考利拒绝承认艾迪生 ② 是英国人，因为他没有号称具有贵族的血统，也没有在他的轿子上装饰镰枪。尽管有千千万万这种芝麻大小的区别，他们还是具有同样的血统，偶像崇拜的英格兰人和实事求是的爱尔兰人实际上的区别还是很小，这就粉碎了他们是两个不同"种族"的、最浅薄的虚构。③

也许，另一个例子更加令人注目，它能够说明边疆人身份的运作过程可以强化人的感知能力和创造性。乔伊斯的生涯就是这样的例子。最近，

---

① 雷蒙德·马西（Raymond Massey, 1896—1983），加拿大裔美国著名演员。在《伊利诺伊州岁月》里饰演林肯。

② 艾迪生（Joseph Addison, 1672—1719），英国散文家、剧作家、诗人，散文奠基人之一。与斯梯尔（Steele）创办期刊《旁观者》，著有悲剧《卡托》、诗歌《战役》等。

③ 萧伯纳，《政客》序：气质比较（Preface to Politicians: Our Temperaments Contrasted），15—16页。——原注

他的一位爱尔兰同胞说，乔伊斯之所以奇怪，部分原因是他生得太早。他也是一个边疆人，受人喜爱的奇怪的边疆人，并非 20 世纪艺术气候培育的边疆人。由于爱尔兰与欧洲大陆隔绝，由于她与外族统治隔绝，所以她在中世纪时期没有产生什么重要的文学，她的中世纪几乎一直延续到今天。

　　乔伊斯是爱尔兰第一位伟大的本土作家，是爱尔兰的但丁[①]和乔叟[②]。像其他作家一样，他当然也要表现自己的时代，不过他又用自己的方式表现了其他的时代，以便得到叶芝[③]那种伟大的集体回忆的梦境。他极其认真地去完成自己的使命，他要锻造他这个种族的尚未创造出来的良心。只有艺术家才能够完成这样的使命。于是，他不得不轮替着扮演不同的角色：像圣奥古斯丁[④]那样大声忏悔，像经院哲学家阿奎那[⑤]一样写出另一部《神学大全》（ Summa Theologica ），或进行伟大的综合，最后再像约翰·敦斯·斯格特斯[⑥]那样钻牛角尖，对一个个的词进行解剖分割。在整个的创作过程中，他始终是诙谐幽默、抱着怀疑态度、观察一切的都柏林人，是艺术家中的普通人，像学童那样喜欢双关语。

　　《尤利西斯》在 1922 年出版时，艾略特写了这样一段介绍文字：

---

　　① 但丁（ Dante, 1265—1321 ），意大利诗人、文艺复兴运动先驱。因反对封建贵族和教皇尔被终身放逐，著诗集《新尘》、史诗《神曲》。

　　② 乔叟（ Geoffrey Chaucer, 1340—1400 ），英国文学开山祖、英国诗歌之父。著有《特洛伊拉斯和克莱希德》《公爵夫人之书》《坎特伯雷故事集》等杰作。

　　③ 叶芝（ William Butler Yeats, 1895—1939 ），爱尔兰诗人剧作家，诺贝尔奖得主。著有《钟楼》《盘旋的楼梯》《心愿之乡》《伯爵夫人凯瑟林》等。

　　④ 圣奥古斯丁（ Saint Augustine, ？—604 ），罗马本笃会圣安德烈修道院院长。公元 597 年率传教团到英格兰，使英格兰人皈依基督教，同年任坎特伯雷大主教。

　　⑤ 阿奎那（ Thomas Aquinas, 1226—1274 ），意大利神学家和经院哲学家。活跃于 13 世纪，著《神学大全》等。

　　⑥ 约翰·敦斯·斯格特斯（ John Duns Scotus, 1265—1308 ），苏格兰哲学家，苏格兰神学派创始人。

在运用神话时，在操弄当代和远古持久的相似性时，乔伊斯先生追求的手法是将来的人必然要追随的手法［这就是现代都柏林和荷马世界里的古代伊萨卡岛①之间的相似性］。他们并非模仿者，就像科学家借用爱因斯坦的发现来追求自己独立的、进一步的研究时并非是模仿者一样。他这种手法仅仅是表现当代历史无益和混乱的万花筒式景观的一种手法，目的是要控制它，赋予它秩序、形态和意义。②

艾略特这段话具体指的是，你控制任何复杂而混乱局面的唯一办法就是用若干平行的边界，或一个边界，或一个边疆。"这是叶芝先生已经勾勒过的手法。我相信，叶芝先生是意识到这种需要的当代第一人。"③这也是艾略特先生的手法，因为他是来自密苏里州、旅居英国的人。他在伦敦泰晤士河岸边结庐而居，大约在1915年，这是美国人才过早流失的一个例子。我们没有时间细说人才流失，然而凡是研究过文学中边疆现象的人都知道，人才流失绝不是单向的。艾略特去英国，他首先使20世纪的英国人看到了法国文学和艺术发现的新天地。过去数十年里，英国人看不见欧洲艺术环境，需要艾略特这个美国人靠艺术活动来揭示欧洲的艺术环境。

叶芝就是一位伟大的边疆人。他有一段著名的话，他说法国文学的缺点之一是缺乏双重情节或平行结构。如果没有这样的结构，你就不可能塑造多重的情感。莎士比亚经常使用两种行为的相似性去实现多重的情感。这是我们经常的处境，我们经常生活在这样的边境上。我们经常生活在两个世界里，我们有无穷无尽的边疆资源，我们能够创造各种模式的多重的情感。

---

① 伊萨卡岛（Ithaca），希腊西部爱奥尼亚海中群岛之一，希腊神话中尤利西斯的故乡。

② 艾略特，《尤利西斯，秩序与神话》（*Ulysses, Order, and Myths*），The Dial 75［November 1923］，48页。——原注

③ 同上。——原注

惠特曼①的世界是一个边疆的世界，不需要大量的论证就可以看清楚。他坚持用粗俗的语言，他的语言响彻世界各地的巅峰。他这种语言就是诞生于边疆的语言，就是指向边疆的语言。他还首先使用了著名的短语"印度之旅"。他有一首诗用的就是这个标题。这是 E. M. 福斯特②小说《印度之旅》（*A Passage to India*）中的另一种著名的边疆。小说的情节是东西方的相似性，这是福斯特最伟大的作品。其伟大意义来自东西方行为的令人震惊的相似性，虽然它们似乎是没有丝毫联系的。人物的行为之间不必有任何联系，只要两者之间有一定平行性就行了。哥伦布未能发现的印度之旅由这些艺术家完成了。阿德莱·史蒂文森好像在他的马夫里特讲座里说过这样一句话："在这个舞台上，哥伦布走得太远了。"

边疆人创造力的意识，包括个人的或国家的边疆人的意识，是叶芝作品非常突出的主题。他有一段著名的话说，我们思想的边疆始终处在变化之中，许多人的思想可以互相流动，创造或揭示一个单一的头脑或一种单一的能量；他又说，我们记忆的边疆也在变化，我们的记忆是一个宏大记忆的一部分，造化记忆的一部分。这个宏大的头脑和宏大记忆可以用符号来唤醒，也就是靠艺术家来唤醒。我认为，加拿大贡献了一些成就卓著的边疆人。其佼佼者无疑是弗莱③，他穿梭于文学世界和无意识世界之间，具有非凡的边疆精神。这使他享誉世界，他从事的活动是地地道道的边疆活动。

---

① 惠特曼（Walt Whitman, 1819—1892），美国诗人。大胆创新，背离传统格律，讴歌自我与民主，代表作有《草叶集》，对中国新诗产生了重大的影响。

② E. M. 福斯特（Edward Morgan Foster, 1879—1970），英国小说家、散文家。《印度之旅》是他最重要的小说，含重要社会主题，被称为现实主义和象征主义的杰作。

③ 弗莱（Northrop Frye, 1912—1991），加拿大文学批判家。享誉世界，研究神话、象征和原型，著有《批评的剖析》《可怕的对称》《身份的寓言》等。

最令人叹为观止的一位文化边疆人是艾德蒙·伯克[①]。他18世纪发表的有关美国革命的观点走在伊尼斯[②]的前面，伊尼斯在《加拿大的皮货贸易》（*The Fur Trade in Canada*）的结论里说，加拿大的战争基本上是皮货商和定居者的冲突。

东部的皮货贸易公司自然把定居者看作对捕猎线路和皮货供应的威胁。东部人始终害怕拓荒者无节制前进的后果，东部的公司想要节制和引导边疆人的开发。英国当局本来可以在大西洋沿岸控制移民的定居，让野蛮人能够平静地享受蛮荒里的生活，以免皮货贸易的下降。皮货商的行为激起了伯克的抗议，他认为大西洋沿岸的企业界企图以皮货贸易的名义放弃对美洲的开发。

伯克是这样抗议的：

如果你们停止批特许状，那会产生什么后果呢？人们会在没有得到批准的情况下占有土地。你不可能在荒漠里的每一个角落驻军。你把人们从一个地方赶走，他们照常每年耕种，然后赶着牲口迁居。许多住在偏僻地区的人并不固定住一个地方。他们已经抵达阿巴拉契亚山顶，他们在这里看见的是一望无际的平原，辽阔、富饶平坦的草原，东西南北纵横500英里的平原。

_____

① 艾德蒙·伯克（Edmund Burke, 1729—1797），英国政治家、作家。同情美国革命和法国革命，在英国议会的讲演中同情和支持美国革命和法国革命，著《法国革命沉思录》（*Reflections on the Revolution in France*）、《论美国革命》等。

② 伊尼斯（Harold A Innis, 1894—1952），加拿大经济史家、传播学家，加拿大传播学派、媒介环境学派奠基人。著有《传播的偏向》《帝国与传播》《加拿大太平洋铁路史》《加拿大的皮货贸易》等。

他上面这段话并非完全正确。他继续说：

> 在这块辽阔的平原上，他们会无节制地迁徙；随着他们生活习惯的变化，他们的礼仪也会变化，他们很快就会忘记他们不承认的政府，会变成成群的英国血统的鞑靼人，他们像浩荡的洪水一样冲击未设防的边疆，他们彪悍的骑兵不可阻挡，他们将成为你们委任的总督、顾问、征税官和审计官的主人。[①]

伯克看到了未来的几百年，边疆人常常就是这样的。另一种类型的边疆人是詹姆斯·鲍斯韦尔[②]。他入侵英国大都会，要弄懂英国文学那颗大脑袋瓜的"头皮"[③]，他和约翰逊从未停止在边疆上来回对话。鲍斯韦尔说："先生，苏格兰有许多高尚而狂野的前景。"约翰逊就会说："不过让我告诉你，先生，苏格兰人眼中最高尚的前景是通向伦敦的通衢大道。"[④]

苏格兰人到了英格兰就会大变，萧伯纳也说，爱尔兰人在英格兰亦会大变。身处英格兰的苏格兰人，周围是沉闷呆板、缺乏想象力的人，所以他很有胆量、生气勃勃、手脚麻利。到了加拿大这个更加激励人的环境之后，他却偏向于死气沉沉、小心翼翼，唯恐打破了如此一个理想的环境。苏格兰人在家乡却是迥然不同的。

有一天，我和伦敦大学非洲研究所的约翰·威尔逊谈得很愉快。我们

---

① 艾德蒙·伯克，《论美国革命》（*On the American Revolution*: Selected Speeches and Letters ），ed. Elliot R. Barken, New York: Harper & Row, 1966，90 页。

② 詹姆斯·鲍斯韦尔（James Boswell, 1740—1795），英国著名传记作家，苏格兰人。著《约翰逊博士传》《科西嘉岛纪实》等。

③ 弄懂英国文学那颗大脑袋瓜的"头皮"——寓指弄懂约翰逊博士，并为其做传。

④ 詹姆斯·鲍斯韦尔，《约翰逊博士传》（*Life of Samuel Johnson*），ed. G. B. Hill and L. F. Powell, Oxford: Clarendon Press, 1934，第一卷，425 页。

谈到边疆。他是苏格兰人，但是长期旅居非洲，用电影教当地人学习阅读。20 年后，他被迫放弃，反过来先教字母表，以便让他们学会看电影。他发现，他们要先学会读书写字，然后才能够看懂电影。他说，边疆把苏格兰人变成了艺术家、企业家，这是千真万确的。他告诉我，他自己是缺乏想象力的很刻板的人。在家乡的时候，苏格兰人不会给世界创造边疆。

边疆的许多模式是难以看清的。等到电报来临并消除地理上的隔绝状态之后，社会和地理因素才成为美国历史的边疆。感谢参与亚历山大讲座的弗兰克·科莫德①教授。他指出，1867 年电话问世，《资本论》（*Das Kapital*）也出版。作为一种边疆事件，这令人难忘，也许这是我们明年的世界博览会可以做文章的一个主题。电报来临，旧环境就向内收敛，有了电报这个新环境的包装，它反而容易看清了。如果说铁路造就了加拿大某种意义上的统一，即空间上的统一，那么加拿大广播公司就是一个时空新边疆，它倾向于消除铁路产生的地理模式，有利于一个更加庞大同时又更加非连续的电信模式。我们还没有看清楚电气环境的特征。它们和过去的环境几乎没有共同之处，所以我们还要学习如何对付这样的新环境。

哈罗德·伊尼斯研究现代世界，敏锐地意识到古代的口头传统。换句话说，现代人类学家在研究非文字社会的过程中，使我们当代人特别清楚地意识到，口头文化具有整合与团结的力量。有了这样的意识之后，我们就看到了文明本身具有的分解破坏力量。卢梭②生活在 18 世纪的高度放大的文明里，他学会了珍惜原始生活的整合属性。另一方面，我们详细了

---

① 弗兰克·科莫德（Frank Kermode），英国文学批评家。1965 年 1 月 24 日应邀主持英国广播公司的谈话节目，与麦克卢汉对谈，参见本书第四章"电子时代人类的未来"。

② 卢梭（Jean-Jacques Rouseau，1712—1778），18 世纪欧洲启蒙时代最伟大的思想家之一。激励了美国革命和法国大革命，对浪漫主义运动也产生了影响。他的"社会契约论"超过了英国的经济自由主义和孟德斯鸠的实证论。提出"世俗的宗教"和"自然教育"等伟大思想。所著《爱弥儿》《社会契约论》等对后世产生了重大的影响。

解到这些属性的运作情况，这些因素使文明的价值渗透到口头文化的情景之中。

观察在我们自己身上起作用的因素，困难就大得多，这些因素正在造就一种新的口头文化，它将堆砌在我们继承的文明之上。文明总是建立在书面形式之上的。伊斯特布鲁克[①]教授正在坦桑尼亚工作，为期一年。他常常写一些短札，描述这些口头文化和半书面文化的坦桑人和我们之间存在的令人惊诧的巨大差别。比如，他说："在这里，我们那样的笑话是罕见的，但乐趣却无处不在，快速的一击、巧妙的回避和回敬，都给人乐趣。每一次开会都会爆发这样的玩笑，无论会议的议题是多么严肃。在令人愉快的'舌战'里，没有讥讽，没有恶意，被人击中要害也不会嫉恨。那种轻松的刺激在我们大多数人的身上都已经荡然无存，我不希望这里的人也会随着发展而失去这种轻松的幽默。"

由于专业人士的风趣和娱乐活动的剧增，电子时代口头社会的属性日益明显。鲍勃·霍普[②]这一类演员基本上是擅长口头表演的，吉米·杜兰特[③]就更不用提了。但是，如果要观察这些因素在我们身上的作用，看它们如何创造一种新的口头文化，那就更加困难了。我们对铺天盖地的声音席卷世界已经非常熟悉；但是，即使在听不见声音的情况下，同步而瞬间同在的电子世界的结构也是声觉的世界，我们对这一点就未必熟悉了。这就是说，听觉空间和听觉效果来自四面八方，就像我们这个会场一样。与此相反，视觉世界就不是来自四面八方的。在文明的世界里，人们每次只做一件事。

---

① 伊斯特布鲁克（Tom Easterbrook），多伦多大学政治经济学教授，麦克卢汉的终身挚友，1967 年任尼雷尔总统政府经济事务及发展规划部的顾问。

② 鲍勃·霍普（Bob Hope, 1903—2003），又名莱斯利·汤斯·霍普（Leslie Townes Hope），美国 20 世纪最著名的多栖演艺明星、喜剧演员。曾经出演很多百老汇音乐剧。

③ 吉米·杜兰特（Jimmy Durante, 1893—1980），美国 20 世纪最著名艺人之一，喜剧演员，音乐人。

我们新的电力使我们能够把人的无意识转向体外，使之成为一个无意为之的环境，我们对这个环境的体验是不知不觉的。于是，意识和无意识之间就架设了一座新桥，形成了一个新的边疆。当代一种混乱的形象，每一个成人都能够看到的完全令人困惑的现象，就是突然冒出了一个陌生的世界，人的状况和人的知识都转向了外部，成为人的环境的一部分。这个环境很像是无意识，面对无意识这个环境，就像是面对或遭遇到一片乱象。我们的少年对这个无意识环境的回应是兴高采烈，把它当作迪斯尼乐园那种幻想的特技效果。现在的青少年被称为最后的一代，其意思不是说他们怅然若失，也不是一切不像从前，而是要对一切时代的人做终极式的总结。

哈罗德·伊尼斯对人类经验的书面形式和口头形式之间跨越边疆的互动有浓厚的兴趣。伊尼斯的兴趣也许给他的老朋友埃里克·哈弗洛克提供了灵感，使他能够对古希腊的口头传统做出绝妙而独到的研究。哈弗洛克的《柏拉图导论》研究书面传统与口头传统之间的社会边疆，研究这两种传统在古代世界里对塑造人类感知和行为的影响。我们引用他的一句话："再重复一遍：在口头文化里，社会积存的习俗往往以累积的技术的面目出现。"[1]在这个意义上，吟唱的诗人成为当时文化的部落式百科全书，而且这样的部落式百科全书不仅包含思想或观察，而且包含如何指导、管理和控制社会的技术。因此哈弗洛克说，柏拉图仇视作为教育者的诗人，因为他本人是一种新型的教育者。这就是《柏拉图导论》的主题，诗人是希腊的首批教育者。诗人是希腊的教育制度，柏拉图之类的革命者带着书面词登台，所以他非常嫉恨诗人。著名的柏拉图对抗诗人的"讨伐"，只不过是一位教育者对既成教育制度的战争。不过，这只是《柏拉图导论》主题之外的话题。其主题是：口头社会在它的口头百科全书里收集、记录社会运作

---

[1] 埃里克·哈弗洛克，《柏拉图导论》(*Preface to Plato*)，Cambridge, Mass: Harvard University Press, 1963，81 页。——原注

的技术。我想你们会发现，今天的少年往往会抱定这样的观点，甚至对最流行的新潮也这样看。他们似乎把口头百科全书当作生存不可或缺的绝对条件。这样的口头百科全书是运作的工具，根本就不是娱乐。这是他们生活方式的组成部分。这是一个必需的、核心的事实。今天少年的行为举止全都像古代口头文化成员的样子，虽然他们身处刚刚开化的文明人的包围之中。这两种生活情景之间出现了非常混乱的局面。

哈弗洛克说："最明显的例子是《伊利亚特》[1]第一卷里关于航海技术的例子。航海技术是希腊文明各个时期的核心技术。诗人的叙事方式给航海提供了机会。如果要让海伦继承父位登基，就必须从海上把她抢回来。这就给详细描写标准的航海操作规程提供了舞台，诗人用四个段落对这样的场面详细加以铺陈，层层递进，成为一个模式，分别是……"我在这里只朗诵第四段。

> 我们深思熟虑、万众一心，踏上百牲祭的征程；
> 我们万事就绪，美丽的克律塞伊斯[2]踏上甲板与壮士同行；
> 我们起航，一人为船长，一人当顾问；
> 这是必需的，排兵布阵。[3]

在我们这个世界里，口头传统的参与只存在于宗教仪式里，这样的仪式在电子时代获得了新的意义和重要地位。实际上，在一定程度上，我们正在把《柏拉图导论》描写的观察倒过来回放。我们在从非常快速的书面词回到口语词，我们借用书面词的生活速度比古希腊人快得多。

---

[1] 《伊利亚特》(*Iliad*)，描写特洛伊战争的英雄史诗，相传为荷马所作。

[2] 克律塞伊斯（Chryseis），阿波罗祭司之女。

[3] 埃里克·哈弗洛克，《柏拉图导论》(*Preface to Plato*)，Cambridge, Mass: Harvard University Press, 1963，81 页。——原注

许多人非常吃惊地发现，和书面文化比较，口头文化需要人更加深刻地参与和卷入。我们的孩子遭遇分类知识的文化机构时，感觉受挫，觉得被肤浅的东西排斥在外了。与此相对，我们认为他们是半途而废的人。

介绍到大众媒介时，《马西报告》[①]有这样一段话：

> 接下去说加拿大的广播、电影等"大众媒介"之前，我们认为有必要指出，大约一半的加拿大人是 1923 年之前出生的。他们大多数人成长的时候，广播尚不为世人所知，电影还非常新奇，看电影还不是大家的习惯。因此，大多数社区的文化生活还是以教堂为中心，以学校、地方图书馆和地方报纸为中心。
>
> 比如，30 岁以上的加拿大人也许会想起，他们童年时代的音乐大多数是教堂的风琴手和合唱队提供的。英语区加拿大的风琴手常常是故国的风琴与合唱队传统培养出来的……一年之中重大的音乐表演一般是教会合唱队举行的音乐会，间或请一位著名的客人参加演出。广播使听音乐的人数大大增加，但是我们不应忘记，广播问世之前很久，加拿大的音乐生活已经是生气勃勃的，相当多的加拿大人的音乐品味在很大程度上是训练有素的音乐人培养起来的，他们给我们带来了良好的音乐传统。

实际上，这段话说明，传统音乐构成了一种口头百科全书和部落百科全书，构成了一种基本的大众媒介形式，《马西报告》觉得它比新的大众媒介更容易接受。不过有趣的是，我们有一种旁观者清的看法或洞见，末尾可以说，教会音乐其实是一种集体的、社群共享的艺术，它是社群团结的纽带。

---

① 《马西报告》(*Massey Report*)，加拿大皇家委员会的调查报告。

希拉·华生[1]的小说《双钩》的主题是不列颠哥伦比亚省一个边疆小区淳朴的生活，这里的人们构建社会凝聚和交流的意象，创造一种心灵的团结。"他在脑子里把仪式上的用语筛了一遍，有一些似乎不大记得起。欢迎。把你的马牵进来。停这儿。圣母玛利亚。看好你的马。请进。"[2]

我们大家所做的，唯有艺术家能够看清楚。只有等到艺术家创造出反环境之后，一般人才能够看清楚社会的普通程序和环境模式。这是一个边疆问题，和加拿大这个边疆国家有关系，加拿大因此而获得世界艺术环境的角色，它能够使庞大的、人为的美国环境容易觉察，美国这个环境正在成为世界环境。

起初我并不明白，这样的看法是否有意义。然而美国成为世界环境之后，总需要一种手段来使它看得见，使它能够被评估、欣赏和批评。只有艺术家才能够承担这个任务。加拿大基本上就扮演着这样的角色。这个艺术家的角色一般是不能够大张旗鼓议论的，它需要慢慢聊、细嚼慢咽、仔细思考。

艺术使个人能够理解集体的和社群的东西，个人的任务则是吸收传统，根据新情况修正传统，而新情况是在不断形成之中的。艺术家创造反环境，使之成为当前的镜子，以此完成自己的使命。埃米莉·卡尔[3]的画使我们大家能够首次体会到不列颠哥伦比亚的经验。七人画派[4]使加拿大能够被世人看清楚。

---

① 希拉·华生（Sheila Watson, 1909—1998），麦克卢汉的学生、同事、小说家、编辑、阿尔伯塔大学教授。

② 希拉·华生，《双钩》（*The Double Hook*），Toronto: McClelland & Sewart, 1959, 45 页。——原注

③ 埃米莉·卡尔（Emily Carr, 1871—1945），加拿大画家、作家，以她命名的加拿大艺术学院，另有译名为"爱美丽卡学院"。

④ 七人画派（The Group of Seven），加拿大著名风景画家，活跃在 20 世纪初，后印象派风格，作品集中藏多伦多市麦米高（McMichael）艺术馆。

加拿大在美国扮演的角色有一个非常独特的例子。有一个口头传说的故事，保罗·班扬①及其蓝牛的故事。这个法属加拿大的口头传统在19世纪末席卷了美国的边疆，加拿大人反而不太熟悉，但是它在美国人的心目中却栩栩如生，至少中西部的美国人非常熟悉。我在威斯康星州麦迪逊校园教书时，首次接触到他的故事，他的冒险经历、肆意夸张和丰富想象，这些故事在那里非常流行。威斯康星的伐木业非常发达，保罗·班扬是法属加拿大的伐木工。这一切野性十足的故事说的是保罗·班扬及其蓝牛，说的是他那超人的鬼斧神工。

保罗·班扬这个口头传统，这宏大的史诗般的口头传统，似乎是两个世界在边疆相会的自然结果。如前所述，边疆相会往往会产生多重情感和宏大主题。也许，最令人注目的例子是内德·普拉蒂②的诗歌。他创作史诗《抹香鲸》(*Cachalots*)，他努力表现加拿大太平洋铁路公司伟绩的《冲向最后一颗道钉》(*Towards the Last Spike*)，他创作的《泰坦尼克号》(*The Titanic*)和《比勃夫和他的教友们》(*Brébeuf and His Brethren*)——这一切史诗都是边疆诗，是两个世界的相会，是他使两个世界、两个边疆令人注目的努力。内德·普拉蒂实际上是一位口头诗人，凡是见过他、听他讲过故事和奇闻轶事的人都看得出，他是一位口头诗人。他是加拿大的英语诗人，和操法语的保罗·班扬对应的加拿大诗人。我的意思是说，他是和加拿大口头传说中的英雄人物保罗·班扬对应的加拿大文人。

艺术家天生是跨越边疆、跨越身份的人。请容我说，加拿大是美国造

---

① 保罗·班扬（Paul Bunyan），又译保尔·布尼安，是美加民间故事中身材魁梧、力大无比的伐木巨人，相传大峡谷是他用神斧开凿的，后成为力大无朋的象征，亦成为广告形象。有人说这是美国唯一的神话。

② 内德·普拉蒂（Edwin John Pratt, 1883—1964），原名埃德温·约翰·普拉蒂，加拿大诗人，多伦多大学教授。以创作唱片寓言诗和史诗著称，三次获总督奖，代表作包括《比勃夫和他的教友们》《泰坦尼克号》《敦刻尔克》《纽芬兰韵文》《航海日志后面》《山羊的语言与其他诗》等。

就的世界环境的反环境，加拿大能够为美国在当前和未来世界中的意义创造一个宏大的艺术愿景，与此同时，正是因为它扮演这样的角色，所以它又能够在加拿大人中激起很不得人心的情绪。跨越边疆的艺术家常常被认为是社会的敌人，因为许多人不愿意看到他创造的形象、他指出的现象。如果把我们的处境与其他时代类似的文化模式联系起来，就可以证明，把握艺术家的愿景是颇有意义的。

我之所以花时间把我们今天的处境与古希腊关键的发展时期进行比较，其原因就在这里。我要比较的时期是为西方传统奠基的时期。在一个基本的意义上，我们这个时代正在重走人们曾经走过的文化阶段，这就使我们能够看清古希腊的情况。反过来，追溯这个历程又体现在另一个模式中，这是与我们当代的历史关系密切的模式。在当代史里我们看见，美国在亚洲扮演的角色也就是边疆人在推进过程中与部落人冲突的角色，这使我们联想到欧洲的角色和美国建国初期扮演的角色。因为这个角色太明显，所以一般地说，不把它说出来反而是非常明显的。

当前越南发生的事情在很大程度上是几百年来美洲边疆经验的重复。也许这仅仅是边疆人无意识的自动化式的姿态，现在的边疆人重复过去的边疆人的动作，可是他浑然不觉。"印度之旅"突然来了一个急转弯。不，未必肯定是另一个急转弯。我的意思是说，一旦研究那个模式之后，而不是把它当作政策来评估之后，一旦你审视边疆人的模式，一旦你审视这个模式在东方表现出来的继续不断的、不协调的新环境，你就会发现，这是非常令人震惊的。

诚如托马斯·布朗① 爵士所言，生活在边疆，生活在两个分割且界线分明的两个世界之间，这种人的处境使他能够看清眼前的事件，直接卷进

---

① 托马斯·布朗（Sir Thomas Browne, 1605—1682），英国医师、作家。散文华丽，力图把基督教信仰和科学知识融成一体，著《一个医生的宗教信仰》。

这些事件的人反而不是看得很清楚。无论从地理位置还是从历史的角度来看，边疆人的境遇都比较好。有人告诉我，住在哈德良①长城附近的苏格兰人的家姓是"金利塞德"（Keenleyside，"国王身边的人"），哈德良长城就是边疆。人们赋予他们的似乎不仅仅是一般人的意识。

公元前5世纪的雅典得风气之先，经历了从口头文化到视觉书面文化的转变。它是第一个完成口头传统非部落化的、解体的社会。它首先发现了个人身份的好处和忧虑。正如你们大家所熟悉的，我们这个时代也受到身份问题的困扰，也在寻求身份。不过对希腊人而言，发现个人身份实在是可怕，实在是震撼心灵，比如，这种经验就体现在《俄狄浦斯王》的戏剧形式中。俄狄浦斯发现，人人都有密切的关系，甚至生活在永恒的乱伦之中；这个发现实在是不受欢迎。这就是文明人面对部落遗产时立即就得到的发现之一。

在20世纪，非部落化的西方人首次感觉到从书面文化到口头文化的回归。今天，个体和讲究隐私的文化开始恢复在集体意识中的介入，带上了集体意识深度和参与的一切含义。我们对部落人集体视野接管个体文化的最直接的体会，发生在我们的家里。目前，少年与父母的代沟是技术鸿沟的主要体现，这个技术鸿沟是机械文化和电气文化的鸿沟。

我们正在努力把西方技术和模式赠赠给东方世界和落后的国家，所以我们不太可能注意，东方文化的内在心路历程已经在我们的文化里加速进行，因为电气技术对我们的感知秩序产生影响。我们使东方和非洲西方化，同时又使自己东方化和部落化，而且我们东方化和部落化的进程是更加成功的。西方化这个进程，我们在后视镜里很容易看清楚。培育西方化这个进程2500年之后，我们在其中感觉得如鱼得水。部落化进程、内在心路历

---

① 哈德良（Hadrian，公元76—138），罗马皇帝（117—138年在位）。122年去不列颠省巡幸期间，下令建造哈德良长城，该长城位于英格兰和苏格兰边境。

程、深度参与、人类一体的经验——两千多年来，我们已经没有这样的经验了。这样的经验完全定位于当下，根本就不出现在后视镜里，我们却习惯于到后视镜中去寻求安稳与怀旧。

我就在这里结束，因为这是我明天的讲题。今天晚上讲的是分割的国家或文化，明天我们要讲的是统一的国家或文化。

走向无所不包的意识

今天是文化史上非同寻常的一天。这是圣帕特里克节①。在苏格兰裔爱尔兰人聚居区，人们不知如何过这个节日，我家祖上就住在这样的地区。不过似乎有一种故事可以说明如何照顾到这个节日的各个方面。我讲一个亲身经历的故事，圣迈克学院的谢里丹神父编造的故事。他的爱尔兰口音比较重，我记不全这个故事了。他仔细观察多伦多大学各学院的情况，指出它们的交通指挥方式很适合它们的教派倾向。他从我们的大学学院开始，我忘记的细节就是这一部分。讲到三一学院时，他说："你看见意味深长的安排，他们配了一位警察，很符合一所与政府体制关系密切的学院。然后你来到维多利亚学院，你看见的是由行人操纵的交通控制按钮，教徒个人解释教义就需要这样的安排。好了，最后我们来到圣迈克学院，这里既没有按钮，也没有警察，但是我们的宗教热情最高。"

昨天晚上，我讲的是分割的意识，一个尚待开拓的边疆；边疆意识给我们特别的机会去放大和深化形象。我讲了远程预警系统和雷达的功能，它们虽然难以察觉，却是世界的重要组成部分；雷达的结构特征之一是所谓干扰。它用两种方式来记录形象，一是从正面记录，二是用能量流即所谓干涉来记录。借助这种干涉，本来只能是平面的图像成为各种维度都有

---

① 圣帕特里克节（St. Patrick's Day），3月17日是爱尔兰圣帕特里克节，圣帕特里克是爱尔兰守护神。

的深度图像，也就是多维的图像。雷达既利用这种有深度的全息图，又利用正面冲击的图像。这种双边界效应具有全息图的特性，它可以使我们同时看见事物的许多方面，这就是一种多维感知。远程预警正是这种多维感知的实质。

我注意到，这种双重性是西方世界巴洛克①时期的特征，是巴赫②、弥尔顿③和贝尔尼尼④的巴洛克建筑时期伟大的双重性。培根⑤说："我把一切知识都纳入我的范围。"⑥他生活在这个双重性的世界里，他把一切知识都纳入自己的范围是很自然的，这也是他的许多同时代人的特征，那是一个百科全书的时代。他阅读的是造化之书，这是中世纪人心目中的自然。此外，他又把《圣经》纳入自己的知识范围。他既读造化之书，又读神圣之书，以分析的目光审视，这是无所不包的目光。我的意思是说，分割意识的组成部分在适当的鼓励之下，也能够作为手段去获得无所不包的意识。培根把这种无所不包的意识视之为理所当然。

柏拉图和亚里士多德是希腊哲学里新书面文化的代表，他们也具有这样的双重性。他们横跨书面传统和口头传统，把以前部落式百科全书转变为书面和分类的形式；他们也生产出一部百科全书，一种百科全书式的哲

---

① 巴洛克（Baroque），17—18 世纪流行于欧洲的一种艺术风格，强调雕琢，装饰奇异，倾向于豪华、浮夸，追求动势的起伏。

② 巴赫（Johann Sebastian Bach, 1685—1750），巴洛克时代晚期的德国作曲家、管风琴家。人类历史上最伟大的作曲家之一，有 200 多部作品传世。

③ 弥尔顿（John Milton, 1608—1674），英国诗人。对 18 世纪诗人产生重大影响，双目失明后继续创作，著《失乐园》《复乐园》《力士参孙》。

④ 贝尔尼尼（Gianlorenzo Bernini, 1598—1680），意大利雕塑家、画家和建筑家。巴洛克艺术风格的杰出代表。

⑤ 培根（Francis Bacon, 1561—1626），英国散文家、哲学家、政治家。古典经验论始祖，近代实验科学方法鼻祖，著有《论科学的价值和发展》《新工具》等。

⑥ 培根，《培根书简与生平》（*The Letters and Life of Francis Bacon*），ed. J. Spedding, London: H.G. Bohn, 1862，第 2 卷，99 页。——原注

学。然而，他们追求的目标是依靠分类和视觉偏重来净化部落方言，净化部落式百科全书。用书面形式对部落式百科全书进行编码，这使他们占有某些优势。

现在来谈我们当前的世界。有一位朋友说，未来之未来就是目前。如果你对未来感兴趣就请研究当下，这是因为我们在当下看见的东西实际上是后视镜里的东西，我们认为当下的东西实际上是过去的东西。现代都市的郊区被认为是电视剧《宝藏》里的洞天福地。郊区人以怀旧和感伤的情绪回顾边疆生活，把边疆生活当作保险箱，这是令人羡慕和渴望的福地。

这种向后看但自认为是在看眼前的习惯，是人类悠久的习惯。与此同时，我们又找到了克服这种局限的手段。这些手段是最不知不觉的手段。比如在文艺复兴时期，人们在后视镜里清清楚楚看到的是中世纪的形象。中世纪人在后视镜里看到的是古罗马，当然他们自认为看到的是眼前的情况。产业革命的 19 世纪在后视镜里看见的是文艺复兴。我们在 20 世纪的后视镜里看见的是 19 世纪。我们看不见当下，实在是看不见多少当下的东西。不过我们可以用诺尔曼·O. 布朗①的话来自我安慰，他说，每一次断裂都是一次突破。当感知遭遇障碍时，我们反而可能会发现过去看不到的东西。

当前青少年的问题是我们经常议论的问题，我们把这个问题当作过去多次发生过的问题，这样看问题很有诱惑力。后视镜告诉我们，儿童总是用这样的观点看问题。这很正常。一旦出现怀疑之风，他们就准备接管这个世界。我不敢肯定，我们眼前看到的就是这样的景象。

在眼下这个时代，19 世纪以蛙跳的方式进入了 20 世纪，我们正在远离石器时代那种专门化分割和静态的农业。经过数百年、数千年之后，我

---

① 诺尔曼·O. 布朗（Norman O. Brown, 1913—2002），美国人文学者。著有《伊斯兰的挑战》《盗贼赫尔墨斯：一个神话的演变》《生活与死亡：历史的精神分析意义》等。

们远离石器时代，再次跳进一个狩猎的时代。不过，我们生活的时代是信息时代，我们猎取的是信息，我们的狩猎以研究的方式进行。

一个时代进入另一个时代的蛙跳式前进具有现实的意义。比如我们可以指出，虽然加拿大大体上有一个19世纪的源头，然而不列颠哥伦比亚省从来就没有经历过19世纪，所以他们对20世纪的看法和其他加拿大人的观点大不相同。

加利福尼亚州没有经历过19世纪。直到20世纪，它才有重工业和大都会。从许多方面看，这反而是一大优势。加拿大法语区从来就不曾有19世纪，也不曾有18世纪。这个说法丝毫没有批评的意思。我的意思是，他们从17世纪跳进20世纪，绕过了18世纪和19世纪；结果使他们占有某些优势。再来看全世界，许多国家正在以蛙跳式动作从石器时代进入当下的20世纪。

今天，我们遭遇的情况和50年前因纽特人遭遇火车等新鲜事物时的情况，不无相同之处。电气时代的我们和他们当初一样原始、一样困惑。我们对付新型电子技术的能力并不比他们高明。我们也像他们一样蛙跳式前进。不过，世界上许多地方跨越的地区和时代比西方世界落后得多。他们跳过这个西方历史的发展过程，突然参与20世纪的信息社会，这是需要我们发挥想象力去理解的问题。我想说，我们不想放弃19世纪的情绪，并非完全是令人扼腕和不健康的情绪。如果我们能够在这个19世纪的滩头上多逗留一会儿，也许我们就能够跳过整个20世纪。

现在说的是18世纪的美国，而不是19世纪的美国。美国生于18世纪，它对我们这样的19世纪国家的看法自然是十分混乱的。不过，美国人正在拼命跳进20世纪生活，我们加拿大人却没有做这样的努力。他们觉得有义务征服20世纪或充分利用20世纪；我们却不觉得有这样的压力。就我们而言，那样的生活只不过命中注定的事情，你争取也好，放弃也好，它始终就是那样。

　　然而，19世纪的社会组织是高度集中化的社会组织。无论家庭、城市或教会的结构都是高度集中化的。各种制度都是高度集中化的。到了今天的电子信息时代，这样的集中化再也行不通了。面对古老的集中化功能的分解，面对家庭等的非集中化，我们感到很不安。

　　火车进入加拿大的第一波效应之一是使人离开土地，使大家庭分裂。它极大地扰乱了家庭生活。谁都可以跳上车到大城市去。在过去六七十年里，大多数民间故事和文学都与此有关——家庭破裂、人们离开乡村到大城市去。

　　杰出、耀眼的经济学家范勃伦[①]以其《有闲阶级论》（ *The Theory of the Leisure Class* ）著称。他就是这种社会走向的体现。他的童年时代在斯堪的纳维亚的乡间度过，来到芝加哥之后，亲身体会到引起混乱的集中化社会带给人的不愉快和不舒服。于是就给这些混乱的集中化现象取了各种难听的名字——说这个社会摆阔气浪费、摆阔气消费等。这些难听的字眼流传了下来。艾略特写《荒原》（ *The Waste Land* ）时，它们还很活跃，所以它们就进入了《荒原》。《荒原》的形象就是建立在浪费之上的19世纪新城市的形象。

　　新石器时代的末期，猎人跳出古代，开始定居、耕地、编筐、烧制陶器、制造工具。狩猎时代过后，新石器时代的人突然靠边、退后。如今，我们再次回到狩猎的时代，不过我们这个时代的猎人寻找的是事实，这个猎人是研究者、发现者，是詹姆斯·邦德（James Bond）和CIA那种类型的人。

　　如今的情况是，这个新石器时代末期与电子时代并存的局面，是回归部落式百科全书的时期；在全面的、无所不包的意识的意义上说，我们正

---

　　① 范勃伦（Thorstein Veblen, 1857—1929），美国经济学家和社会学家，制度学派创始人。论商品供给和创造利润之间的根本矛盾，著《有闲阶级论》《论企业》等。

在回归部落主义。不过，我们这个时代不是前文字时代；后文字时代与前文字时代是迥然不同的。

我们没有可以沿用的先例，没有谁给我们指明方向，没有人告诉我们正在发生什么样的事情。我们突然被抛进了一个一切同步的世界，电子信息同步的世界。同样的信息在世界各地都可以同时获取。电子检索系统使我们能够刹那间检索到任何信息。这种滴水不漏的完全记忆使我们能够用缩影卡片（micro-card）把所有的书籍储存到台式计算机里。从电气技术的角度说，把世界上的一切书的每一页储存到台式计算机里，是有可能的。这样的发展，似乎使科幻小说也成为大傻瓜。科幻作品大大落后于正在发生的事情。

这种一切同步性改变了我们整个的观点。请注意这种变化在我们俏皮话风格里的表现。新的流行笑话充满了双关语。你们记得关于大象的笑话，你们还记得 Alexander Graham Kowalski 是否就是 Alexander Graham Bell 电线杆的笑话，诸如此类的文字游戏很流行。孩子们有一段时间玩这样的笑话玩得发狂。现在，他们的热情略有下降。这样的笑话没有故事情节，成了意义难懂的双关语，成了难解之谜。"椅子对冰箱说什么？"（What did the chair say to the ice box?）"傻子带楼梯到教堂去干什么？"（Why did the moron take a ladder to church?）诸如此类的笑话都很费思量，都考验人的脑筋急转弯。它们不给你故事情节，也不给你一个漂亮的结尾，而是一定要让你动脑筋思考。有一个故事的主人公是一位小男童，他搀扶一位修女过马路，她感谢孩子。孩子的回答却令人费解："不用谢，嬷嬷，蝙蝠侠的亲戚都是我的朋友。"

这个笑话里的双关意义不是用语言表达的双关意义，不是听觉意义上的双关意义，而是视觉意义上的双关意义。蝙蝠侠斗篷的轮廓和色彩都有点像修女的罩袍。这种笑话是大家相当熟悉的笑话。乔伊斯百玩不厌的文字游戏也是广为人之的。这是视觉意义上的双关意义，也是听觉意义上的双关意义。乔伊斯的例子有："城市，它转动。"（The urb, it orbs.）[1] 在电子的压力下，城市成了地球。"城市像地球一样转动。"地球成了一个小小的圆形的学校。整个环境成了一台教学机器。

这是卢梭那种世界的逆转。他生活在一个高度文明化的世纪里，那个世界以怀旧的心态、后视镜的风格梦想回归一个高尚野蛮人的时代，回归一个没有污染的、未经改变的人的环境，把那个未污染的环境当作一台教学机器，这台机器可以把完美的功课注入到人的心灵。

华兹华斯 [2] 的作品里就充满了这样的观察，他描绘的自然美景就是一台完美的教学机器：

> 春天树林的一次脉动
>
> 给你的教诲
>
> 给你的善恶教益
>
> 胜过所有圣人的教诲（《掀翻书桌》）[3]

然而，我们所有的新环境都是一种信息环境，电子编程的新环境，它把这个地球转化为一部教学机器，人造的教学机器。地球成了人造的环境。我们如今正生活在这样的环境中。古代的部落人有一种集体的意识。现在我们开始得到的个人意识是人类历史上首次得到的意识。地球这一台人造教学机器给我们提供了一种无所不包的意识，它既是个人的意识又是集体的意识，我们正在向这个方向前进，这种意识还能够增强并获得新的意义。

---

① 乔伊斯，《芬尼根的守灵夜》（*Finnegans Wake*），London: Faber & Faber, 1939，598 页。——原注

② 华兹华斯（William Wordsworth, 1770—1850），英国浪漫主义运动最伟大的诗人之一、桂冠诗人。作品主题多为人与自然。他崇拜大自然，人称"大自然的祭司"。"湖畔诗人"杰出的代表。与柯尔律治合作的《抒情歌谣集》（1798）被认为是英国诗歌史的一个转折点。

③ 原书所指出处疑有误。

人造环境成为教学机器的后果之一是，受教育者成了教学的力量。学生不再是被动的消费者，而是越来越成为教学的力量。过去，这股力量仅仅是采取民意调查的形式；现在，民意调查也在成为工作的力量。即使选票记录机和民意调查站也试图把公众调动起来，使之成为一股力量和管理的能量。

西海岸民主制度研究所（Center for the Study of Democratic Institutions）的哈维·惠勒（Harvey Wheeler）有他对民主的一套看法。他说，民主的伟大发现就是把每一个公民变成游击队员。国民打游击的袭击目标就是现存的体制。拿破仑发现，每一个公民都可以成为一个军人。一旦发现这个秘密，他的军队就绝对是天下无敌。于是，他就把自己的军队当作一股教育的力量，向欧洲的落后国家灌输民主的意义。哈维·惠勒接着说，在一个落后的地区，比如越南，如果人人准备慷慨赴死，那就可以克服美国先进技术与其落后技术的差距。技术鸿沟由于人人慷慨赴死而被填平。他断言，这种发现是早些时候在民主制度中发现的；如果每一位公民都是一位游击队员，就可以用被管理的举动来教育每个人；在管理的实施过程中，全社会就成了一台运转中的教学机器。美国人把抨击现存体制当作自己的义务，无论合时宜还是不合时宜，他们都抱这种批评的态度；他们紧紧盯着每一个权力中心，把它当成必然腐败的机构，这种态度在我们的英国传统中是非常陌生的。英国有一种凡是贵族的行为必然高尚的习惯，其态度是，治人者有正义和高贵的品德，这使他们具有忠信的品德。民主原理持国家分割和怀疑的立场，其预设是，凡是外部看起来像权力的东西都必然是腐败的东西。公民的责任就是深挖、穷追腐败，并尽快摧毁这个腐败的机构。

我们可以看到，"权力即是腐败"的态度已经出现了偏离的一步。这种态度盛行于 19 世纪，阿克顿[①] 勋爵说：一切权力都是腐败，绝对的权力绝对腐败（all power corrupts and absolute power corrupts absolutely）。今天，有了和平队[②] 和加拿大青年会之类的组织以后，我们看见，在落后地区和贫困地区实施教育是可行的，办法很简单，让年轻人去学习语言、方式和习惯，全身心地体会条件比较差的地区的生活，把这个计划作为教育计划而不是社会福利计划。这种计划的目的是向年轻人灌输这些地区的语言和文化。这是一种新方式，用更加仁慈形式包装的军事行动，它不应该完全掩盖军事行动本身成为教育形式的可能性。我们正在给越南人沉痛的教训，我们自己也在付出高昂的代价。为此目的而付出的教育经费成了一个无底洞。拿破仑是这样干的。恺撒和亚历山大大帝也是这样干的，他们是西方世界早期的伟大的教育家，他们蹂躏向他们学习的落后地区；野蛮人把许多东西学到手之后，争先恐后地奔向罗马，把罗马摧毁殆尽。

今天，让年轻人到国外服务已经是可以实施的计划，这是一种复杂的教育事业，是文化之间的文明对话，是人类伟大的新事业。和平队并不是某一个人闪光的念头。它似乎是新的旅行方式、新的财富、新的教育手段的必然结果。和平队有这样一种教育活动：没有课程、没有考试，而是全身心的参与、全身心的学习。年轻人想要告诉我们，这就是他们想要在国内得到的教育，而我们却不知道如何提供这样的国内教育。我不敢肯定，我们是否必须或应该在国内提供这样的教育，但这是年轻人向我们传达的抱怨。

有一本非常好的书叫《车匠的作坊》（The Wheelwright's Shop），描写200 年前英格兰村子里工匠的生活。为了学会制作车轮，车匠不仅要了解

---

① 阿克顿（John Emerich Edward Dalberg Acton, 1834—1902），英国历史学家。提倡基督自由伦理观，主编《剑桥近代史》。

② 和平队（Peace Corps），美国联邦政府主导的美国青年组织。应肯尼迪总统提倡而建立于 1961 年，培训和组织美国志愿者到发展中国家服务。

本地区所有人的需要，而且要了解一切资源、各种木材，熟悉满足公众需要所需的各种材料。他与环境的关系融洽，与社会环境和自然环境都维持着和谐的关系，这全然是艺术美的一种关系。乔治·斯特尔特在《车匠的作坊》里说，车匠每天辛勤工作很长时间，那是因为他们全身心投入而不能撒手，舍不得、离不开。他们从来就不需要闲暇；和画家一样，他们从来不感到枯燥乏味。今天的艺术家从来不辛勤劳作，他只是想做他想做的事情。他作画是在游戏，他始终在享受着闲暇，尤其是他最专心致志作画的时候。这是我们这个时代的特征之一。传统劳动分工的世界是新石器时代的世界，这种劳动的世界是分割的、专门化任务的世界，那种世界再也行不通了。今天的人需要的是角色，这使他们能够全身心投入，全身心享受闲暇，全身心实现自己的目标。这种与新信息世界同时来临的投入，是非常神秘、令人困惑的；经过千百年的专门化之后，我们需要全身心的参与，专门化分工的参与度是比较低的。

我们从轮子时代跳入了电路时代，这是一个回环式电路，它把信息反馈给使用者，使用者参与到这个回环式电路。其结构之一是，当代的产业几乎全部变成了服务业。在电气时代，你不仅生产一批一批的产品，而且生产服务的业务。比如，有了复印书之后，书籍不再是一个纸印包，而是成了一种电讯服务，在世界各地用电话和电脑都可以得到的服务，可以立即按照你的需要和规格提供的服务。你不用再到书架上和书桌上去寻找出售的书，只需要说明兴趣、提出需要，人家就可以给你提供你需要的复印书，根据你的需要和兴趣制作的书，考古、历史等书籍都可以提供。由此可见，我们正在走出大批量生产包装的时代，进入个性化服务的时代。

这种情景的原型本身就是一种教育。如今的教育已经成为最大的产业，比通用汽车公司和贝尔电话电报公司大许多倍的产业。教育产业需要的人力、技术和资金超过了其他的产业。这是一种服务业。当代许多其他的产业也成了服务业。老师现在的职能是，他越来越需要节省学生的时间，加快学习的进程。和这个需要相关的事实是：在信息时代里，需要对付的信息层次繁多、信息量浩瀚无际，原来在脑子里使用的那种信息分类法再也行不通了。

卫星有了，随之而来的卫星广播成为可能，它可以立即向全世界同步广播，那颗小小的圆形学校把地球变成了一种艺术形式。卫星绕地球运行之后，与其说地球是人居的行星，不如说它已经转变为一种艺术形式，一个怀旧的营地，这是很流行的名称。

在电子信息环境里生活的结果之一是，我们习惯于生活在信息超载的状态中。总是有超过你能够对付的信息量。现在的年轻人找出了一个对付信息超载的方略，并非无意为之的方略，这就是非常强大的制造神话的方略。我们狩猎时代的祖先生活在神秘的世界里，因为他们没有凭借文字的信息分类手段。所以，他们就把信息和传统编织成神话，以便重新提取，以恢复过去获得的洞见。神话给人提供迅捷的洞见，包含了认识过程的各个阶段。一个耳熟能详的神话是卡德摩斯王的神话。他是拼音文字的推广者。他把龙牙拔下，种在地里。龙牙长成了全副武装的武士。这个神话说明，他普及了希腊的拼音字母，而且说明，种龙牙的结果是大规模的军事活动，这使他感到沮丧。

书面文化之所以在古代能够造就庞大的军事组织，原因之一是，它能够用文件和信使控制远方的军人。拼音字母造就了个人主义，又造就了军队、帝国、庞大的组织，卡德摩斯王这个神话三言两语就说明了这么多道理。神话的优势就是这种巨大的压缩能力，这种洞见和言简意赅的神奇力量。

向信息环境过渡时，我们在许多方面感到迷惑，不仅是在教育方面的迷惑。城市也变成了服务业。"城市，它转动。"城市景观成为一种世界形式，同时又成为一种产业，一种一切同步的服务业，成了一个触觉和共鸣的语词。全世界都能够听见这个造就一切的语词的共鸣。哈维·考克斯

（Harvey Cox）在《世俗的城市》（*The Secular City*）里就对这个问题做了大量的论述。世界和城市似乎都在经历一个重新神圣化的过程。经过世俗化、分割化和专门化之后，它们突然重获神圣的性质，就像古代的城市一样。在古代部落时代，城市是一个神圣的实体，而不仅是一个实用、有效的组织。

19世纪末，弗雷德里克·杰克逊·特纳①是公认的具有广阔视野的美国历史学家，他把这种视野称为美国历史边疆的重要意义。他阐述这一视野的时间是1890年。彼时，电报已运营多年；电报加速事件的传递，把过去的事件打包，作为一个整体去处理。他提出了一个奇妙的神话、最神奇意义上的神话、历史的伟大神话；他把数以百万计人参与的历史运行理解为单一的神话、边疆的神话。

电报加速信息流动，有助于创造一个新的信息环境，这个环境使丹麦存在主义哲学家克尔恺郭尔惊叹。他思考电报条件下人的处境。1844年，商业电报投入运营，他的《恐惧的观念》（*Concept of Dread*）问世。他看见电报的威胁，这就是我们如今意识到的对人的身份的威胁。当一切同步发生，人人纠缠在一起的时候，你如何确立个人的身份呢？在过去的100年里，人们一直在努力解决这个问题。寻求身份是我们在电气时代的一个核心问题。我们自然而然地到后视镜里去寻求身份，去看过去的身份是什么样子。或许，我们应当到集体制度里去寻求个人的身份，而不是到人们所谓的私人范畴里去寻求个人的身份。

现在看来，特纳的神话研究方法在美国史研究中产生了革命性的变化，它引起激烈的争论，又激励新的感知。他给哈罗德·伊尼斯提供了一个基

---

① 弗雷德里克·杰克逊·特纳（Frederick Jackson Turner, 1861—1932），美国历史学家。强调边疆对美国历史的重要意义，著《美国历史的边疆》（*The Frontier in American History*）、《新西部的崛起》《美国史》等。

础，伊尼斯的许多制度演化阶段就建立在特纳的研究之上。然而，在电子条件下，演化本身也失去了意义，这是因为，倘若一切同步、倘若 DNA 密码是亘古以来就编好的密码，或者是任何事情发生之前就编好的密码，那么演化本身也成了一个一切同步的运演过程。

在这种一切同步的情景里，电子信息使我们同步卷入，这是使人非常困惑、非常激动的情景。这个电子世界的效应之一是把边疆送回欧洲。特纳说，在美洲边疆的栖息地，我们必须要追忆，欧洲生活如何进入美洲，美洲的生活又如何修正和发展欧洲那样的生活，如何对欧洲起作用。欧洲从北美得到的大宗产品、皮毛、矿产品、木材，自然对它们的社会生活产生了相当大的影响。我们成为英国人的另一口金矿。这对欧洲生活产生了全局性的影响。研究这样的影响需要时间，这是很值得花的时间。

卢梭把美洲的场景看成是有利于人生存的、未曾污染的自然环境。这是高尚野蛮人的环境，田园牧歌似的环境。可是现在的情况已经逆转。电视连续剧《宝藏》、西部片、西部电视剧，实际上就是一种很简单的生活；在这里，人的精神能够活力四射、开疆拓土。我不是在鼓吹这些观点，我只是说，这些东西是我们的共同经验，从这种世界得来的经验。

美洲向欧洲反馈的东西起始于艺术领域和经济领域。亨利·詹姆斯[①]著书立说，终身忙于描写欧洲和美洲的相互影响。这是很久以前的事情了。我们现在的处境使他描绘的情景显得稚嫩而初级，因为我们给自己造就的环境现在要复杂得多。

---

① 亨利·詹姆斯（Henry James, 1843—1916），美国作家、评论家。晚年入英国籍，作品涉及美国文化与欧洲文化的对立，从心理学角度反映现实主义小说的先锋，著有《一位妇女的画像》《鸽翼》《波士顿人》《金碗》《小说的艺术》等。

第八章

福德姆大学：第一次讲演（1967）

1967 年秋，麦克卢汉离开多伦多大学一年，到纽约市的福德姆大学担任阿尔伯特·施韦策人文讲座教授。那一年，除了担任本科生的"理解媒介"课之外，他还承担了两个项目：一是根据他的理论为小学设计一个新的教学计划，二是调查如何使传播研究进入中学。

1967 年 8 月 18 日上第一堂课，麦克卢汉给 200 多位选修"理解媒介"的学生解释：战争是全面的教育，电视是 X 光机，我们这颗行星是地球村，因为传播速度几乎已经把空间压缩为零。在 30 分钟的讲授中，他扼要介绍了他的理论：传播媒介的变化正在产生一个新的"看不见"的环境，给社会带来深刻的影响。

非常感谢史蒂夫·艾伦，多年前他就指出，滑稽的人是发牢骚的人。凡是笑话成堆、令人注目的地方，你都可以发现牢骚。民族笑话就是笑话与牢骚的界面，一个文化群体与另一个文化群体接触的界面，这里会产生无数的牢骚和委屈。

目前，加拿大法语区就有一大堆这样的笑话，因为这个省和其他省长期互为界面、互相摩擦和刺激。不时之间，这样的摩擦会带一点火气，于是关于猫捉老鼠之类的故事就应运而生。老鼠找到地板里的一个洞，急忙钻进去躲起来。听不到一点动静，过了一会儿，老鼠突然听见嗷嗷汪汪的狗叫声，它心里捉摸，家里的狗来把猫赶走了，所以它就伸出脑袋瞧瞧，猫扑上去抓住它，大口大口地吃起来。猫一边吃一边说："你瞧，会说两种语言就是有好处！"我可以给大家讲更多加拿大法语区人发牢骚的故事。凡是发现笑话的地方，都可以发现牢骚和抱怨。

有一个很好的例子说明，真正的环境总是看不见的。我们竭力躲避眼前的情况，因为地球是我们觉得暴露在光天化日之下无处藏身的地方。我们感觉不安全，还有一点不愉快。我们竭尽全力掩盖现在，不让自己看见现在。各个历史时期的人都是这样的。人们都喜欢看后视镜。你觉得退后一个时代更加安全。柏拉图有这样的感觉，莎士比亚也有这样的感觉。莎翁作品体现的莎士比亚是中世纪的人。柏拉图一心一意表现的是早已过去的部落人的原始而整合一体的秩序。电视连续剧《宝藏》最能够说明美国人喜欢生活在哪里。《宝藏》的场景是退后一个时代的背景，过去的边疆。它比现在安稳。不过，这只是退后一个时代的趋势，它使人处在一个不太有利的位置，或者是使那个时代处在一个不太有利的位置，生活在其中的人不太可能去做认真的探险。

我们生活在一个信息加快流动的时代，很容易接触到过去，所以实际上就不存在过去。一切都是现在。现在很丰富、很复杂、很吓人，所以人们竭力躲避现在。比如，地球卫星和通信卫星构成的信息环境——通信卫星带来的变化非常惊人，人们反而不注意它造就的环境。当你给地球罩上人造环境时，地球就变成了一种艺术形式。自然就不复存在。自然就进入了人造的环境。有了通信卫星和其他卫星之后，自然界、地球和我们的外部环境就成了人造环境的内容，就像好莱坞的道具一样。在电气时代，自然已不复存在。整个地球已经变成了一台教学机器，整个人造环境就成了一台教学机器。

乔伊斯是这样说的："城市，它转动。"[1]城市的规模大如地球，反过来地球又缩小为一个地球村。信息传播的速度使地球缩小。空间几乎压缩为零。这是我们大家实实在在经历的革命，这就使过去看不见的各种东西冒出

---

[1] "The urb, it orbs"——乔伊斯，《芬尼根的守灵夜》（*Finnegans Wake*），London: Faber & Faber, 1939, 598 页。——原注

来，首次为人所注意。这条原理是：每一种新技术发展时，它都为整个文化创造一种新环境，这个新环境是完全看不见的环境。从古至今，莫不如此。

迄今为止，无人从历史的角度研究这个问题。我再举几个例子，一些意义重大、领域广阔的例子，从未有人从学术的角度研究的例子。比如，信息流动加速度的后果之一是，人们的联系非常紧密，所以全人类都以一种新的方式结成了单一的整体，大家已经非常清楚地认识到这一点。这是一个部落式的整体。换句话说，全人类意识到非常密切的彼此依存关系后，你就进入了一种部落式的界面和对话环境中。又比如青少年如何回应这个领域。过去几十年一直在塑造我们的电气时代，青少年做出了回应。我把他们叫作电视的一代。电视之前学会读书写字的一代人和电视之后学会读书写字的一代人是大不一样的。为什么？因为读书写字起到了缓冲剂的作用，就像防备电视 X 光透视的防护屏一样。电视不是电影。我们周围的电影快照属于旧技术。电视新技术是 X 光线。从摇篮里就受到电视 X 光线辐射的儿童步入世界之后，他们寻找的是深度参与和介入。21 岁的哥哥姐姐和十五六岁的弟弟妹妹是完全不同的两代人。这是一个应该研究的领域。还没有人研究过，但这是一个敞开的领域。当人们知道这个代沟是技术的代沟之后，他们就会清理出一定的秩序，就会觉得万事有序了。

在信息加速的条件下，从旧技术的意义上说，人类正在重新部落化。我所谓部落式生活是新技术意义上的生活，也就是倚重耳朵而不是倚重眼睛的生活。"卷入"（involvement）这个词接过了"避世"（escapism）这个词的地位。在书籍和电影的时代里，人人都被指责为逃避现实，如今的人却被指责为卷入现实。"酷"原来的意思是超脱。它现在的意思是参与。"酷"的意思发生了逆转，这是事态发展的非常明显的指针。

重新部落化是技术层面上的事情，我不会对这个过程持臧否的立场，对其他技术问题也不会褒贬。在技术问题上，持道德判断和价值判断似乎是徒劳无益的。毕竟，技术是我们加在自己身上的东西。为什么对轮子和电报要表示愤怒和热情呢?

我们鼻子底下发生的另一个变化是西方世界向东方世界的迁移，因为它发生在我们眼前，所以它是一目了然的。换句话说，我们正在用我们的技术使东方西方化——这说明万物都具有教学机器的作用，这就是这台教学机器带有军事色彩的一方面。军队是教学机器，战争是教学机器，这个功能和性质是迄今无人研究的领域。在战争中，整个文化都上了战场。战争不是专门化的行动。恺撒使高卢人和匈奴人得到非常充分的教训。他是野蛮人的老师，野蛮人很快就杀个回马枪，把罗马摧毁殆尽。亚历山大大帝和恺撒是人类历史上最伟大的教育家。

战争是教学机器，作为整体文化的战争的功能是整合一体的教育功能，这个功能从来没有像当前这样明显。正在越南展开的教育活动是全面的教育活动，而不是专门化的教育活动。越南人学到的不是一门一门的课程，而是在和我们接触的界面上学习我们的全部文化。拿破仑给俄国人提供的教育大大超过了彼得大帝给他们提供的教育。他让全欧洲的人学会靠马路右边驾车。你们有谁知道俄国人驾车是靠右行吗? 凡是拿破征战过的地方，他都有理由从技术上和军事上迫使人开车靠右行。拿破仑未曾打到英国，所以英国人开车靠左行。他没有去过瑞典，所以瑞典人现在花数十亿元来把交通改为靠右行。恺撒每到一处，他都传授罗马人视觉型的、官僚型的分割，都传授直线型的街道布局，如此等等。

战争有教育的功能。人们并不非常喜欢教育，所以我们对战争的归档有误。战争实际上是教学机器。整个文化同时调动起来就等于战争。简单地说，教育就是把运行中的一小块、一小块文化放进受控条件下，把文化分割成小块，每次只把一小块放到受控的条件下，这就是教育，这一小块、一小块的文化就是代数、历史等科目。战争是整个文化的运行。正如我刚才所说的，这些领域是迄今为止无人问津、无人探索、无人接触的课题。

我们用西方古老的技术使东方西方化，与此同时，我们又在用新技术使自己东方化。电气时代赋予我们的是内心的心灵之旅。我们花费在东方化上的钱数以十亿计；与此相反，我们花费在使东方西方化上的钱却要少得多。

我重申，凡是目前的东西都是看不见的。我们正在使自己东方化，正走在心灵之旅途上，正在放弃原来向外部的高歌猛进，转而偏重心灵之旅，这一切都是看不见的。我不知道，倘若在某一个时期里，人们完全意识到我们正在做什么，究竟会出现什么样的局面。我希望，我们能够在这方面做出一点研究成果。这方面的意识似乎是很可取的，我不知道这样说是否是道德判断；获得这样的意识仅仅是一个优先的选择。我可以保证说，历史显示的结果是这样的：在人类历史的任何一个时代，人们都不曾意识到自己正在做的是什么。换句话说，他们从来就不知道他们的所作所为会产生什么后果。他们总是能够用语言来表述自己正在做什么，但谁也不知道其后果，比如谁也不知道使用轮子对人生的安排会产生什么影响。现在我们身处电路时代，轮子的作用走到了尽头。汽车就是轮子的穷途末路。从交通堵塞和拥挤造成的扰乱和苦难中，你自己就可以得出这个结论。在飞机和太空船的时代，汽车的苦难才刚刚开始。电气时代的轮子根本就不像是滚滚向前的轮子了。汽车已经尝到了苦头。我不关心它的痛苦，就是说，我不希望这样的事情发生，但我也不希望这样的事情不发生。

任何技术都创造一个新环境，造就感官的彻底麻木，因为人的本能是躲避未知、奇异的东西，所以人对新环境是浑然不觉的。人们对电气环境一点也意识不到。比如，目前黑人世界的变化和电气技术就有密切的关系，但谁也不了解这种关系。换句话说，一种电子技术的信息环境把人们包裹起来时，最早感觉到这个环境的人往往是最偏重听觉的人，也就是最接近整体世界的人。和其他人相比，黑人的生活更加不可分割、整合一体。我现在讨论的人是群体的人，不是个体的人。黑人之外的其他人更加讲究专门化，更加讲究分割。

黑人被电气技术调动起来了，古老的书面文化从来就没有使他兴奋，因为书面文化拒斥他、贬低他。原来那个机械世界拒斥他、贬低他，但是电气技术调动他、接受他，把他当作一个全然不可分割的人接受下来。在这样的条件下，黑人就觉得，他拥有这个世界，在一定程度上可以说，他的确拥有这个世界。少女也有这样的感觉。小姑娘对电气技术的感觉正好也是这样的；这个技术环境使她们兴奋。书面文化无法调动她们的积极性，因为它太专门化，它拒斥小姑娘。黑人一旦被电气技术调动起来之后，就会以气愤的目光看待拒斥他们的旧技术。接踵而至的破坏具有象征的意义，这样的破坏性根本就不可能用理性的方法来计量。这个破坏性是敌人，我把这一点作为事实提出来，在一定程度上我宁可不接触这个话题；之所以提出这一点，纯粹是因为我们造就了这样的环境。我们造就这些电气环境，可是我们却不知道这些环境对我们有什么影响，不知道它们造成了孩子与父母的代沟。电视造成了儿童与父母、儿童与老师之间的鸿沟。可是谁也不知道原因何在。电视是 X 光机，不是电影，是纯粹的 X 光机，它对人心灵生活的影响很神奇。这是一个心灵之旅。X 光线这一代和电视之前的一代人迥然不同。这个差别和他们看什么电视节目没有关系，而是和他们受电视 X 光线轰击的经验有关系，看电视的经验是全身心的、深度的经验。电视问世以后的一切情况都为之一变。所以，电视一代的儿童上学以后，老师传授给他的是这样那样零零碎碎的东西时，他感到吃惊，心里纳闷，这样虚弱的东西怎么可以和了不起的电视相安无事。外部环境是一架巨型的教学机器，到处布满重要的讯息；相反，校内的环境却是琐碎、虚弱、专门分割、分门别类的数据，就像到词典里去查找一个又一个的词条一样。

这就是我们正在经历的一场革命，这是我们造就的革命，我们使之诞生的革命。它正在进行之中。这是全方位的革命。我只不过是说，把我们对当前革命的意识作为方略有一定的意义。关于地球的意识而不是关于未来的意识很重要，比看后视镜的习惯更有意义。

第九章

开脑术（1967）

1967 年 9 月 28 日，麦克卢汉首次以阿尔伯特·施韦策人文讲座教授的身份在纽约市希尔顿饭店对企业界发表公开的讲演。讲题是"开脑术"（open-mind surgery），这是戏仿"开胸术"（open-heart surgery）所做的文字游戏。他说的是这样的一个主题：电路新世界正在使人东方化，把西方人送上"整合的、有机卷入"（integral, organic involvement）的心灵之旅。

麦克卢汉认为，电脑化的宇宙是进化的重大发展。他说："我所说的是，人能够对整个人类环境进行编程，并且使之成为一台教学机器；如果是这样，人就能够对这个环境的编程进行理性的选择。很可能，理性的人可以从这个电脑化的宇宙里开垦出一片新天地。迄今为止，人就像一根可怜的干草，被技术的风刮来刮去。"

非常感谢史蒂夫·艾伦，很久以前他就指出，滑稽的人是发牢骚的人。我尝试把这句话颠倒过来说："好，那么，凡是有牢骚的地方，就应该有许多笑话。"我这个判断屡试不爽。加拿大法语区有许多牢骚。你们都记得戴高乐将军最近建议给加拿大法语区以自由。他还建议给苏格兰人自由。他的言论并没有使报界如他预期那样的激动。戴高乐将军本人就是"给我们自由"，他没有梦想给爱尔兰人自由。倘若他发表这样的言论，我想一定会引起一场轩然大波。我注意搜集牢骚，结果就发现了许多笑话。我特别注意关于媒介的笑话，例如老师问学生的笑话。"同学们，我们这个世纪最应该感谢爱迪生的是什么？"一只小手举起来说："老师，要不是爱迪生，我们就只好点着蜡烛看电视了。"

加拿大法语区人喜欢讲笑话。有一个笑话是这样的：几年前，加拿大壳牌石油公司的董事长给美国壳牌石油公司的董事长打电话，他颇为激动地说："我们必须在希尔布鲁克①搞一个大型人事计划，必须立即来一个全局性的重组。"电话那一头沉默了片刻，美国人突然说："嘿，你想你是在对谁讲话啊，白小子。"

最近，我开始注意广播对20世纪20年代的影响。你们知道，它产生了爵士乐，爵士乐那一代婴儿。它产生了希特勒。换句话说，希特勒这个人在耳朵上大做文章，他是重新部落化的人，他给德国人准备了一个新的讯息，这就是重新获得部落身份的讯息。不久前的一个晚上，哥伦比亚广播公司的德国节目很令人恐怖。它显示，德国人拼命谋求一个新的部落身份。雷·布拉德伯里②指出——也许还有其他人说过这样的话，不过我是听他说的：暴力是对身份的追求。无论是借用约翰·韦因③的形象还是靠黑人的暴乱，无论你是个体追求还是集体追求，暴力是行不通的，你不可能靠暴力来得到身份。暴力不一定是脸上猛击一拳，暴力也可能是你自己对自己天性的施暴。自律、禁欲等也可能是暴力的形式。但是，20世纪20年代已经偏离目标的视觉世界和简单的方向，开始过上享乐的日子。20年代的人激动了，他们尽情享受那个爵士乐时代。黑人也兴奋起来了，这是他们比较得意的时刻，不过这个得意的时刻和电视来临以后的时刻还是不能相比。

---

① 希尔布鲁克（Sherbrooke），加拿大魁北克省南部城市，蒙特利尔以东。

② 雷·布拉德伯里（Ray Douglas Bradbury, 1920—2012），美国科幻小说作家、社会批评家。著《火星人编年史》《451华氏度》等。

③ 约翰·韦因（John Wayne, 1907—1979），美国大牌男星。擅长演西部牛仔。

20世纪20年代来临的新部落心态给格特鲁德·斯泰因[1]灵感，所以她把同龄人称为"迷惘的一代"（lost generation）。这是20岁以上的人的处境，这个失落的一代年龄过大，已经不可能部落化，不可能得到爵士乐婴儿那一代部落形式的参与的讯息。今天20岁以上的人也是年龄过大，不可能得到电视部落参与的讯息。他们和我们都是失落的一代，在这个意义上的可以牺牲的一代。

回头再简单说一说20世纪20年代，那时的爵士乐婴儿10～15年之后达到了就业的年龄。此时，他们已经养成完全参与的习惯，没有特殊的方向或偏爱，不像约翰·韦因那些知道自己想要做什么的人。当你把一个部落人放进决策的领域时，他迅速显示出迷失方向的尴尬，你就看到他的萎靡不振。当电子时代全面、兴奋、多姿多彩的人闪亮登场时，视觉取向和专门化的人就得靠边站了。大家都记得《波基与蓓丝》[2]吧？它传达的就是20世纪20年代的讯息。那一代人到了就业的年龄之后，我们进入了经济萧条时期。不过，他们的萎靡不振和我们几年之后即将遭遇的萎靡不振相比，那就是小巫见大巫了。电视一代即将陷入的萎靡不振规模要大得多，除非我们决心开足马力。

德国人的世界恢复自我的方向和身份靠的是暴力和战争，它行动起来恢复了自我。我想这场战争也帮助我们恢复了方向感，爵士乐的一代随即成为历史。我们这个世界把广播电视环境当作一台教学机器，当作一台编程的教学机。我们的神经系统已经延伸而成为一个全方位的信息环境；在一定程度上，这样的延伸是进化的延伸。进化不再是千万年来的生物学意义上的延伸，而是过去几十年那种信息环境的延伸。现在，我们可以把

---

[1] 格特鲁德·斯泰因（Gertrude Stein, 1874—1946），美国女作家。旅居巴黎，提倡先锋艺术，成为"迷惘的一代"的领袖，成为很多美国著名作家的"教母"，许多年轻作家投奔到她的门下，其中尤以海明威著名。

[2] 《波基与蓓丝》（*Porgy and Bess*），美国著名歌剧。

自身机体的延伸外化为环境，外化为教学机器，在几秒钟的时间里跨越千百万年的时光。全球规模的人造环境，从进化的意义上说，是一步伟大的跨越，这是比我们整个生物机体的进化伟大得多的进化。

这些外化的环境之所以看不见，正是因为它们是环境。环境的这个特征正是鱼儿不知水给我们传递的意义。换句话说，我们不知道谁发现了水，但我们肯定地说，发现水的肯定不是鱼。环境中的人看不见的东西正是环境。突出而引人注目的东西是旧环境，是后视镜；所以我们说，对使用电视的人而言，电影世界是一目了然的，而电视世界却是看不见的。电视世界是 X 光的世界，电视就是 X 光机。看电视的人始终在接受电视机的 X 光透视。X 光钻进他的身体。儿童立即接受了这条讯息，并且把它带到学校，他们在课堂里看不见类似 X 光线的东西，他们的课程是以分类形式摊开的，分割成代数、历史等，没有深度，没有人的卷入。所以，我们的儿童、我们的少男少女、我们 20 岁出头的年轻人，面对他们接触的娱乐环境和校园环境的区别，就感到迷惑不解。

这种大规模的迷惘在越南战场上得到了重复。越南得到西方式的"治疗"，得到一个彻底的、大规模的教育计划。我们用我们整个的机械环境和工业环境把越南包裹起来，把这个环境当作教学机器。恺撒对匈奴人的战争是一台教学机器，亚历山大大帝的战争也是这样的教学机器。战争是最强大的教育制度，因为它对付的是整个的环境，把整个环境作为教学机器。我们的所作所为正是用最新的技术使自己东方化。我们所走的不是外在的路子，而是内部的心灵之旅；不是个人的专门化，而是整合的、有机的介入。电视世界和电路世界使与其接触的人东方化，这是一个自然而然的结果。

黑人经历新的电路环境时被前所未有地调动起来。黑人权力运动风起云涌；他觉得新电子环境要求他参与，对他很友善；他回顾周围，发现原来文字的、机械的环境拒斥他、贬低他、疏离他，他自然感到气愤。于是他就尽可能摧毁这个敌人。

一旦接触到电子环境，印度、中国和非洲类似的所作所为，必然是更加波澜壮阔。迄今为止，他们得到的是19世纪，而不是20世纪。19世纪是分割的、文字的、专门化的老的机器时代，自由主义的头脑从来就没有超越这个旧时代。自由主义的头脑从未研究这个旧环境。这个旧环境是文字的、视觉的、疏离的、非参与性的环境。视觉人是地球上唯一与环境若即若离的生物。除了视觉之外，嗅觉、听觉、触觉、动觉等感知都是参与性的，视觉之外的感知都是不连续的、不连接的。唯有电子环境才容纳不连续的、不连接的、感知的、完全的接触。

非连续的世界在电报和报纸来临时表现得最活跃。报纸上的新闻报道完全是非连续的，因为它们是同时发生的。它们都放在一个报头日期之下，没有故事情节把它们串连起来。电视也相仿。电视是X光机，屏幕上的光点是马赛克图像，光线穿透屏幕打在看电视的人的身上。乔伊斯把电视叫作"光屏障的轰击"（The charge of the light barricade）。[①]《芬尼根的觉醒》是地球上最伟大的媒介指南，是研究媒介对人的心理和人的感官影响的了不起的成果。这本小说难懂，但值得一读。

如今，我们正在把进化过程外化到环境中去，而不是把它放进心里。达尔文心中的人是包裹在环境之中的人，他从来没有想到，可以把环境作为进化过程来编程。他是文字取向的、19世纪的人。他没有经历过电子信息电路，没有暗示过全局的人类信息环境。夏尔丹隐隐约约意识到电子环境的意义，比达尔文略胜一筹。达尔文对人的大拇指、其他手指头和肢体很执著，把它们看成是一个进化过程，这就是后视镜效应一个最好的例子。他身处电子电路进化过程，对生物进化这个旧环境的内容却非常执著。我所说的是，人能够对整个人类环境进行编程，并且使之成为一台教学机器；

---

① 乔伊斯，《芬尼根的守灵夜》（*Finnegans Wake*），London: Faber & Faber, 1939，349页。

如果是这样，人就能够对这个环境的编程进行理性的选择。很可能，理性的人可以从这个电脑化的宇宙里开垦出一片新天地。迄今为止，人就像一根可怜的干草，被技术的风刮来刮去。

今天，我们之所以能够注意到新技术产生的新环境，有一个原因是，这些新技术一个替代一个的速度实在是太快了，所以我们不可能看不到这些变化之中的场景，不可能看不到它们走马灯似的换岗。在过去的任何时代，人们都不懂技术对环境的影响，不懂技术对时代的影响。他们总是能够理解技术对上一个时代的影响，从来就不懂技术对自己的影响。各种乌托邦的历史就是后视镜的历史。每一个乌托邦都是上一个时代的景象，就像电视连续剧《宝藏》是怀旧的剧本一样。然而，如何对付目前的乌托邦却不存在，从来就没有对付眼前情况的乌托邦。人似乎有这种与生俱来的后视镜，因为人害怕与他的环境对抗。唯一习惯性地与环境相会、并且就环境做出报告的，似乎是艺术家。每当艺术家提交新报告时，他都被扣上疯子的帽子，因为当前总是看不见的，看当前的东西总是危险的。

一旦弄懂了这些新环境对人的身体的影响，就容易预测将要发生的变化，包括许多层次的变化，甚至包括娱乐层次的变化。明星制的终结与电视同时来临，这是自然而然的事情。棒球明星制，像职业拳击赛一样，到了电视时代再也玩不转了。电视是冷媒介，它要求人的参与，它不允许闪亮、耀眼的明星制运行。今天的孩子对明星没有兴趣。史莫瑟兄弟[①]根本就不是传统意义上的明星。孩子们感兴趣的是他们的技巧，他们对过程感兴趣，他们感兴趣的是事情如何发生、为何发生。这样追踪复杂过程的兴趣是电子时代参与的需要。

蒙特利尔承办的世界博览会大获全胜的原因很简单，承办人勾销了博

[①]　史莫瑟兄弟（Smothers Brothers），汤姆和迪克（Tom and Dick），美国著名喜剧演员。1959年登场，20世纪60年代走红，艺术生涯长达几十年。

览会的故事情节，就像费利尼的电影一样没有故事情节。故事情节使事件热辣，把观众拒之门外，使之无能为力，没有任何参与的机会。这场博览会是没有联系的马赛克，就像报纸头版各条新闻没有联系一样。观众全情投入是必然的结果。每一位参观者都想一次又一次地在这个展馆看看、到那个展馆走走，追踪里面进行的活动。博览会就像电视屏幕，是马赛克，而不是图片。电视上没有图片，即使你在电视上放电影，此时的电影也不是电影；电视图像穿透电视屏幕，像"光屏障的轰击"打在人的身上。这是让人参与的、马赛克似的情景，里面没有故事情节，也没有连接的空间。看电视的人不得不为自己提供情节和空间；这就是他参与的方式。不过，我并不想提供行动的节目，也不想提供行动的指导。我仅仅是想提供感知情景的方式，这个情景是我们自己造成的。

我想起了另一个有关交流的故事。两位纳瓦霍印第安人在亚利桑那州大峡谷两边用烟火交谈。在他们交谈的时候，原子能委员会突然进行了原子弹爆炸，等到蘑菇云尘埃落定之后，其中一人举起烟火说："哎呀，但愿我刚才用蘑菇云跟你说话呢。"

有关交流的故事是非常丰富的。一个老派的故事说的是两只山羊，它们啃着一堆好莱坞电影胶片，是米高梅公司扔掉的。一只羊踢开一只铁盒子，里面装的是《飘》(Gone with the Wind)的拷贝。它叫伙伴快来尝尝。伙伴过来嚼了一口，它就问："味道如何？"伙伴想了想说："哦，我想我更喜欢书。"

有关媒介的故事对媒介研究很有用。我听说过两只老鼠的故事，它们在卫星的头部绕地球运行。一只说："你喜欢这样的工作吗？"另一只回答说："哦，反正比癌症研究好。"你可以从中看到怨声载道的牢骚。我们的老伙计史蒂夫·艾伦说得好，如果笑话来自牢骚和烦恼，也许它们就可以疏解牢骚和烦恼，使之得到宣泄。

我心里不安，生怕释放出了使人不安的原子弹：预计电视一代到就业年龄时，我们的下一次经济萧条就为期不远了。他们不需要职业分割的工作。他们之后的下一个阶段将是行政管理人员自动出局的阶段。原因非常简单，大企业的主管没有分割的特定工作；他们要做60种不同的工作。60种不同的工作是他担任的角色。在电子时代，一切活动互相联系，你不可能做分割的工作，你只能承担一个角色。所以，整个的职业结构是一个故事情节，或者叫一个组织流程图；大企业若想生存，就必须要有一个组织流程图。组织流程图和棒球一样，是死板的，死板的原因相同：一次只做一件事。棒球在电视时代难以生存，因为它一次只让一个人玩，一人投球，一人击球，一人接球。这样玩效果不好。在一个一切同步的世界里，一次只做一件事的模式在工作第一线是行不通的，在运动场上和教育战线也是行不通的。

我试图在这里提供帮助，我不想装腔作势，唯希望几年前就有人告诉我这些道理。发现这些道理令人激动；同时我又觉得，我们已经浪费了一些时间。比如，关于电视一代，早就应该有人研究，所幸的是，我们正在做一些研究；先学会读写然后才看到电视的上一代人和先看电视然后才学会读写的这一代人究竟有何差别，这个问题早就应该有人研究了。两种完全不同类型的人正在出现，两种完全不同类型的交流正在兴起。看电视之前就学会读书写字的儿童，具有一种免疫功能，他们的感官具有一种缓冲剂，能够减轻电视的冲击力。我想，我们应该仔细确定并研究这两个不同的年代和年龄段，因为未来工作和教育的整个编程有赖于这样的研究。

越南是我们的第一场电视战。人们不接受这场战争的原因就在这里。它使人卷入的程度是难以抗拒的。过去的一切战争都是在电影、图画、照片和报纸等热媒介上展开的。可是现在看电视上的越南战争时，人们深刻地卷进去了，人们本不想卷入这场战争。观众的卷入不是确定立场的问题，不在于确定谁是谁非。他们的卷入与谁是谁非没有关系。电视观众的完全卷入和参与是一个新阶段，人们不能接受这样的新阶段。新一代的儿童觉得，被电视调动起来的新一代的人觉得，越南战争或其他的战争都难以忍受；他们的忍受力比现在这一代人差得多。两代人的承受力不可同日而语。

我们凭想象给这些事件寻找原因，我们挑选令人遗憾的浪费精力的目标，徒耗精力，浪费了大量的时间。不过，我们渴望为人类寻求行得通的平衡。我们的确不厌其烦去求平衡，却造成猛烈的动荡和不平衡。我不敢说，我们这辈子的重新编程会取得多大的成功。

我再看看我是否漏掉什么重要的有趣的故事。或许没有。我看见有人在这里做了一点暗示，哥伦布走得太远。或者是另一种暗示，我们的第一批移民应该在普利茅斯石崖①登陆。我们这个时代不可能出现哥伦布式的人物。外部世界的探索已经结束，未来的探索必然是内在的心灵探索，医学方面或娱乐方面的探索。我觉得此刻诸位的心情不错，所以我还是像阿拉伯人那样收起帐篷，悄悄地离开会场吧。

---

① 普利茅斯石崖（Plymouth Rock），美国马萨诸塞州普利茅斯城海滨的巨石。相传 1620 年首批清教徒乘坐"五月花"号船在这里登陆。

第十章

作为神奇新形式的电视新闻（1970）

　　1970 夏炎热的一天，汤姆·沃尔夫[①]和马歇尔·麦克卢汉接受安大略省电视台采访，由他们两人对谈，地点就在麦克卢汉家的园子里，他家位于多伦多市中心的威栖伍德园。沃尔夫 20 世纪 60 年代中期结识麦克卢汉，他写了一篇重要的评论，发表在《星期日先驱评论杂志》(*Sunday Herald Tribune Magazine*)上，题为《马歇尔·麦克卢汉，如果他真如他听起来那样有道理，他就是继牛顿、达尔文、弗洛伊德、爱因斯坦和巴甫洛夫之后最重要的思想家——万一他是对的呢》(1965 年 11 月 29 日)。

　　沃尔夫形容麦克卢汉谈话的口才惊人。他能够非常灵活地把对方的谈话整合进自己的理论中，无论对方谈的是什么，而且不会有丝毫的犹豫。无论是伍德斯托克音乐节、罗伯特·肯尼迪[②]的刺客希尔班·希尔班(Sirban Sirban)、1967 年的中东战争还是越南战争，都不在话下。麦克卢汉从来都不会犹豫片刻。沃尔夫问他，为什么这么一位富有同情心的希尔班·希尔班居然会成为如此慷慨赴死的人物，麦克卢汉的回答是：那是由于电视新闻创造了神话的力量。

麦克卢汉（以下简称麦）：坐在这里谈我们感兴趣的一些事情，感觉

---

　　① 汤姆·沃尔夫（Tom Wolfe, 1931—2018），美国作家、新闻记者、批评家，美国主要报刊著名撰稿人。纪实作品和小说有《紫色年代》《画出来的箴言》《完美的人》《我们这个时代》《好棒的宇航员》《彩色的语词》等。

　　② 罗伯特·肯尼迪（Robert Francis Kennedy, 1925—1968），美国资深政治家、参议员、司法部部长。1968 年任美国总统时在洛杉矶遇刺，被控的刺客为阿拉伯记者希尔班·希尔班。

特别好。你是南方人，这使我高兴。我对南方一直有浓厚的兴趣。我的妻子是南方人。

沃尔夫（以下简称沃）：对，她是维斯堡人。

麦：你是南方人，和口头传统关系密切，这对文人很有利。我对此有浓厚的兴趣。在 20 世纪，最好的文字正出自爱尔兰或美国南方，真是令人惊叹，因为在这些地区，英语和口语关系密切。这个关系似乎和爵士乐、摇滚乐作为艺术形式存在有关。如果没有公共场合讲演的传统，这种音乐是不会出现的。

沃：我敢说，很大程度上和布道有关系。

麦：还有一个公共讲演系统。

沃：我想不到国内还找得到这样的地方，黑人白人牧师的布道都享有这样崇高的地位，人们非常充分地表达自己的观点，南方的圣公会牧师布道的风格很做作，用大量的"嗯、啊、呃"，比如"饶恕我们的，嗯，罪过呃……"这是一种讲话风格。

麦：那些犹豫和停顿实际上很能够吸引人积极参与，使听众等待下一句话。就像口吃的人结巴一样，他使你等待他憋出的下一个词儿。

沃：这个口头传统随着垮掉的一代回来了。实际上，艾伦·金斯伯格[①]、格雷戈利·柯梭[②]和劳伦斯·费林格蒂[③]等人的主要贡献是破除学院派诗歌的风格，第二次世界大战以后，学院派的风格太强大，非常正式、拘谨。

麦：你说学院派时，心里想到的是什么样的诗人？

沃：每一位上《肯尼恩评论》（*Kenyon Review*）的诗人。

---

① 艾伦·金斯伯格（Allen Ginsburg, 1926—1997），美国诗人，"垮掉的一代"代表人物。代表作有《嚎叫》《现实三明治》《美国的堕落》等。

② 格雷戈利·柯梭（Gregory Corso, 1930—2001），美国诗人，"垮掉的一代"代表人物。

③ 劳伦斯·费林格蒂（Lawrence Ferlinghetti, 1919—2021），美国诗人，"垮掉的一代"代表人物。

麦：明白了。那就包括所有的南方诗人、爱尔兰诗人和一部分不列颠诗人。但是你所指的学院派是围绕庞德、艾略特和叶芝做学术性研究的诗坛吗？

沃：我想，模仿庞德和艾略特、战后继续写诗的人实际上忽视了庞德和艾略特口头传统的一面，更加喜欢他们的另一面；他们喜欢庞德等人作品里的许多学院式典故和神秘的暗示。于是，他们的研究就成为完全——

麦：神秘兮兮的研究，带有强烈的人类学倾向和考古学倾向，很有些学究气。然而事实上，那些诗人是广播时代成长的，如果他们身上没有广播的背景环绕，那反而是不可思议的。英语从广播获得了全新的、了不起的口头活力。我敢说，这种全新的活力传入了爵士乐和摇滚乐。

沃：许多诗人尤其是英格兰诗人的作品在广播电台上朗诵，不是吗？

麦：许多作品还录了音，20世纪30年代出过一张诗歌朗诵的大唱片。

沃：今天的情况更见分明，许多诗人的谋生方式是到大学去朗诵——这是他们谋生的唯一办法。我想这对诗歌产生了很大的的影响。

麦：另一方面，对诗歌朗诵的需求也不小。公众想和诗人见面。显然，诗人创作时就想到了广播。他们为广播和电视创作了各种诗剧、诗歌和歌词。我们为什么不考虑人数众多的公众呢？和过去相比，广播电视为诗歌、喜剧和故事开发的公众人数要多得多，过去写作的对象只是范围狭小的公众。

沃：为广播电视创作的作家常犯一个大错误，他们不把自己为广播电视创作的作品结集成书。结集成书的作品才能够首次获得正式的生命。我自己发现，我给杂志写了100篇文章，一旦结集成书之后——

麦：它们的性质就迥然不同。首先是更方便。杂志上的文章可以弃之不顾、可以扔掉。书籍却需要保存。当然，口袋书也遭到报刊文章一样的命运。它们在传递过程中被扔进这样那样的旮旯里。你觉得，作家们消失在媒介里了。他们辛辛苦苦地为电影、电视和广播写剧本，可是他们的作品没有机会上搬上银屏或电台。

沃：在以太里消失得无影无踪，这使他们非常沮丧。

麦：但是，去校园和公共场所朗诵自己的作品时，他们就恢复了与公众的联系。

沃：我想诗人恢复了与读者的联系。我还认为，这有利于提高作品的质量，因为他们知道自己要去给公众朗诵。

麦：他们必须要让自己的作品大声读起来好听。很少有能够朗朗上口的散文，你知道吗？毕竟绝大多数的散文写的时候不是为了给耳朵听的。当你不得不突然在公开场合朗读和引用一段文章的时候，突然意识到，作者从来没有听过他正在落笔的文字。

沃：有许多对白在小说里令人信服，但要搬上银幕时就很为难。我想狄更斯 [①] 就可能遭到这样的命运。

麦：我倒是不敢肯定这样的遭遇。他的许多作品已经搬上银幕。我想那些对白是经过改写而不是直接重复的。不过狄更斯倒是有一个伟大的口头传统做支撑。他并非倚重文字的人，到了 20 世纪 30 年代和 40 年代才成为令人尊敬的文人。实际上我想，直到电视问世，英国批评家才认为他是严肃的文人。电视出现以后，他才不是闹剧，而是力量。我敢说，作家的未来不会完全像 19 世纪那样的未来；我肯定，他们的未来比 19 世纪人梦想的未来更加光明。

沃：不过，作家还有一些拿手好戏尚未用。迄今为止，电视上、电影院里、剧院里的电影都还没有用明确的观点。他们尝试过各种手法，尝试过画外音，尝试过表演，让演员把眼窝当作摄影机，只能够在镜子里看见自己，等等。

---

① 狄更斯（Charles Dickens, 1812—1870），英国小说家，批判现实主义的杰出代表。主要作品有《双城记》《伟大前程》《雾都孤儿》《大卫·科波菲尔》《匹克威克外传》等。

麦：观点需要静态，那不是参与。而这些新媒介却需要你参与，并成为行动的组成部分。电视图像不是电影图像，电影图像是一个简单的镜头，是一个活生生展开的漩涡，是所谓正在发生的时间背后的东西。与此相反，从技术上说，电视就是正在发生的事情，它往往要把人卷进它自己的漩涡。新新闻主义（new journalism）[①]主张的所谓正在发生的事情，诺曼·梅勒[②]所谓小说即历史、历史即小说，这都是把环境当作行为的包裹和漩涡，在这个包裹和漩涡之中，包括读者和作者的一切人都卷了进去。梅勒几次到芝加哥出席民主党全国代表大会，就是显示漩涡的好机会。

沃：我想，那是发生重大变革的场所，尤其是在 20 世纪 60 年代。我想，假定中国历史学家有兴趣了解美国历史性质的话，100 年之后他们回头看 20 世纪 60 年代的美国时，他们不会把这 10 年看成是越南战争时期、或登月时期或诸如此类的东西。我想，他们看美国的角度就是你所谓看背景的变化，看生活方式的变化。

麦：过去我们习惯于专注外形（figure），如今的背景成了外形。我们的注意领域已经从原来的外形转移到背景（ground）。这个背景包括观众。观众成了演员。这是我们时代的发展趋势，你看不是吗？

沃：我想伍德斯托克[③]是一个完美的例子，也许是当代伟大的、典型的事件，因为——

麦：瞬间形成的城市。

---

① 新新闻主义（new journalism），一种新闻报道形式，最显著的特点是将文学写作的手法应用于新闻报道，重视对话、场景和心理描写，不遗余力地刻画细节。新新闻主义被认为是 20 世纪实务新闻学最激进的一种报道理论。

② 诺曼·梅勒（Norman Mailer, 1923—2007），美国作家、普利策奖得主。著有《裸者与死者》《白色黑人》《刽子手之歌》《美国梦》《总统文件》等。

③ 伍德斯托克（Woodstock），纽约州东南部一小镇，流行文化圣地。1969 年在此首次举行摇滚乐演出，以后每年 8 月在此举行摇滚音乐节。

沃：临时建起的城市。一开始就想把活动情况拍成一部电影。起初，我们每个人支付 18 美元，过一个周末。后来，参加的人数逐渐增多，于是就放弃了收费的规定，让人们随意入场。实际上，组织者应该给参加者18 元的报酬，因为参加者成了演员。还有肯·凯西[①]和他那群"欢乐搞怪族"[②]。他们在加利福尼亚组织"迷幻试验"（Acid Tests）派对，500 人拥挤在一个舞厅里，人人用迷幻剂，用闪烁的彩灯；他们的想法就是表演者和观众打成一片、浑然一体。凯西本人就说再也不写小说，再也不当地震仪，他想当避雷针。

麦：在这个方面，请考虑我们所谓的报道。现在的报道再也不是报道一个人，而是报道整个复杂的活动。再说越南和北爱尔兰，受众想要参与行动，新闻报道也鼓励受众参与行动，你看不是吗？北爱尔兰的记者告诉我，新闻片还没有开始拍之前，摄像机就已经架好，公众就等在街上了，一旦摄像机准备就绪，公众就开始表演。

沃：真神奇。

麦：拍完之后，他们急忙回到室内去看刚才拍的新闻，然后又出来继续参与新闻报道，扮演需要的角色。这样，受聘的群众演员和公众之间的界线就倾向于融合。这不是你刚才说的趋势吗？这是一种意外的逆转。阿道夫·埃克曼[③]的审判就是这样报道的。这一次报道把被告做了戏剧性的放

① 肯·凯西（Ken Kasey, 1931—2001），美国小说家、"垮掉的一代"与"嬉皮士一代"之间的过渡人物。1962 年以小说《飞越疯人院》成名，起初自愿参加"致幻药"测试，后来吸毒成瘾，组织所谓"迷幻试验"派对，组织一帮"欢乐搞怪族"，在音乐和毒品中寻求刺激，其他小说有《有时冒出一个伟大的念头》。

② 欢乐搞怪族（Merry Pranksters），加利福尼亚嬉皮士一族。以肯·凯西为首，在他的住所的普莱森特山（Pleasant Hill）为大本营，搞所谓"酸性试验"派对，欢乐搞笑、惊世骇俗，在音乐和毒品中寻求刺激。

③ 阿道夫·埃克曼（Adolf Eichmann, 1906—1960），奥地利纳粹分子。1960 年被以色列特工绑架至以色列审讯处决。

大；与此同时，由于旁听者彻底参与整个的审判过程，以至于他们愧疚的感觉还超过了被告。埃克曼似乎是在执行命令，执行那个社群的命令而已。他的被告身份调节有度、举止得体，旁听者得到的印象是，他只是做他不得不做的事情；现场的人深度参与审判过程，反倒觉得自己有几分像恶棍。我想整个事件是这样的一个过程，在这样的情景中，观众与演员合一，观众成了演员，不再是观众。所以在特鲁门·卡波特 ① 的《冷血》(*In Cold Blood*)中，观众就成了演员。

沃：《冷血》轰动的原因之一是，一位小说家的名气走下坡路已经七八年，可是他突然用一部非虚构的小说式的作品完全恢复了自己的地位，实际上名气还大大超过以前，他成了国际名人。

麦：你看《冷血》是纪实作品吗？是重构真实的事件吗？

沃：很像纪实作品。大多数用非虚构形式写的罪案小说都是按照真实事件重构的，重构作品有利有弊。弱点之一是对话很难得写好，因为谁也不可能记得很清楚。

麦：或者是不可能虚构得非常好。

沃：我在《令人兴奋的迷幻实验》(*The Electric Kool-Aid Acid Test*)里重构了大量的素材，不过这部纪实作品写的是一群人，肯·凯西及其"欢乐搞怪族"，他们绝对是技术怪人。他们想千方百计记录自己的生活：录音机 24 小时不停，还用了录像机，用了滞后录音的机制，自拍电影，写日记。他们的日记很怪，他们的日记不能自己写，而是由他人写。

麦：这是一种使自己再循环的方式。

沃：我想还是很快速的再循环方式。他们的想法之一是用迷幻剂寻求很"爽"的感觉，他们的录像机不停，但每一两分钟回放一次，记录下来

---

① 特鲁门·卡波特（Truman Capote, 1924—1984），美国小说家、剧作家，多种文学奖得主。最著名的作品是所谓"非虚构小说"《冷血》，其他作品有《最后的大亨》《爷爷的回忆》《打垮魔鬼》等。

的情景和屏幕上看见的情景的间隔很短暂，所以他们就很陶醉，觉得生活滞后的现实完全消解了。

麦：很像现代运动里的重放。这真是我们时代最伟大的艺术形式之一，当即回放的慢镜头，使观众的注意力集中在进行之中的实况。我问过一些橄榄球运动员，当即回放的技术对他们打球有什么影响。他们的回答是，我们必须要改变玩球的方式，展开一点打，使观众看到的仿佛是回放的慢镜头。

沃：网球训练用上了这种技术。这些学院派的教练员——我想他们赚了大钱——他们让各种背景的学生 8 人一组、10 人一组，用摄像机拍摄，每个人打几拍之后，大家进一间教室，看自己打球的情况。可是你想想，肯·凯西这一帮人把这种方法用来记录每天的生活。

麦：我想凡是听见自己录音的人都会吃惊，看见自己上电视也会吃惊。我想他不想再看自己的录像，或者再也不喜欢录像中的那个样子。换句话说，媒介造成的需要是表演，人们意识到自己平常那个样子上了广播电视是达不到标准的，我想这会驱使人去表演。

沃：但是，电视上表演是很困难的，你看不是吗？

麦：不知道。我们两人此刻就试图表演。

沃：我不觉得有多大的戏剧性。我觉得，你最近对端着架子的行为思考得比较多，我说的端架子有多重意思。我想我听你说过，北美没有伟大的交响乐指挥家，因为什么原因……我一直不是太清楚你说的什么。

麦：不是直接的因果关系或简单关系，起因是我的一个发现：美国人出门去寻求独处，回到家去寻求有人做伴。在其他的一切文化中，在印度、俄国、日本、英国、欧洲文化中，人们出门都是为了寻求热闹。他们出门去社交，他们到户外坐、户外吃，出门去吃饭，上咖啡馆、酒馆、酒吧，如此等等；可是他们回到家却是为了清静独处。他们不邀请陌生人登门。美国的情况刚好相反，美国家庭里没有隐私，他们常常要请陌生人上门，给予款待，表示欢迎。每个人出门时，他个人就可以独处，得到清静。他不戴面具。其他国家的人出门时，往往会戴面具，言行、服饰上都有面具。我说美国没有交响乐指挥家，伦纳德·伯恩斯坦（Leonard Bernstein）早年似乎曾旅居维也纳；而且，美国指挥家无论多么熟悉乐队或观众，都不能够或不善于以戏剧性的方式表演；既不能把乐队当作自己的个人面具或集体面具，又不能够把公众作为面具戴上。与此相反，欧洲人根本就不认为戴面具是一个问题。欧洲指挥家站在乐队面前时，他就不再是他自己，而是立即成为一个演员。回头说美国人，他不喜欢表演，也不喜欢带上公众的面具；当他说话时，他不拿出集体的或标准的语气说话。他用他个人的语气说话，于是，每个人就不会带上阶级意识，也缺乏阶级的结构。

沃：这可以解释为什么美国人在饭店的表现和别人不一样。

麦：他们在电影院和饭店时，他们想独处。他们不想要电影院插播广告，因为他们看电影时带着恋人，心里想要的是一个两人世界。与此相反，欧洲人却能够容忍看电影的人交谈，容忍电影院插播广告。他们出门并不是去寻求独处。这就产生了玩笑的问题。滑稽演员来到观众跟前，拧观众的胳膊，使观众发笑。笑星的笑话使人有切肤之感，很到位；只有很到位，笑话才能够触动人心，才能够调动观众的情绪。所以，有关少数民族的笑话最能够触动人心，使人有切肤之痛，有棱角，有感触。所以，大多数的笑话都和少数人相关，都有一点刺激性，就像体育竞技带有破坏和暴力的性质一样。但是做作的滑稽表演往往会刺伤公众。这是有攻击性的行为。我想作家下笔时，必须要这样刺激公众；如果他真有话说，他的话就能够刺痛人。

沃：我记得你曾经预计，如果突然停止报道越南战争，战争就会突然停止。以色列和埃及之间的那一次"六日战争"①就出现了这样的局面。突

---

① "六日战争"，1967 年 6 月 5 日到 6 月 10 日的第三次中东战争。

然之间，驻西贡报道越南战争的电讯记者全部应召奔赴中东。情况真是那样，本来激烈的越战，在一个星期的中东战争里，突然就偃旗息鼓了。遗憾的是，那一次停顿的时间太短了。

麦：我想值得做一次试验——人们常说靠试验来理解媒介，不妨把所有的媒体全部关闭一周，就是说，这一周没有报纸，没有广播，没有电视，没有电话，什么都没有。你想会发生什么事情呢？对这种一切停止的局面，人们会做出什么反应呢？

沃：用肯·凯西的话来说，这就是媒体的斋戒期。他给《滚石》(*Rolling Stone*) 杂志写信说："我打破 6 个月的媒体斋戒期，以便给你们写信……"我喜欢他想到的这个念头。

麦：比如说吧，如果切断一个战俘营的一切消息，究竟会发生什么事情，有人对此做过研究；谣言猛然增加，口头的东西就会接过书面新闻的功能，谣言就会满天飞；关于究竟出了什么事、正在出什么事、将要出什么事、当局正在搞什么阴谋等，谣言的数量就会达到不可思议的程度。由此可见，即使新闻报道完全是捏造的，它也是一种控制谣言的机制。这就是说，大多数新闻实际上是虚假的，因为新闻是人做的，是经过挑选的、支离破碎的、被放大的小块的信息，由记者增益、报道和推向公众的，因此新闻在一切意义上说都是虚构的东西，难道不是吗？新闻是虚构的，因为它们与正在发生的事情不吻合；说新闻是人为的、制造的，实在是名副其实。

沃：你看这能不能够用来解释，亚瑟·布雷默 [①] 为什么非常崇拜希尔班·希尔班？显然，他把希尔班·希尔班当作英雄人物。希尔班·希尔班

---

① 亚瑟·布雷默（Arthur Bremmer），美国刺客。崇拜 1968 年刺杀民主党总统候选人罗伯特·肯尼迪的希尔班·希尔班，著《刺客日记》，1972 年美国总统竞选期间，试图刺杀尼克松，因尼克松的保安严密，转而刺杀民主党总统候选人乔治·华莱士（George C. Wallace），致其残废。

当了绝望的刺客，然而他并不是那样可怜、无助、无用的人；在亚瑟·布雷默的心目中，他绝不是这样的人。

麦：肯定不是。我们再次看到，他制造了新闻。希尔班·希尔班成了新闻人物。你可以从一切可能的意义上来理解新闻人物，他成了新闻报道中的"大人物"。"制造新闻"（making the news）是一个很奇怪的短语，现在的媒体本身就可以制造事件，比人物重要得多的事件，比受众重要得多的事件，所以我们说，媒体实在是一种新的神话形式。报道越南战争的人比实际参战的人多。全世界报道越南战争的、参与新闻报道中的人数以亿万计，所以战争成了虚构，一场宣传的虚构。这就是一些像亚瑟·布雷默的人，他们认为可以创造奇迹，比如克利福德·欧文 ① 就伪造霍华德·休斯 ② 传记。欧文满以为他可以制造神话，可是他是货真价实的冒牌货。

沃：政客很快就明白，如果你要上晚上 6 点钟的新闻，如果你想上全国广播公司的新闻节目，你就必须正午之前在克里夫兰做点事，因为如果你上午不在那里露面，广播电视网就来不及制作节目，把它送到纽约去全国播映。下午 3 点钟的事情如果想上 6 点钟的新闻，那就必须是非常重要的事情。于是，你看到一幕蔚为壮观的景象，全国的政客抢在上午 10：30 之前举行记者招待会，一位在克里夫兰，另一位在新奥尔良。他们意识到这个时间关系，很快就明白了它的重要性。广告公司很快就明白，一切新闻网都希望，晚 6 点最好的一条新闻是有趣的新闻。我不知道为什么会是这样。也许，那时因为你刚才被新闻屠杀了半个小时，所以你想要的压轴戏是出乎意料的消息，所以每天最好的一条新闻实际上是一条隐蔽的广告，就这么简单。我动身之前在纽约看到的最后一条新闻，是一群穿比

---

① 克利福德·欧文（Clifford Irving），美国作家、小说家。1972 年伪造霍华德·休斯的传记，被控下狱，被判偿还 76.5 万美元。

② 霍华德·休斯（Howard Hughes, 1905—1976），美国大亨、好莱坞制片人、发明家。

基尼的模特打扮成猿猴的模样，她们到中央公园去给猴子喂香蕉。纽约州的每一家新闻网都把这条消息作为压轴戏。实际上这是为电影《猩球征服》（*Conquest of the Planet of the Apes*）造势的一则广告。由此可见，与其说是新闻网操纵新闻，不如说是新闻网定下规矩，人们就用这样的体制。

麦：这就提出了一个我们还没有谈过的问题：新闻必然是做作的事情。它必须要调动公众，所以新闻节目中出乎意料的最后一条节目必须是用有趣的方式向观众道一声"再见"。你知道，《洛万和马丁"与我笑"》①这个节目就是这样做的。他们的语速很快，结束时总是有出乎意料的喜剧猛料。好了，汤姆，我想我们接触到许多很好的话题，但是深入讨论却要花许多时间。

沃：我想把你 6 年前的预言列一个清单，人们当时以为你绝对是胡说八道，可这些预言已经证实了。我记得你说过，总有一天，人们将付钱请孩子上学。可不是吗，根据一条新的联邦法律，他们就是要这样做了。他们想，唯一激发这么多孩子对读书感兴趣的办法就是给孩子付钱。

麦：我总是小心翼翼，不预测没有发生过的事情。将来绝不会像过去。将来就在这里。你看后视镜的时候，看见的不是刚刚过去的那辆轿车，而是正在快速向你开来的卡车。不要向后看。人家可能比你跑得快。你不能够掉在人家后面，也不能够跑在人家前面。目前既包括过去，也包括未来。

---

① 《洛万和马丁"与我笑"》（*Rowan and Martin Laugh—In*），美国全国广播公司的电视娱乐节目。集杂耍、喜剧和谈话为一体，在 1968 到 1970 年电视网节目中独占鳌头。主要艺人是丹·洛万（Dan Rowan）和迪克·马丁（Dick Martin）。

第十一章

书籍的未来（1972）

　　1972 年 4 月 27 日，英国伦敦的国家影剧院召开了一个辩论会，题为"书籍重要吗？"，会议由爱丁堡公爵①主持，图书馆与书业关系工作委员会和英国图书联盟共同发起这次辩论会，旨在让西方世界最才华横溢的人士相聚一堂，拷问在现代技术社会里书籍有何价值这样一个大问题。

　　麦克卢汉应邀以国际知名人士和世界级专家的身份与会，会议请他就电子时代大众媒介的重要意义发表讲话。他的讲题是"书籍的未来"，对他这个文人来说，这是特别有趣的课题。一般人误以为，他认为书籍已经死亡。与此相反，他的讲演说明，他视野中的书籍即将发生重大的变化："今天，直接在脑子里映现书籍和数据的可能性已经出现，个人可以即时得到他需要的东西。我们绕开一切阅读就可以获得知识，这就提出了许多有关书籍功能的问题。"

　　关于书籍过去、现在和未来外形（figure）有许多混乱观点，这些观点来自围绕书籍和读者的新的背景（ground）。印刷装订的书籍是一种终极形态的包装，它可以用来给古代编码，并送达遥远的目的地。在满足使用者随心所欲的需要上，它胜过电子信息。它可以反复阅读，大段小段都行，不过它总是让读者回忆起精确和注意力的模式。和广播与留声机不一样，书籍提供的信息环境不会与社会场景和对白融合在一起。当多层次的声像

---

　　① 爱丁堡公爵（Duke of Edinburgh），英国女王伊丽莎白二世（Queen Elizabeth II）的丈夫，又称菲利普亲王（Prince Philip）。

包围使用者时，他就关上大门以便维持自己的身份。第一个影像时代产生了一代新的文人，为了卫护个人私密的身份，他们不由自主地使用了一个策略：以各种方式关上大门和走向麻木。与此相反，纯粹的部落人或前文字的人，并不觉得新电子环境对他的个人生活造成了什么威胁。

如果说书可以作为礼物送到任何地方，或被用作一个服务环境，那么书籍在电子时代的逆转就是，发送信息的人被送出去了。这就是一个悖论。这就是形式和功能在瞬即信息水平时发生的逆转或交错，也就是电话电报和录像带的特征。一个服务背景或环境得到这种瞬即信息的特征之后，使用者的外形就发生转化。在前文字的世界里，书籍似乎是神奇重复符号的神奇形式。和新的电子环境比较，书籍的新性质和新形式是什么呢？微电子信息图书馆对书籍的过去、现在和未来会产生什么影响呢？当数以百万计的图书可以压缩到火柴盒大小的空间时，便于携带的就不只是书籍而且还包括图书馆了。

电子服务环境本身就以许多方式对图书和文字的价值构成威胁。声像和影像是图书的竞争对手，它们极端的干扰使全神贯注和不被打断的阅读机会日益减少。从打字机开始，到后来的油印机，书籍的性质在模式和使用上都发生了重大的变化。打字机改变了英语的表达形式，它又一次为作家写书打开了口语世界的大门。亨利·詹姆斯口授冗长的句子，让西奥多拉·博桑基特[1]为他打也好；半文盲的行政主管把唐突生硬的便笺交给秘书打印，要秘书帮助他们纠正错别字和语法错误也好；无论是哪一种情况，打字和油印这些新服务改变了印刷词的使用和性质。

詹姆斯·怀特[2]追溯印刷词语对基督教仪式的影响，他指出油印技术

---

[1] 西奥多拉·博桑基特（Theodora Bosanquet, 1880—1961），英国女学者。1927 任英国图书馆学会主席，1907 年至 1916 年任亨利·詹姆斯秘书。

[2] 詹姆斯·怀特（James F. White），美国神学家，圣母大学教授。神学、哲学和历史著作达数十部。

产生的结果：

  还有一种对基督教崇拜产生比较大影响的技术，但崇拜仪式书里没有提到它的影响。1884 年，芝加哥企业家 A. B. 迪克（A. B. Dick）发明了一种技术，解决了用蜡纸快速复制单证的需要。这个技术效率很高，他取名油印机并把它推向市场。谷登堡把祈祷书送到人们手中。企业家迪克使祈祷书过时。祈祷书多半是礼拜仪式祷告辞，不容易翻检，一般人难以使用。迪克使每一位牧师装备了油印机，于是他们就可以印制特定场合特别需要的祷告辞。复印机等技术使牧师能够以同样的方式印制赞美诗集。这些技术发展只不过是完成了谷登堡启动的技术；如今的宗教生活和其他领域一样，复印的纸张就像是洪水泻地了。[①]

  上述引文似乎清楚地说明，随时将外形和背景联系起来研究是有好处的，借此，两者意料之外、未引起注意的特征都可以揭示出来。在雷·布拉德伯里（Ray Bradbury）的科幻小说《451 华氏度》（*Fahrenheit 451*）里，未来世界里的人害怕书籍引起观点和态度的分歧和多样化。由于这个性质，书籍就成了同心协力和幸福的敌人，因此就必须要摧毁书籍。为了在焚书人的盛怒之中抢救书籍，许多人自愿分工牢记书籍，以便在浩劫之后让书籍永远传世。今天，直接在脑子里映现书籍和数据的可能性已经出现，个人可以即时得到他需要的东西。我们绕开一切阅读就可以获得知识，这就提出了许多有关书籍功能的问题。

  书籍的未来提出了这样一个问题：人是否能够根据机印书以外的其他

---

  ① 詹姆斯·怀特（James F. White），《新崇拜形式》（*New Forms of Worship*），New York: Abingdon Press, 1971，28 页。——原注

文明模式来给自己的社会生活编程。毫无疑问，不借助书籍，没有文字素养的训练，人们也能够结成大规模的社群。当前，即使电脑也要依赖为识字人制作的编程。"是—否"这种二元的比特编程全都是来自于西方文明的拼音文字模式。然而许多人展望，将来的电脑能够绕开人目前的行为方式和局限。不过我们仍然可以说，就连书写和印刷的语词都已经超越了普通的人的尺度。埃里克·哈弗洛克的《柏拉图导论》和哈罗德·伊尼斯的《帝国与传播》已经为我们证明，西方人是如何被拼音字母表和印刷机塑造的。奇怪的是，这些手段产生的个性却正好抑制了西方世界对技术影响的研究。书面文化培养了西方人高度的自我意识，和东方人不一样，他躲避技术对心理影响的研究。没有任何西方哲人提出过经验的认识论，没有一位哲学家审视过社会变革和心理变化与人工制造物的关系。所以，西方人对自己行为的影响浑然不知，主要是没有意识到对他个人心理产生的影响。我们书面文化的主要产物是塑造我们个人的内在意识和私密意识。在我们这个时代之前，西方人拒绝研究外在技术行为对内心生活的侵袭。自公元前5世纪以来，柏拉图、亚里士多德和继后的哲人都没有关注拼音文化（phonetic literacy）在造就西方人个性方面的作用。同样，电子时代之前，西方人一直在回避外在技术对心灵生活的影响。

然而，今天电子技术的影响至大至深，再也不容我们忽视了。埃里克·哈弗洛克和哈罗德·伊尼斯等学者已经对此做了研究，而且发现，技术对个人变化的影响是完全能够证明的。文字、印刷或广播构成新的服务环境，新环境使所有的人为之一变。讲究隐私的西方人躲避历史学家和心理学家对他私密性的研究，并且因此而感到悲哀；相反，部落人或团队人在检查技术的心理影响和社会影响时，绝不会像西方人这样万般无奈。他不会像西方文明人那样感觉到内心的愧疚。东方社会总是急于了解技术革新对心理生活的影响，哪怕是为了压制革新的目的也想要了解这样的影响。西方人宁可说："我们试试看，看看会有什么结果。"

书籍的未来前景广阔。它不会走向终点；实际上，它正在重温和重塑它扮演过的一切角色，这是因为，新的制图法和新的印刷工艺欢迎同时使用许多资源。具象的诗歌艺术激发灵感，使旧印刷技术派上新用场；于是，新的印刷技术和纸张就发明出来了。影印技术使我们能够把文字印制在许多不同的材料上。文字可以印在纺织品上，可以在电视上播映，可以印刷在塑料薄膜上；在家里、书房里、办公室里都可以印刷。因此，目前书籍的生产范围很广，有用于培育插图艺术书的，有用于复兴手摇印刷机的，直到用于复原古莎草纸手稿的和用于影印书的生产。仅以复印技术为例，书就面对着自身形象的革命性变化。电子时代的技术是产业技术和机械技术的逆转，它关注的首先是过程而不是产品，是效应而不是内容。

在当前这个生态时代，如果要脱离书籍的影响来仔细探讨书籍的未来，那是不容易的，因为生态学关注的是用起因来预测结果。为了得到准备得到的结果，给任何一个情景编程都需要清楚了解，哪些成分合适，哪些成分是不合适。即使对我们西方世界不同年龄段的人来说，机印书的影响都是迥然不同的。比如在今天的电视环境里，书籍对年轻人的意义是很奇异的。由于书籍非常倚重视觉文化，在一个感官深刻介入的世界里，它就成为拉开距离和保持客观性的手段。因此在电子时代里，机印书就是养成个人主动性、个人目标和目的的唯一可资利用的手段。书籍养成的习惯特征，不可能在电子声像和电子信息的环境里培养出来，这是因为就像 T. S. 艾略特界定的"听觉想象力"（auditory imagination）一样，声觉世界（acoustic world）不是个体的或文明的世界，而是部落的和集体的世界。

书籍始终是许多艺术和技术的漩涡，是言语、模仿和插图艺术的漩涡。起初，机印书似乎排除了手稿艺术的丰富性，许多买到机印书后把书送到缮写房请抄书先生写一个抄本。原因之一是，机印书即大批量印制的书籍挫伤朗读的积极性，而朗读是千百年来形成的习惯。快速、无声地扫描机印书和细嚼慢咽朗读手稿是迥然不同的经验。手稿有一种声觉诱惑力，促使人在多层次的共鸣中去咬文嚼字。默读对读者和作者都产生了多重的影响，这个印刷文化的阶段有可能消失。

谷登堡实际上把每个人变成了读者。今天，复印术和其他复制技术趋向于把每个人变成出版人。这种大规模逆转的后果之一是精英主义。同样副本大批量生产的性质当然不是培养精英，而是培养普遍的阅读习惯。吊诡的是，读者人数众多时，作者个人权力很大；小群的读书精英却能够产生巨大的集体权力。

今天，复印术把公众与作者的许多关系颠倒过来；这些变化不仅使我们看见了书籍的过去和现在，而且使我们看见了书籍的未来。比如，复印术使打字机的功能大大延伸，结果，秘密的、个人的便笺几乎就进入了公共领域，《五角大楼文件》(*Pentagon Papers*) 就是一例。给个人或团队的便笺简讯，居然打印并复印，就像是把秘不示人的手稿送到了一般读者的手中。打字机加影印机出乎意料地恢复了私人手写记录的特征。各种委员会里的对话很大程度上要依靠这种新的复印术，但是这种服务的公共性质本身就难以局限在一定的范围。结果，秘密的情况通报带上了口语的性质而不是书面的形式。复印术可以说明，一种技术可能改变书写和说话的传统关系模式；仅仅是由于这个原因，似乎就值得我们考虑复印术的冲击力。

论述书籍现在的情况，以敏锐的目光考察书籍这种外形在日益变化的背景中的情况，你就会意识到，即使在我们这个时代，书籍也采用过许多不同的形式。在所有的书籍形式里，一旦背景变化，其外形也随着新的界面变化。电影、留声机、广播、电视成为新的环境时，传统书籍的读者就成为完全不同的公众。如果说谷登堡造就了新感知、新观点和新目标的人，那么，广播、电视、录像的电子时代也许就恢复了谷登堡之前的那种公众，他们是拥有许多口头习惯的公众。

公元前 5 世纪，柏拉图向根深蒂固的诗坛和严格训练的史诗吟诵者宣战，倘若那时就有人拷问书籍的未来，随之而起的混乱和不确定性就会比现在的情况严重得多。他们未来的世界看上去就会像美化了的抄书匠的艺术世界。在柏罗丁①眼里，星星"就像写在天幕上的字母，一旦写上之后就永驻天空，永远在天上运行"②。关于先知，柏罗丁是这样说的：先知的艺术就是"阅读造化书写的文字，这些文字揭示秩序和规律。"③然而奇怪的是，古希腊"几乎没有'书籍神圣'的观念，因为那里没有享受祭司特权的抄书人阶层。"④

在古希腊，书写和阅读的差事交给了奴隶；到了罗马人的手里，书才被推上了崇高的地位。不过基本上可以说，"凭借基督教，书籍才获得了神圣的地位……不仅在基督教诞生之初，而且在它整个发展的第一阶段，基督教都不断推出神圣的著作。"⑤对经书的阐释呼唤百科全书式的知识和学问，既大胆吸取自然之书（Book of Nature）的营养，又放手吸收启示录圣书（sacra pagina of Revelation）的教海。

在整个中世纪，自然之书的比方在科学界起主导作用。科学家的任务就是确立自然之书的文本并给予解释，他们深入思考，就像伊甸园里的亚当为生灵取名一样。出乎意料的是，生灵之书（Book of Creatures）的古老比方随着印刷术的来临而寿终正寝。以后就成为陈词滥调。在谷登堡时代的初期，如果你请圣人预测书籍的命运，他会说什么呢？机印书给作家开

---

① 柏罗丁（Plotinus, 公元 205—270），埃及裔古罗马哲学家，新柏拉图主义代表人物。创"流溢说"，著《九章集》。

② Ernst Robert Curtis（恩斯特·柯蒂斯），*European Literature and the Latin Middle Ages*，304 页。——原注

③ 同上，308 页。——原注

④ 同上，308 页。——原注

⑤ 同上，310 页。——原注

辟了获取名望的新境界时，伊拉斯谟[1]、塞万提斯[2]如何回答这个问题呢？100 年之后，弗朗西斯·夸尔斯[3]还可以用华丽的方式来玩味自然之书的观念：

> 世界是一本书，印载一切
>
> 上帝的经书用大写刊布
>
> 每一个生灵各有一页；每一件作品
>
> 都是美好的生灵，没有缺陷。[4]

莎士比亚也在这个比喻中看到了活力。在《皆大欢喜》(*As You Like It*)第二幕里，被放逐的公爵听到了自然的声音：

> 除了公众出没的身影，我们的生命
>
> 听见树木的声音，看见潺潺流水中的书籍
>
> 听见石头的布道，看见万物里固有的善行。（第二幕第一场）

象征主义者马拉梅[5]宣告："世界的存在终结于书本。"[6]他的感知补足

---

① 伊拉斯谟（Desiderius Erasmus, 1466—1536），欧洲北方文艺复兴主要人物，荷兰人文主义学者。1506 年编定希腊文本《新约》，1516 年编定拉丁文本《新约》。

② 塞万提斯（Miguel de Cervantes, 1547—1616），西班牙文学家。代表作《堂吉诃德》。

③ 弗朗西斯·夸尔斯（Francis Quarles, 1592—1644），英国宗教诗人、玄言诗人。著有《纹章》《神圣与道德》等。

④ Ernst Robert Curtis（恩斯特·柯蒂斯），*European Literature and the Latin Middle Ages*，323 页。——原注

⑤ 马拉梅（Stephane Mallarme, 1842—1898），法国象征派诗人、理论家，法国文学史上最有影响的人物之一。早期诗作受波德莱尔的影响，在作品内容和形式上均有创新。

⑥ Stephane Mallarme, *Euvres completes*（《马拉梅全集》），Paris: Librairie Gallimard, 1945, 378 页。——原注

了古代和中世纪自然之书的比方，并使之逆转；他认为，在工业时代和电子时代，自然都被艺术取而代之。因此，书籍的未来简直就是超越自然的手段。物质世界将被以太化并被包容在书里，书中的文字将含有认识和创造存在的一切公式。这就是詹姆斯·乔伊斯的雄心。他的《芬尼根的觉醒》是一部象征派的大全，含有一切的生灵。乔伊斯在他这部百科全书里拥抱艺术和人工制造物，只靠语言这一种媒介来完成自己的使命。

从书籍更加平凡的意义上来看，它可以和新技术结缘而以多种形式出现。方才已经说过，复印术把读者转换为出版人的力量。实际上，著名的美国出版商威廉·约万诺维奇[①]曾经对读者、作者和出版人换位的情况进行过论述：

威廉·萨罗扬[②]从巴黎给我来信说：

"我想，我似乎有这样一个概念，凡是写作的人都想出版，只有出版之后，他才会觉得好受一些……"我回答说："凡是写作的人都能出版，你这个念头实际上可能会成为事实。复印术正在发展，有可能使之成为现实。然而，至于这是否会使人觉得好受一些，我倒还拿不准，除非他本人有复印的股权。当然，如果出版普及，被认为是民权，成为对公众的报答，那么我们关于知识产权的概念就必然要改变。一切都会出版，并属于一切人——权力归于人民。你这个想法没有不合逻辑的地方。如果每个人找到一位出版人，他接着就要找一位读者，也许就一位读者，也就是出版人。当然，作家想要拥有许多读者，然而这个愿望越来越难以实现，因为作家的人数越来越多。专门化程度降

---

① 威廉·约万诺维奇（W. Jovanovich, 1920—2001），美国著名出版商。有 10 部著作传世，含自传体小说《西部的气质》（*The Temper of the West*）。

② 威廉·萨罗扬（William Saroyan, 1908—1981），美国著名剧作家、小说家、诗人，普利策奖、奥斯卡奖得主。代表作包括《我的心在高原上》《我叫阿拉姆》《人类的喜剧》《你生活中的好时光》等。

低，作家数量随之下降。最后，每个人就会成为集作家、出版商、图书馆馆长和批评家于一身的人——到那个时候，以文为生的职业就会消失，因为一个人就能够承担所有的文字角色。"①

从新出版技术的角度来看，让-保罗·萨特②的惊呼就不足为奇了。他的《什么是文学》（*What Is Literature?*）一书已经预见到这样的局面：

> 从这个观点来看问题，作家的处境从未像今天这样矛盾重重。这个困局里充满了最矛盾的特征。从资产方面来看，有风光体面的亮相，还有难以尽述的各种可能性；总体上看是令人眼红的生活方式。然而从实际情况来看，只剩下一条路：文学在走向死亡。并不是它缺乏才干或善意，而是它与当代社会不再有何关系。此刻我们正在发现实际情况的重要性，此刻我们朦朦胧胧地意识到：总体的文学可能是什么，我们的公众已经崩解消亡。我们不再明白——真的不清楚——我们是为谁写作。③

有了复印术之后，出版进入了新的渠道，这使我们想起印刷术诞生初期一些作家的狂想曲，塞万提斯、拉伯雷④和蒙田⑤曾经有过的幻想。

---

① W. Jovanovich（威廉·约万诺维奇），*Universal Xerox Life Compiler Machine*,《通用复印生活资料编辑器》，American Scholar 40, 1971，249 页。——原注

② 让-保罗·萨特（Jean-Paul Sartre, 1905—1980），法国哲学家、小说家、剧作家，提倡存在主义，拒绝接受 1964 年诺贝尔文学奖，著哲学著作《存在与虚无》、小说《恶心》和《自由之路》、剧作《群蝇》《魔鬼与上帝》等。

③ Jean-Paul Sartre（让-保罗·萨特），*What Is Literature?* New York: Routledge, 1967，241 页。——原注

④ 拉伯雷（Francois Rabelais, 1483?—1553），法国作家、人文主义者。代表作为长篇小说《巨人传》。

⑤ 蒙田（Michel Eychem de Montaigne, 1533—1592），法国思想家、散文大家。著有《蒙田文集》《随笔集》等。

讲话结束之前，我想引用蒙田的几段话。16 世纪的机印书给他以灵感。从他在印刷术早期的惊叹和渴望，或许我们能够获得一些信心，重新开始对目前情况的探索。录音机和录像机赋予作家新的角色，给新的公众提供出版的文字。当前，书籍和作家能够站在另一种媒介比如广播、电视和卫星的肩头，时空运作的规模似乎能够消除微观和宏观的差别。蒙田有这样一段话：

> 一个有趣的念头：许多我不想告诉任何人的事情，我告诉公众；为了我最私密的知识和思想，我把最忠实的朋友送给了书商……[1]

倘若有人问伊拉斯谟、莫尔[2]或廷德尔[3]书籍的未来如何，他们会不会想象，书籍会成为内省的手段，同时又造就庞大的读者群呢？这两个因素的相互作用在蒙田的心里产生了一种新的道德义务感：

> 我的形象完全是公众勾勒的。我受到的有关智慧的教益完全是真理、自由和现实的教益……礼仪和礼貌是真理、自由和现实的女儿，是它们的混血儿。[4]

他这段话说的是，机印书启示之下需要的"自我"抛弃了一切传统的

---

① Donald M. Frame（弗雷姆），*Montaign: A Biography*《蒙田传》, New York: Harcout, Brace & World, 1965，82 页。——原注

② 莫尔（Sir Thomas More, 1477—1535），英国人文主义者、法官、天主教圣徒，曾任下议院议长、内阁大臣，多产作家，1516 年出版的《乌托邦》是西方历史上第一部空想社会主义著作，1535 年因反对国王亨利八世的离婚案和异见而被处死，与伊拉斯谟关系密切。

③ 廷德尔（William Tyndale, 1492—1536），英格兰新教殉教者、人文主义者。曾经将《圣经》翻译成英语，为 1611 年的钦定本《圣经》打下了基础。

④ Donald M. Frame（弗雷姆），*Montaign*，291 页。——原注

礼仪和礼貌。此时需要的是了解细腻的真实的自我：

> 蒙田对自己的研究超越了他对其他课题的研究；这既是他的形而上研究，又是他的行而下研究。"我宁可成为研究自己的权威，而不是研究西塞罗 [1] 的权威。在对我自己的研究中，我已经得到足以使自己成为智者的经验。"命运给他的地位太低，使他不能用行动给自己留下记录，他只能用思想给自己留下记录；他的自传就是他的思想。他不号称自己博学："我铺张而华丽地说出自己的无知，我急忙而可怜地说出自己的知识。" [2]

印刷术驱使蒙田作细心的自省；同理，我们电子时代的人就可以把他这个视角转向审视人的团体精力和交往的模式，难道我们不能怀抱这样的期待吗？录像机给我们机会，使读者和作者迅即进入一个全新的关系。读者有机会以新的方式分享这个创作过程，这就说明，书籍正处在全新发展的边缘。

---

[1] 西塞罗（Marcus Tullius Cicero, 前 106—前 43），罗马政治家、律师、古典作家、演说家。有百余部哲学、政治学、演说辞存世。

[2] Donald M. Frame（弗雷姆），*Montaign*，253 页。——原注

第十二章

工作伦理的终结（1972）

　　1972 年 11 月 16 日，麦克卢汉对加拿大皇家俱乐部的 400 个会员发表讲话，地点在多伦多市中心的皇家约克饭店，会后举行了正式午宴。皇家俱乐部是一个加拿大精英的保守组织，会员来自经济界、学术界和企业界。麦克卢汉针对听众有意识挑选的讲题是："工作伦理的终结"（The End of the Work Ethic）。

　　在电子时代新信息环境中，大企业经久不衰的关键是彻底改变工作安排的结构。麦克卢汉指出："在电子信息世界里，新教工作伦理的两个特征是毫无意义的，这两个特征是个人目标的追求和自我的进步。"模式识别（pattern recognition）是新的工作形式，这种新的工作形式把狩猎人、工程师、程序师、研究员和美学家的角色结合起来，形成一个新的角色。

　　几个月之前，多伦多大学的同事约翰·艾布拉姆斯（John Abrams）教授到俄国去访问。临行之前，我请他给我搜集两三个故事。我想了解俄国人讲什么样的故事。他真的给带回来几个这样的故事。有个乡下人到了莫斯科，他很老土，哎呀呀的赞不绝口、惊叹不已，不停地唠叨我们美丽的莫斯科，多谢上帝，我们神奇的经济，我们漂亮的商店，我们美好的人民。他的朋友劝他说："当然要感谢斯大林，不过，万一斯大林不在了呢？看来你真还得感谢上帝。"

　　一切令人捧腹的笑话的底层都有一股发牢骚的暗流，你们也许已经注意到这一点。笑话多半和牢骚委屈有关。新笑话出现时，你可以肯定，社会里潜藏着令人不舒服的紧张的摩擦。纽芬兰人的笑话表现了一群人不太适应环境而感到的苦恼。我们大多数人都听到过关于好新闻 / 坏新闻的笑话，这是新型的主观新闻兴起、老式的客观新闻消亡时产生的苦恼。老式的新闻旨在客观与超然。多年来，老式新闻意味着表现双方的立场，表现正反、是非、黑白、臧否的立场。写出双方的看法时，你所持的立场就是传统的、客观的报道。社区里要做一件事之前，你解释什么是支持的立场什么是反对的主张。与此相反，新型的新闻试图同时提供各方的意见，让你沉浸在总体的情景中。这就是诺曼·梅勒的风格或特鲁门·卡波特的风格，卡波特的《冷血》就是一例。诺曼·梅勒的《迈阿密和芝加哥之围困》(*Miami and the Siege of Chicago*)写的是民主党全国代表大会，可是它不太像是对大会的报道，也不太像是对与会代表和政策的报道。更加准确地说，梅勒让我们纵身跳进正在发生的一件事情中去寻找自己的感觉。新新闻主义是主观沉浸到事件之中的新闻。至于写出的东西是否是虚构，那就无关紧要了。当你同时写各方的情况时，那肯定像虚构了。所以，诺曼·梅勒的《夜间大军》(*Armies of the Night*)用了一个副标题"作为小说的历史——作为历史的小说"，这个标题清楚指明报道和虚构边界的消失。当我们说"他创造了新闻"时，我们指出的就是作为虚构的新闻，新闻是由人来采写的。每天都要用新闻塞满所有的报纸，不剩下什么不见诸报端的新闻，也许，其奥妙也许就在于人为吧。

言归正传，我不想让你们骂我兜圈子。"工作伦理的终结"和当前的事实直接相关。在新信息环境的电子条件下，仅仅有一个目标再也行不通了。当一切同步发生，你每一天淹没在来自世界各地的信息里的时候时，你不可能固定一个遥远的目标并且说："我要向这个目的地前进。"那一个目的地正在和你一样快速运动，你还来不及向着它迈出一步，一切都早已变化了。

工作伦理的意思是个人的目标取向，就这个意义而言，它已经不太实际，已经消失一段时间了。和这种情况相关的是专业分割工作的变化。这样的工作难以为继；它对电子时代是太专门化了。专业分割的工作，在组织流程图上是一个点；在同步信息碰撞和互动的情况下，它却难以紧守一个固定的地盘。正在取代职业分工的是角色的承担。当你炒更的时候，你就在承担角色。大多数人或多或少在扮演炒更的角色。固定职业分工的人正在退场，提供资讯的人正在登场。

实际上，扮演角色时承担的工作不止一种。家庭妇女扮演的就是一个角色，但是她却在做许多不同种的工作。农夫也是这样，社区里许多人也是这样的。他们并非固定职业工作的人，而是在承担许多不同的角色。请注意现在对游戏的强调。我现在讲一讲这个问题。从电子信息来看，我们正在进入一个游戏的时代，它将带来许多新的工作学习模式。有一家加拿大出版社即将推出一本书《休闲的暴民》(*The Leisure Riots*) [埃里克·柯克 (Eric Koch) 著]。说的是一个社区居民反对一群管理人员的骚乱。这些管理人员试图把游戏和休闲活动变成一揽子的产业。后来，滑雪、冰球、橄榄球、旅游等活动难以继续进行，因为设备短缺、捆绑消费、价格昂贵而让人难以承受时，游戏和休闲就不再好玩，就荡然无存了。这种情况反映到我们当前世界的各个侧面。这是另一个牢骚和委屈的领域。游戏和娱乐的观念在当代获得了大量新的意义，新意义的源头不仅有约翰·赫伊津哈[①]《游戏的人》(*Homo Ludens*) 之类的经典著作，还有量子力学。赫伊津哈把游戏理论与一切制度的发展联系起来，所以"政党政治"本身就隐含这样的意思：不同态度的互动和政策作为平衡和社会适应的手段。在化学和新混合物里，化学键本身已经成为互动粒子的共鸣间隙。物质的构造成分似乎是粒子互动的共鸣强度减去粒子的关联。

大家都知道，轮与轴的互动是运动的原理；在两者的互动关系中，我们力求既避免紧张又避免松弛。可以说，退场的人是紧张局势的受害者，

---

① 约翰·赫伊津哈 (J. Huizinga, 1872—1945)，荷兰的文化史学家。著有《游戏的人》《中世纪的衰落》《伊拉斯谟传》《17世纪的荷兰文明》《明日即将来临》等。

他退场的目的是谋求重新接触。轮与轴太紧就失去接触，太松就崩溃。捆绑在一起就失去接触，正如距离太遥远就失去接触一样。有一群精神健全的志愿者到精神病院装扮精神病人，做出需要治疗的样子，医生没有察觉他们是精神健全的人，严重的患者反而立即指出："他们在演戏。"如果不游戏，个人生活和集体生活一样，都会罩上精神不健全的阴云；严格的分类压倒轻松和谐的官能外貌时，就会产生专门化和官僚主义的危险。艺术家总是悠然自得，因为他必须使脑子处于游戏的状态；当他谋求解决艰难的技术问题时，他就最为优哉游哉。

让我举例说明，上个月《商业周刊》（*Business Week*）刊发了一篇文章《反对行政人员流动的案例》（*The Case Against Executive Mobility*），其主题很简单，文章认为，频繁迁徙搬家、变更工作地点已经成为北美创造力缺乏的一种生活方式。大企业不再认为，频繁迁徙对员工在公司阶梯上的晋升是实际或有利可图的举措。另一个观点是，为了重要的晋升而影响学童的情感生活，实在是没有多大的价值。在另一种极端的情况下，IBM公司的分公司规模已经很大，行政管理人员足以获得各种管理经验，不调动也可以得到晋升机会。如果频繁而快速地挪动人，那就无法形成一个社群了。

现在的畅销书《海鸥乔纳森》（*Jonathan Livingston Seagull*）是对新教工作伦理的冲击和讽刺。主人公乔纳森·利文斯通使人想起19世纪的传教士医生；如果是这样，主人公的名字"海鸥"就富有丰富的内涵，这个词飘逸潇洒、颇有灵性。实际上，"海鸥"工作勤奋、志向远大；他快速上升，尽览天空美景，拍到许多美丽的照片，辛勤的工作得到了丰厚的回报。我们看到，海鸥乔纳森坚持不懈地练习各种飞行技巧："离地100英尺时，他下垂双爪，抬起长喙，奋力振翅，完成一个困难的飞行曲线。"①

---

① Richard Bach（理查德·巴赫），*Jonathan Livingston Seagull*, New York: Macmillan Company, 1970，13页。——原注

当然，上升和悬浮的概念很容易使人想到和海鸥奋力展翅的动作。由于进步快，他不久就退出了公司里的分化倾向。

普通的海鸥从来不敢顶撞鸥群理事会，乔纳森不得不提高嗓门告诫理事会："你们说我不负责任？兄弟们！我寻求意义、追随意义、追求更加高尚的生活目的，谁更有责任心？千百年来，我们寻找鱼头；现在我们有理由生活，有理由学习和发现，有理由享受自由！给我一个机会，让我告诉你们我的发现……我们这一群鸟好像就是一堆石头。"[①] 不过，这种环境并没有挡住他迅速升迁到另一个境界。在这里，他又听到另一个声音："你怎么能够指望我们就像你一样飞？你与众不同、得天独厚、似有神助。你看弗雷彻！看洛维尔！看查尔斯·罗兰德！他们和你一样与众不同、得天独厚、似有神助吗？他们和你我一样平常，和我也相同。唯一的区别是，他们开始明白他们是谁，并且开始练习。"[②]

现在看来，为自我促进和自我完善而吃苦耐劳的工作伦理，是该书用预言形式包装的哄骗。也许，本书成功的秘诀在于，读者可以同时从两个方面去接受它的寓意，一是把它当作批评，一是对过去的工作伦理推崇备至。

回头说电子信息世界里工作伦理过时的问题。今天的公众承担了一个新的角色，这样去理解问题颇有助益。由于电子信息和编程的同步性，旁观者已经不复存在。每个人都是剧组成员。消费者的功能也过时了。在地球这颗太空船上，谁也不是乘客，人人都是飞船的工作人员。

公众的参与如何使其迅速从观众变为演员，这个过程在最近的水门事

---

① Richard Bach（理查德·巴赫），*Jonathan Livingston Seagull*, New York: Macmillan Company, 1970, 35页。——原注

② 同上，83页。——原注

件里是显而易见的；稍早对威廉·凯利中尉[①]的审判里，这个转变也引起人们的注意。听众参与并陷得太深之后，正受到公审的恶棍反而成了他们心目中的英雄，因为他们很快就和这些恶棍产生了认同，这些士兵执行的是机器人似的活动，这样的活动与一般听众的活动又有类似之处。当听众与受审的恶棍认同时，公众起初觉得自己像恶棍，有负疚感，后来为解脱自己就把恶棍转变成文化英雄的角色。还有一种情况，公众的参与也富有戏剧性，劫持飞机或其他公共设施的人发现了这种戏剧性。从这些劫匪的角度来看问题，他们劫机的原因或动机之一正是渴望得到新闻报道，渴望引起公众注意。由于这样的新闻报道太臭名昭著、太吸引人，后来就不再有这样的报道了。

也许，一个小孩在飞机上说的话可以帮助我们搞清楚今天的情景。他第一次坐飞机，刚一起飞他就问："爸爸，我们什么时候变小？"这个问题相当复杂，因为飞机显然是在变小，但机舱却不会变小。在一架驾驶舱开放的飞机里，他绝不会提这样的问题，因为在那样的情况下，不仅飞机变小，坐飞机的人也觉得越来越渺小。然而，飞机封闭的空间呈现出一个非常独特的结构，即视觉空间，也就是没有背景的空间或外形。视觉空间的特性，在其他感官构建的空间里是不存在的。视觉空间是连续的、统一的、连接的、静态的。与此相反，触觉、听觉、嗅觉是非连续的、非统一的、非连接的、动态的。声觉空间也具有非连续、非统一、非连接和非静态的特性，这是我们大家生活其中的电子时代。19 世纪倚重文字的西方人生活在视觉空间之中，他认为视觉空间是正常的、自然的、理性的空间。同步和即时信息的世界环境来临之后，西方人从视觉空间转向声觉空间，这是

---

① 威廉·凯利（W. Cally），震惊世界"美莱大屠杀"（My Lai Massacre）的罪魁祸首，美军中尉。1968 年率领士兵对美莱村手无寸铁的平民施行大屠杀，连婴儿也不能幸免，他本人谋杀了 109 名村民，1971 年被判终身监禁，可 3 年后即获假释，帮老婆做起钻石生意。

因为在声觉空间里，处处是中心，边界不存在。这就是电子信息造就的环境，信息从世界各地滚滚而来、同步到达。这个空间使我们逐渐脱离逻辑上连续的世界，脱离稳定性上连接的世界，使我们进入新物理学时空一体的世界；在这个新世界里，机械的联系是接触产生的共鸣间隙，这样的间隙里不存在连接，只存在界面。

也许还有很多人认为，这些问题都是思辨玄想、深奥科研的领域。然而眼前的事实说明，我们大家都生活在这个共鸣、同步的新世界里；在这个世界里，外形与背景、观众与演员、追求目标与扮演角色、集中化与非集中化发生了一次又一次的逆转。由于希腊—罗马的书面文化，文明人、欧几里得人的视觉被大大强化了，经过了专门化的分割；在人造的电子信息同步环境里，这种咄咄逼人、追求目标、单向运动的企业家感觉到格格不入、惊慌失措。在这种环境里生存时，至关重要的是了解，无处不在的信息环境的同步数据在结构上是声觉世界的结构。一旦认识到这个声觉结构是新的栖息地，人们就能够立即确认，个人心里和社会上一些奇怪的现象和这个栖息地联系起来是有风险的。毫无疑问，任何一种感官都可以立即适应光、热、声的层次变化，所以，20 世纪世界的信息服务，是由环境结构的变化形成的。瞬即可得的信息检索系统和数据处理使决策的性质焕然一新。老式职业分工的人在组织流程图上有一个位置，在无关联数据的混乱之中，他觉得自己就像飘零的以实玛利[①]。

请允许我讲一个故事，以便把这个问题说得更加生动、更加容易懂。这是有关我个人如何发现声觉空间的故事。我们研究会的一群人讨论西格弗里德·吉迪恩的新书《建筑的滥觞》(*The Beginnings of Architecture*)。参加讨论的人有：卡尔·威廉姆斯（Carl Williams，现任西安大略大学校长）、汤姆·伊斯特布鲁克（多伦多大学政治经济学教授）、杰奎林·提尔惠特

---

① 以实玛利（Ishmael），圣经中指被遗弃的人，社会公敌。

（Jacqueline Tyrwhitt，哈佛大学建筑学市政设计教授）。提尔惠特（她与吉迪恩合作多年写这本书）向我们解释，吉迪恩认为，罗马人率先营造封闭的空间。埃及人的金字塔没有封闭的空间，因为金字塔里面是黑暗的，不像敞亮的庙堂。希腊人也没有营造封闭的空间，因为他们仅仅是把埃及人的庙堂内外颠倒，一块大石板横架在两根立柱上，并不能构成封闭的空间。然而，罗马人把拱顶放进长方形建筑，这就形成了一个封闭的空间。拱顶本身并不能营造封闭的空间，它仅仅是由压力和推力形成的结构。然而，一旦它放进长方形的建筑比如高架桥和凯旋门之后，你就得到一个名副其实的封闭空间，也就是视觉空间。视觉空间是一个静态的封闭空间，其布局是用斜拉法连接垂直面。洞穴不是封闭的空间，就像棚屋、圆屋顶不是封闭的空间一样（巴克敏斯特·富勒的圆屋顶是声觉空间，而不是视觉空间或封闭空间）。棚屋和三角形一样，不是封闭空间，仅仅是用最适用的手段固定一个垂直面或物体而已。

杰奎林·提尔惠特说到这里，心理学家卡尔·威廉姆斯提出反对意见说：埃及金字塔虽然内部黑暗仍然可以看成是声觉空间。他接着提出声觉空间的特征：它是一个球形，处处是中心，无处是边缘（顺便指出，这是新柏拉图主义给上帝的定义）。从此之后，我一直不停地思考声觉空间对理解同步电子世界的重要性。同步性有一个基本的结构性事实：结果走在原因的前面，或者说背景产生在外形之前。外形来临时，我们说："时机已经成熟。"

生活在电子条件下，结果走在原因之前，这是相当具象如画、栩栩如生的解释，能够说明为什么长远目标对"神经病患者"是没有意义的。在电子人所处的世界里，电子服务是他神经系统膨胀进入外部环境的一种形式。对这样的人而言，你说他应该追求长远目标是没有意义的，因为一切令人满意的东西和目标已经呈现在他的眼前。这可以用来解释一个神秘现象：为什么前文字的、声觉偏向的民族看上去深深满足于非常稀少的生存资源和手段。偏重声觉的电子人，生活在电子信息的同步环境中，突然对更多的理想失去了幻想，对更多的商品、更多的人、更多的安全感、更大的名气都失去了幻想。声觉人即电子人立即明白过来，人的满意有特定的性质，也有极限，通过权力或财富的增加来谋求更大的幸福是徒劳无益的。声觉人"靠耳朵游戏"，生活在和谐状态之中，他们的生活富于音乐美和韵律美。生态学是这种声觉同步性的另一个名字；1957 年 10 月 4 日，创造生态环境的责任突然落到了西方人的肩头上。那一天，苏联的第一颗人造地球卫星进入轨道，把地球这颗行星放进了人造环境之中。一旦地球进入这个人造环境之后，地球上的人就唱响了生态主题歌而不需要任何提示了。

地球被这颗人工制造物包裹起来，大自然就逆转为一种艺术形式。卫星发射的那一刻就是造就地球这艘太空船的那一刻，也就是造就全球剧场的那一刻。莎士比亚在他的全球剧场里饱览了世界这个舞台；有了第一颗人造地球卫星之后，在全世界变成的全球剧场里，就不再有观众，而只有演员了。

我们今天熟悉的另一个主题是自动退场的现象。无论是痛苦的阿格纽[①]还是看不清自己与课程表关系的学童，都是自动出局的现象。退场者实际上试图要保持接触。这个表面矛盾的事实对视觉人来说是朦朦胧胧的，因为他总是在寻找紧密的连接，看不见退场有其合理性。刚才我说，轮和轴的若即若离关系正好说明接触的性质。保持接触就是维持外形和背景之间的共鸣间隙，就是维持我们的兴趣和责任之间的共鸣间隙。接触不是连接而是间隙，不是固定位置而是动态界面，这是一种似非而是的现象；它有助于解释昨天的工作伦理到今天的多样化角色扮演的变化，这种变化是

---

① 阿格纽（Spiro Theodore Agnew, 1918—1996），尼克松政府时期的美国副总统（1969—1973 年在任）。因其任马里兰州长期间（1966—1968 年）进行非法金融交易受到指控，1973 年 10 月 10 日被迫辞职。

新电子环境对我们的要求。亚奇·邦克[1]极端受欢迎，因为他经常表现出不安。他常常遭遇新情况，这与人专门化的固执情绪格格不入，与他的特别固定的观点产生矛盾，他始终用一个固定的立场来看这个世界。在他那个时代，人们的观点被认为是不可分割、非常重要的。今天，如果用固定的立场看世界，你就无法适应快速变化的世界。水门事件听证会的问题是这种新局面最令人注目的例证。他们给政府官僚出谋划策的高超手腕和专业技能，似乎是他们只够格去做这一场不由自主的娱乐表演。他们是一群幕后的心腹，突然被抛出来，在众目睽睽之下丢人现眼，以舍卒保帅。

温德汉姆·刘易斯既精通写作也精通绘画，他曾经对我说："艺术家详细描绘未来，因为他是唯一知道如何在当前生活的人。"然而，如果要生活在目前，或把握今天，你就要把整个过去当作现在，把整个将来视为当下。科幻小说实在是难以和日常的现实匹敌，因为真实的东西已经变成梦幻的东西。未来不再是他曾经表现出来的那种老样子。现在，在许多科学的意义上"预测过去"已经成为可能。有了碳-14测试技术，我们就可以预测，为什么必须要重写大部分历史，因为我们现在可以同时看见比过去多得多的东西。信息以电的速度流动之后，电脑程序就使装配线过时，组织流程图也就过时了。一方面，我们听说福特汽车公司遭遇新的困难，类似的工厂也遭遇到让工人全息工作的困难。底特律的工人觉得，每周两三天工作就应该挣到一周的工资。旷工的结果是，星期五和星期一生产的汽车老是废品。熟练工短缺，装配线必须要在周一和周五补充顶班的新手，这些新手甚至从来就没有见过汽车装配线。这个故事见诸亚瑟·黑利[2]的《轮子》（*Wheels*）。

---

① 亚奇·邦克（Archie Bunker），美国著名经典电视喜剧《四海一家》（*All in the Family*）的主角。顽固保守，可恨又可爱，有人视之为偏执狂，有人视之为英雄。

② 阿瑟·黑利（Arthur Hailey, 1920—2004），著名小说家。拥有英国和加拿大双重国籍，著《饭店》《航空港》《猛药》《高地》《最后诊断》《侦探》《轮子》等。

瞬即－同步编程取代装配线一次一件的世界，IBM 的人似乎对这个世界非常熟悉。把整个企业的一切装配线程序放进几块固态的芯片现在已经成为可能。硬件的程序逆转了，从硬件追求规模到软件讲究编程的逆转也同时来临。这种从硬件数量向软件质量的逆转蔚为壮观，比凡纳瓦·布什[1]为太空人构想的微电子图书馆还要更加壮观。凡纳瓦·布什的成果可以把2000 万册书储存到针头大小的芯片上，使芯片成为一个检索系统。

在这个电子信息运动的新世界里，信息检索的特征之一是精神状态和猎人形象的大规模回归。对人才的猎取，无论是商业形式还是军事侦察形式的猎取，是 20 世纪最庞大的产业之一。在这个世界里，爱伦·坡的视野和福尔摩斯的侦探融为一体，成为一种新工作。这是一种模式识别的唯美的工作，与新教工作伦理的目标追求判若天壤的工作。今天，猎人、工程师、程序师、研究者和美学家合而为一成为一种新人。

卡莱尔的《过去与当下》(*Past and Present*)（1843）已经对即将来临的变化做了暗示。他对自己时代的世界与中世纪一座修道院里的生活进行对比，指出修道院里的生活把工作和游戏融为一体而形成一个共同体。面对19 世纪的专门分割和产业主义的发展，艺术家联手对抗并谴责这个分割肢解的、机械世界的反人类的倾向。从罗斯金[2]到佩特[3]再到王尔德[4]的唯美主义者一致认为，艺术与工作应该再一次融合，以便创造优秀的艺术和美

---

[1] 凡纳瓦·布什（Vannevar Bush, 1890—1974），美国电气工程师、物理学家。研制出微分分析仪，即早期 的电子计算机，参与美国第一枚原子弹的研发工作。

[2] 罗斯金（John Ruskin, 1819—1900），英国艺术批评家、社会理论家。主张社会改革，反对机械文明，大力支持前拉斐尔派，著有《近代画家》《建筑的七盏灯》《时与潮》等。

[3] 佩特（Walter Pater, 1839—1894），英国批评家。上承前拉斐尔派，下启华兹华斯、柯尔律治、罗斯金、王尔德等唯美主义作家。代表作有《文艺复兴史研究》《希腊研究》等。

[4] 王尔德（Oscar Wilde, 1854—1900），爱尔兰作家、诗人、戏剧家。19 世纪末英国唯美主义的代表，提倡"为艺术而艺术"，著有《认真的重要》《少奶奶的扇子》《道林·格雷的肖像》，晚年长诗《里丁监狱之歌》揭露了其中的非人道待遇。

好的生活。这看似矛盾的主张其实是很有道理的。前拉斐尔派①的中世纪主义的动机并不是怀旧，而是时代的需要，是恢复不可分割的工作生活模式的需要。滑稽的是，中世纪主义在 20 世纪 60 年代和 70 年代再次降临到我们头上，表现在嬉皮士驳杂的国际服装上，我们把这个潮流与自动出局的现象联系在一起。蓬松的头发、破烂的牛仔服成为反现存体制的时尚，五花八门的奇装异服完全可以和小丑反权威的舞台服装相媲美。他们五颜六色的国际服装不限于哪一个大陆，也没有说明特别的理论和概念。这样的服装和乡村音乐以及鲍勃·迪伦②阐释的音乐一样，是一种自然的流露。皇帝与小丑的形象、体制与反体制的形象，表现了有史以来悠久的冲突。奇怪的是，小丑是皇帝的公关人物，他使皇帝接触"最有趣"的东西，让皇帝享受笑话笑料、插科打诨，这些笑料里其实隐藏着敌视皇帝的意图。

在某种程度上说，19 世纪的革命是用市场和经济的规律取代自然的规律。经济学家和社会学家谋求发现市场固有的牛顿式的普遍规律。第一颗人造卫星却完全是另一回事，它使自然的地球本身过时，使之成为一种艺术形式。卫星升空的那一刻就是创造地球太空船和全球剧场的那一刻，剧场里的公众变成了演员。因此才出现今天这样的局面：人人要求积极参与世界进程。当然，这也是妇女解放运动的标志之一。过去的妇女参政运动仅仅是争取选举权，今天的妇女却觉得，她们完全参与了没有专门化分割的社会进程，她们想要大量分享这一进程。水门事件说明，任何大行动的高层今天都是很脆弱的，因为即使最秘密的行动也处在众目睽睽的监视之下。水门事件的人物是一群很有专业修养的人物，因为各自的分工太专业化，所以谁也无法举一个例子来揭示决策过程的情况。不过他们的确把高

---

① 前拉斐尔派（pre-Raphaelites），19 世纪中叶兴起的英国文艺派别，反抗学院画派，推重拉斐尔之前自然、古朴的画风。拉斐尔是意大利文艺复兴时期最伟大的画家之一。

② 鲍勃·迪伦（Bob Dylan, 1941—　），2016 年诺贝尔文学奖得主、美国流行音乐家。吸收蓝调乡村或西部音乐及民间音乐，在 20 世纪 60 年代谱写了独特的反抗音乐，"在风中飘荡"成为民权运动的主题曲。

层专家的困境戏剧性地暴露出来，这些专家实际上和决策过程没有关系。在电速环境中的复杂事件是无人决策、人人参与的事件，谁也不会对这个事件负责任。

电子时代的另一个特征是，人们不仅不再搞个人决策，而且就信息流动而言，发送信息的人被发送出去了。你打电话到北京，你就走了个来回，你上广播电视节目的时候也是又去又回的。你处在"播放中"，你就是无处不在。这样的能力超过了天使的能力，因为根据阿奎那的观点，天使只能够身处一个地方。一方面，这指明了工作伦理革命的走向；我们要调整传统的生活，使之适应这种瞬间来回的新情况；至于如何适应，我们现在还说不清楚。另一方面这说明，信息环境自然而然使人参与学习过程；这是因为听广播、看报纸、看广告的时候，你就在协助这个社会的学习过程，就像课堂里或装配线上的人在协助其他人一样。你看戏、打球时，你就在为社会工作。我们生活在一个充满悖论的世界里，因为在电速条件下，一切情景都同时展现在我们的眼前。在过去的时代里，这种"自相矛盾"的情景是吹牛者的特长。最近的一个例子是两位专治手足病医生的对话。一位说："我给欧洲一半的君主取过鸡眼。"这句话就有几个矛盾和比方。还有这样一句俏皮话："你的手够得着的地方应该超过你的手能够握得着的东西，否则我们拿'暗喻'来做什么呢？"[①]

16 世纪的谷登堡使人人成为读者，造就了新型的庞大公众。当代的复印术使人人成为出版者，（通过意见书）造就了庞大的社会群体。当"普通人"成为出版者以后，勤杂工也可以把《五角大楼》的电影剧本散发到全世界。实际上，复印材料可能是一些谁也不看的意见书。另一方面，从出

---

① '暗喻' metaphor 由两个希腊词根组成：一是 meta（超越），一是 pherein（carry / 握 / 拿 / 携）。请体会这句英文的俏皮话："A man's reach must exceed his grasp, or what's a metaphor?"（你的手够得着的地方应该超过你的手能够握得着的东西，否则我们拿'暗喻'来做什么呢？）

版商的角度看问题，复印术是对版权肆无忌惮的侵犯，因为有了这种技术之后，所有的书都被送进了公共领域。

电子时代重要的影响之一是信息加速度对决策产生的影响，是令人产生模式和过程的意识；在信息流动速度比较慢的情况下，无数的模式和过程是不可能察觉的。实际上，对人的一切活动而言，电速都相当于X光线，在个人层次和政治领域都侵犯人的隐私，在一切事物中都创造新的卷入和参与模式。

所谓新新闻主义实际上就是与过去的客观性报道反差很大的浸入式报道。旧式新闻与19世纪的旧硬件、旧政治对应，新式新闻和新电子软件、新政治对应，各有其匹配。老式的客观性新闻旨在报道当事者双方，相反，新型的浸入式新闻让读者一头扎进现场，成为现场的一部分，其风格是"你就在现场"。"你就在现场"只不过是电影电视经验的另一个名字；回过头来看，过去客观性报道的理想是一种幻觉。换句话说，报道正反两面的意见离客观性有十万八千里，因为它必然是隔岸看花的一种观点。在客观性报道的岁月里，新闻背后的新闻即内幕必然和外界的或客观的观点有云泥之别，而且人们把这个区别视之为理所当然。外表的故事适合见报，内幕却不适合上报纸，两者在风格上的差别犹如心理研究中意识和无意识两个层次的差别。弗洛伊德发动了浸入式的心理研究，报道人类动机的潜意识或内幕。我个人的媒介研究方法一直是报告技术对心理的潜意识影响，我不研究媒介的日程，而是研究媒介对使用它的人产生的冲击。奇怪的是，我对媒介隐性影响的研究遭到许多人愤怒的指责。许多人宁死也不愿抗击媒介的隐性影响。政治活动中客观性技巧到浸入式技巧的逆转，表现为从政党及其政策到形象和服务的过渡。换句话说，政党及其明确政策已经过时，取而代之的是政党领袖的形象，这是过渡的一个方面；另一方面，社会视之为理所当然的服务成为当代政治的重要因素，无论执政的是哪一个政党。

从客观性报道到浸入式报道的急遽变化，产生了一种新的俏皮话。这种俏皮话的笑料利用好新闻和坏新闻的对比。以下这个故事就是一例。医生对病人说："我有坏消息告诉你，我们切错了你的腿。但是我们也有好消息告诉你，你的残肢显示出生命的迹象！"还有奴隶主和划桨奴隶的故事。主人说："我有好消息告诉你们。今天你们可以多喝一杯朗姆酒。但是我又有坏消息告诉你们，船长今天想要你们和在水上滑行一样快！"还有更加简短的形式。奥赛罗对苔丝狄蒙娜说："我有坏消息告诉你，我要掐死你。可是我又有好消息告诉你，我找到你的手绢了！"

我刚才描写的新闻报道和政治生活的革命，是《让社会脱离传统的学校》（*Deschooling Society*）的主题，书的作者是伊万·伊里奇（Ivan Illich）。这个主题很简单：既然校外的信息多于校内的信息，我们就应该关闭学校，让青少年又一次回到广阔天地里去接受教育。作者伊里奇没有看到的是，当答案在校外时，我们就应该把问题放在校内，而不是把答案放在校内。换句话说，学校不是提供一揽子信息的地方，而是进行对话和发现的地方，这样的时机已经到来。已经有人把这个观点记录在案：20世纪的人在街上高叫："我找到答案啦，问题在哪里？"这个观点有几种版本。有人把它归结到格特鲁德·斯泰因的头上。不管归结到谁的头上吧，反正信息成为环境并瞬即完成传播时，知识的垄断和专门化再也不可能了；对我们体制内的每个人来说，这都是极端令人不安的事情。知识的垄断和专门化的丧失，已经有许多有趣的书记录在案。例如：帕金森定律[①]、彼得原理[②]和"上一个

[①] 帕金森定律（Parkinson's Law），诺斯古德·帕金森（Northcote Parkinson）1955年在《帕金森定律》的书提出的著名原理。阐述了机构人员膨胀的原因及后果：做一份工作所需要的资源，与工作本身并没有太大关系；一件事情膨胀出来的重要性和复杂性，与完成这件事情所花的时间成正比；时间充裕则工作进度随之而慢；"为填补工作时间而增加工作量"。

[②] 彼得原理（The Peter Principle），劳伦斯·彼得（Lavrence J. Peter）在该书提出著名原理"彼得原理"："在一个等级制度中，每个职工趋向于上升到他所不能胜任的地位。"

等级"①原理。事实上，新的牢骚出现时，新的笑话也同时出现，这是一条基本原理。

电速引起的另一个基本变革是，社会生活的每个方面都从集中化向非集中化转变。在政治层面，这个转化叫分离主义，与此同时，这个变化也以浩大的势头发生在企业界和教育界。实际上，我的书《把握今天：自动出局的行政主管》（*Take Today: The Executive as Dropout*）写的就是这个主题。过去的工作伦理很快就被新的组织形式重重叠叠地覆盖得严严实实。所以，20世纪的人不仅感觉到，他的潜意识生活被推上了意识的层次，而且日常的生活带上了日益明显的神奇的或集体的参与色彩，过去被打入无意识层次的过程上升到了我们日常参与的层次。哈罗德·伊尼斯的文章《密涅瓦②的猫头鹰》（*Minerva's Owl*）（他政治经济学研究的产物）说明，日常生活的一般技术对我们的影响和我们使用它们的目的毫无关系。然而，到了生态学时代之后，我们承认任何事物对其他一切事物都有影响，所以再说人们对技术的心理影响和社会影响浑然不知，那就不可能了。我们生活在所谓"未来的冲击"③的情景中。未来的冲击实际上是文化滞后，也就是未能注意到目前正在发生的事情。

---

① "上一个等级"（One-Upmanship），在"彼得原理"中，人人想上升到他所不能胜任的地位。

② 密涅瓦（Minerva），罗马神话中掌管智慧、工艺和战争的女神，即希腊神话中的雅典娜（Athene）女神。

③ "未来的冲击"（future shock），取自美国著名未来学家阿尔文·托夫勒（Alvin Toffler）的同名著作《未来的冲击》。

第十三章

作为电气时代生存手段的艺术（1973）

　　1973 年 4 月 9 日，麦克卢汉在纽约市哥伦比亚大学给一大群本科生做讲座，他回到他最喜欢的讲题之一：《作为电气时代生存手段的艺术》（ *Art as Survival in the Electric Age* ）。

　　麦克卢汉把艺术家当作观察家，认为艺术家的角色就是唤起我们注意新电气技术创造的环境。他在讲演里明确指出，艺术的暴力是使人们摆脱危险自负的必要的当头棒喝："艺术家接受这个挑战的办法之一就是让公众接触叛逆的、非理性的形象。他们用这个表现手法的目的是提升人的感知能力。凡是真有艺术内核的艺术运动或发现，都会激怒公众。"

　　接着，麦克卢汉谈到流行音乐。在一定程度上，他预见到当代说唱乐（ rap music ）的兴起："音乐的功能就是用音乐语言把环境中的声音加以转化，就是用一种悦耳的语言节奏来转化刺耳无序的声音，借以使大都市的技术人性化。"

　　麦克卢汉快速流动的思想常常使学生感到惊诧；然而在这一次讲话中，他自己却对当即回放的技术感到惊异，称之为历史上最令人叹为观止的技术发展之一，他甚至把他这个时代叫作"瞬即回放的时代"（ the age of the instant replay ）。

　　我建议把艺术当作生物学与技术的桥梁，这就是艺术的功能之一。我将大胆阐释我将朗诵的一段文章，从阿尔伯特·西美昂斯的书《专横的大脑》（ *Man's Presumptuous Brain* ）里选一段话来给大家读一读。这本书说明，我们与生俱来的装备中可能有某种缺失，也许艺术家就是要弥补这个缺陷。生物学家西美昂斯博士提到艺术家的功能：

在人类的前人类祖先的身上，大脑皮层与脑干密切而和谐地协调，这是保障生存和进化繁荣的可靠手段，今天野生哺乳动物的情况依然如此。大约 50 万年前，人类慢慢走上了文化进步的道路，一种全新的情况应运而生。工具的使用、火的管理产生了人工制造物，于是为了人的生存，人类的大脑皮层就利用人工制造物。但是，人工制造物和人体的组织毫无关系，它们不能与脑干的功能整合在一起。

脑干中控制身体的那个伟大的中心即间脑，却继续维持它原来的功能，仿佛人工制品根本就不存在。然而，间脑同时又是产生本能的中心，所以远古人就面对着一个新瓶装旧酒的问题。在大脑皮层使用人工制品产生的新情况下，间脑的本能行为再也不适合了。对前哺乳动物中的爬虫类而言，树上的新环境使它许多古老的反射行为失去意义；同理，在文化的黎明期，人类为自己建设的新环境使他的许多动物反射行为失去意义了。[①]

人的自然装备和他的技术之间的鸿沟越来越大。我想说，艺术家的角色就是弥合这条鸿沟，他调节并修正我们的感知，使我们能够在快速变化的环境中生存。在技术进步的过程中，艺术给我们的感知提供训练和调节，或提升我们的感知能力。

这使我想起另一件事。1957 年 10 月 4 日，第一颗人造地球卫星发射成功，这是人造卫星绕地球飞行的一天。我认为技术是人的延伸，是我们身体或官能的延伸。我不敢肯定说这颗卫星一定是地球的延伸，但是我可以说它也许是地球的延伸。然而，把地球放进一个人造环境之后，自然实际上就终结了。在过去的千百年里，万物都叫自然。可是卫星升空的时刻，

---

① Albert T. Simeons（阿尔伯特·西美昂斯），*Man's Presumptuous Brain: An Evolutionary Interpretation of Psychosomatic Diseases*, New York: E. P. Dutton, 1962，43 页。

自然就终结了。地球成了一种艺术形式，一种可以从生态的角度编程的环境。生态学的对话就肇始于那一时刻，而且继续在数量和热烈程度上增加。我想，这可以给我们今天的讲题追加一个内容。如果第一颗卫星真的把地球变成了一种艺术形式，那么从那一刻起，我们人现在就是活生生的艺术而不是自然。我们不再采写新闻，不再给报纸编程；我们不得不改造世界，不得不给地球编程。自那颗卫星升空以来，我们就处在一个全球剧场里，这个全球剧场里没有观众，只有演员。

一位小男孩第一次坐飞机。他问爸爸："爸爸，我们什么时候开始变小？"我不知道他爸爸是如何回答的，不过我想他可能会沉默片刻。思考这个问题的答案花了我很长一段时间。有一天我遇见一位跳伞的人。他告诉我，跳出飞机时，你很小，越靠近地面，你变得越大。在视觉空间里，不存在外形／背景关系。机舱封闭的空间是静态的。它是视觉的空间。视觉空间有一些很特殊的属性。虽然这些属性只属于一种感官即视觉，我们却把这些属性视之为理所当然。视觉空间是连续的、连接的、同质的、静态的。其他一切感官产生的空间都是迥然不同的，触觉、嗅觉、听觉、动觉等产生的空间都是非连续的、非同质的、非静态的。我们的感官产生的空间有很多种，其他一切空间都缺乏视觉空间的属性，唯有视觉空间才是连续的、同质的、静态的。所以，你跳出机舱的那一刻，你就跳出了视觉空间，进入了一个生机勃勃的、动态的空间；在这个空间里，你就有外形／背景的关系。在机舱静态、封闭的空间里，你就没有任何一点外形／背景的关系。

古希腊人用一种很独特的技术发明了视觉空间，这种技术叫拼音文字。他们把视觉和其他感官分离开来，把它从其他感官中抽象出来。之所以能够完成这种分割，那是因为拼音文字是音位文字（phonemic），而不是词素文字（morphemic），也就是说，拼音文字的一个个碎片是没有意义的，它们仅仅是音位。其他一切文字的字母都有意义。它们的字母是有词素意义的。拼音文字技术产生了惊人的后果：把视觉分裂出来，给我们创造了所谓的理性空间，即欧几里得空间，连续而连接的空间。明白这个道理很有用，这是因为在今天的电气时代，以电速流动的信息的同步性同时从四面八方对我们发起攻击，就像我们能够听到从四面八方同时飞来的声音一样。我们不能够同时看见四面八方的东西，然而我们能够同时听见从上下左右飞来的声音。声觉空间有一个奇特的属性，它是一个球形，没有中心，因为它处处是中心，无处是边缘。这是共鸣的空间，是电子人的空间，是电子技术的同步空间。毋庸赘言，这个空间很难与静态、连续、连接的视觉空间兼容或协调；在过去的 2500 年里，倚重视觉的、文明开化的人使用的是视觉空间。

在电气时代的早期，生物学家塞缪尔·巴特勒说过这样一句警语："先有爱而后失去爱，总是胜过根本就不曾有过爱。"[1]他还有一句警语，说的是先有母鸡还是先有鸡蛋："母鸡只不过是鸡蛋生鸡蛋的一种办法而已。"[2]在电气时代，把结果放在原因的前面是我们典型而普遍的行为方式。

1844 年，数学家高尔德（H. W. Gould）发明了集合论（set theory），把数学运算从数量中分离出来。[3]几乎与此同时，伟大的艺术革新家爱伦·坡把诗歌创作过程与诗歌分离开来。这是他取得的伟大突破，他的成就立即对当时的法国象征派和诗歌创作活动产生了影响。波德莱尔传译了爱伦·坡的成就或部分成就，接受了他同步性的思想：如果你想要写诗，你就得从结果开始，然后去寻找原因。这就成为声觉空间的意识；在声觉空间里，首尾衔接、同步发生。这就是我们生活在其中的时空。爱因斯坦在 20 世纪发明时空连续体和相对论，那仅仅是在追赶爱伦·坡。在设计感知模式方面，诗人和艺术家往往比物理学家早 50 年。艺术家的工作就是设

---

[1] Samuel Butler（塞缪尔·巴特勒），《生活与习惯》（*Life and Habit*），London: A. C., 1910，13页。——原注
[2] Samuel Butler（塞缪尔·巴特勒），《众生之路》（*The Way of All Flesh*），London: A. C., 1910, 13页。——原注
[3] 原文如此，疑有误，集合论不是高尔德发明的。

计感知手段，这些手段和你的生存境遇是息息相关的。这就是西美昂斯所谓生物学与技术的鸿沟，他认为这条鸿沟可能会给人创伤，因而是危险的。

我引用爱伦·坡《大漩涡》里的一段话。他说明一位水手卷进大漩涡时的自救原理，这位水手研究漩涡的机制以求生存：

> 影响我思考的并非新的恐惧，而是更加令人激动的希望的黎明。这个希望一半出自记忆，一般来自此刻的观察。我回忆在罗弗敦海岸看见的许多漂浮物的情景，它们在摩斯柯漩涡中忽沉忽浮。许多船上用品已经粉碎，面目全非，伤痕累累，成为碎片。不过，我清楚记得，有一些物品却毫发无损，面貌依旧。我现在无法解释两者命运的差别，但是我想那些撕成碎片的物品一定是完全卷进了漩涡……同时，我得到三种重要的发现。首先，物品体积越大就沉得越快。其次，同等长度的两件物品，如果一是球形，一是其他形状，那么球形的物体就沉得快。最后，同等大小的两件物品，如果一是圆柱形，一是其他形状，那么圆柱形卷进漩涡的速度就比较慢……有一个令人吃惊的情况强化了我的观察，使我急忙利用这个现象：每旋转一次时，我们都会遇到一只桶、一根桅杆或一根帆桁。相反，我第一次睁开眼睛观察时看见的许多东西，如今处在我们头顶很远的上方，它们似乎是静止不动了。
>
> 我不再犹豫，我知道该做什么。我决定牢牢地把自己捆绑在水桶上，砍断固定水桶的绳子，抱着水桶纵身跳进海里……
>
> 结果正好符合我的希望。现在给你讲这个海难余生故事的正是我本人——你们看见我在这里，我大难不死。你们全神贯注，渴望知道我逃生的方式，对我接着讲的故事充满期待，所以我急忙告诉你们故事的结局。[1]

---

① 埃德加·爱伦·坡，《大漩涡》(*A Descent into the Maelstrom*)，*Poe's Tales of Mystery and Imagination* New York: Weathervane Books, 1935，33—35 页。——原注

重要的是，他依靠模式识别而成功逃生。他感觉到了漩涡的作用并顺势而行。他发现有些物品再现并安然无恙，于是就把自己捆绑在一次又一次浮出水面的圆桶上而顺利逃生。这个寓言说明了艺术家掉进危险漩涡时扮演的角色。爱伦·坡 1850 年描写的大漩涡和我们此刻遭遇的漩涡相比，那就真是小巫见大巫了。他无意之间找到了电气时代的钥匙，从结果开始编程以预期原因。在一切情况下，结果都走在原因之前。在一切情况下，背景都走在外形之前。所以，每当出现新的革新时，人们总是能够说"时机成熟了"，其意思就是：背景和结果远远走在原因之前。

今年 7 月号的《科学美国人》（Scientific American）有一篇讲自行车的文章指出，在许多方面，自行车为汽车铺平了道路，因为自行车的气胎需要平滑的道路。电话、广播、电视都可以用同样的方法去研究。结果走在前面，这个事实说明，研究环境或漩涡的作用都必须从结果着手，而不是从理论上追寻原因开始。结果是感知，而原因往往是概念。

我们生活在电子条件下，关于这种瞬即信息环境或声觉环境的结构，我给大家读一段话，艾略特论听觉想象的话，选自他的书《诗歌的用处和批评的用处》：

> 我所谓的听觉想象是对音节和节奏的感觉。这种感觉深入到有意识的思想感情之下，使每一个词语充满活力：沉入最原始、最彻底遗忘的底层，回归到源头，取回一些东西，追求起点和终点。它当然要通过意义发挥作用；或者说它并非不依傍普通感觉上的意义；它融合古老湮灭的、陈腐的、当前的、新颖而令人惊奇的、最古老和最文明的心态。[1]

---

[1]　艾略特，《诗歌的用处和批评的用处》（The Use of poetry and the Use of Criticism），London: Fable & Fable, 1946，118—119 页。——原注

电气时代的特征之一是，我们同时生活在过去的一切文化之中。过去的一切就在眼前，将来的一切也在眼前。这是瞬即信息的、电颤琴式的、声觉共鸣的、声觉界面的特征，它已经成为我们生活的模式。这种听觉—触觉界面产生它自己的感知模式。叶芝早就要我们注意这个听觉—触觉界面。早在 1900 年或略早一些，他就论述过多重感知（emotion of multitude）的问题。我想我们很容易发现，多重感知在很大程度上是声觉共鸣和间隙造成的，而不是连接造成的。他说：

> 我最近常常考虑剧本的问题，我常问我为何不喜欢又清晰又合逻辑的结构，而这样的结构却似乎是现代舞台上成功的必备条件。不久前的一天，我突然顿悟，全世界从法国学来的这种结构，虽然有一切高雅文学的品位，可是它缺少了多重感知。希腊戏剧的多重感知来自它的合唱；通过合唱，众神、众英雄应召来见证一个秩序井然的寓言，来见证偏离情节的发展，如果没有合唱，这样的偏离是无法实现的。法国喜剧喜欢秩序井然的寓言；由于它删除了合唱，所以它造就的艺术必然削弱诗歌和幻想的重要性，使之不如意志力重要；可是，诗歌和幻想是远古各种事物的孩子。所以我对自己说，法国戏剧性诗歌常常是逻辑性很强的；逻辑不是意志又是什么呢？意志力不是企图取代想象力的作用吗？莎士比亚戏剧用次要情节来表达多重情感；次要情节来模仿主要情节，就像火光中墙上的人影，如影随形。我们思考李尔王时，更多想到邪恶时代的历史，把他个人的历史放在次要的地位。李尔王的影子就是他身边的臣仆葛罗斯特，葛罗斯特的孩子也不孝顺。他的脑子继续想象其他影子，一个接一个的影子，直到它描绘出世界的形象。在《哈姆雷特》里，你很难注意到那精心编织的网络，哈姆雷特的父亲遇害和哈姆雷特的悲恸，都可以在福丁布拉斯、奥菲利娅和雷欧提斯的影子里找到，因为他们的父亲也是被谋杀的。在所有的

剧本里，或者说差不多所有的剧本里，常常都有一条次要的情节，次要情节是主要情节在普通的人物中展开的，于是，我们的面前就展开了两个情节的多重感知。[①]

叶芝所谓多重感知就是全方位的感知（sense of universality），就是完全介入形象的感知；全方位的感知是电气时代的特征之一，是电气时代艺术的特征之一。《恶之花》（Les Fleurs du Mal）有这样一行诗："伪善的读者，我的替身，我的兄弟！"[②]读者戴上了诗歌的面具，诗人又戴上了读者的面具。这是双向互动的活动，戴上面具和摘下面具交替进行，形成序列同步发生。这种戴面具是创作过程的一部分，这个创作过程是秩序、多重感知和普遍性的意识，是终极式艺术的一个侧面。读者与诗人互动，更新这个面具，这个过程就是背景和外形互动的观察。在迅速变化的时代里，人们就需要这样的互动过程。

艾略特的《四个四重奏》有这样一些词语："滑虚，滑倒，死亡，腐烂，/腐烂，无精确成分，不会停留在适当的位置"（《焚毁的诺顿》第5节）。关于语言面具，关于作者佩戴读者面具，艾略特有一些非常典型论述。我们引用他的一段话，摘自他论马克·吐温[③]的文章，文章收入《批评批评者》（To Criticize the Critic）：

　　　　另一方面，马克·吐温的影响可能是相当大的。如果这个估计

---

① W. B. Yeats（叶芝），《随笔与序文》（Essays and Intrductions），New York: The Macmillan Company, 1961, 215—216 页。——原注

② Charles Baudelaire（波德莱尔），《恶之花》（Les Fleurs du Mal），Paris: Librairie Jose Corti, 1942, 2 页。——原注

③ 马克·吐温（Mark Twain, 1835—1910），美国作家、幽默大师。当过排字工、水手、记者，代表作有《汤姆·索耶历险记》《哈克贝利·芬历险记》《傻子出国记》《在密西西比河上》等。

不错，原因是这样的：至少在《哈克贝利·费恩》（*Huckleberry Finn*）中，吐温证明自己是不可多得的作家，他发现了一种新的写作方法，不但对自己而且对他人有效的方法。在这个方面，我把他和德莱顿、斯威夫特放在一起，他们是难得一见的使语言得到更新的作家；在这个过程中，他们"净化了部落的方言"。在这一点上，我看他比霍桑高明……霍桑的家乡塞勒姆仍然维持着它特有的传统，它不可能在其他任何地方，只能在这里。马克·吐温的密西西比河不仅是在这里航行或生活的人熟悉的河流，而且是人类生活的一条大河——实际上比约瑟夫·康拉德笔下的刚果河更富有全人类的意义。无论马克·吐温的读者是哪里的人，密西西比河就是他心中的河。我认为，他的身上有一种他没有意识到的深度，这个深度给他笔下的哈克贝利·费恩赋予象征的价值：这是一种更加有力、无须搜索枯肠、无意之间就可以达到的深度。[①]

这种语言更新实际上是感知敏锐性的更新，这是艺术家要承担的角色。语言更新尤其是通过爵士乐和摇滚乐这样的流行艺术完成的。有趣的是，爵士乐和摇滚乐与当代很多的诗歌一样，要依靠言语的口头传统。爱尔兰的口头传统赋予我们大量当代的诗歌或 20 世纪的诗歌；同理，爵士乐和摇滚乐在世界上的唯一发源地是美国的南方腹地。南方腹地的口头传统使歌舞能够产生。不过这是外形，流行音乐隐蔽的背景是城市的技术。音乐的功能就是用音乐语言来转化环境中的声音，就是用一种悦耳的语言节奏来转化刺耳无序的声音，借以使大都市的技术人性化。我认为，这是世界上一切音乐的功能；只不过本世纪的音乐凑巧是爵士乐和摇滚乐而已，这两种音乐形式实际上是基本的诗歌形式，它们把口头传统更新到适合许多人

---

① T. S. Eliot（T. S. 艾略特），《批评批评者》（*To Criticize the Critic*），New York: Farrar, Straus, & Giroux, 1965，54 页。——原注

感知能力的高度。

　　最先进的技术却需要比较古老的语言，这似乎是悖论。但是，工业化地区的语言已经失去了许多口头属性和口头节律，似乎不可能用这样的语言来转化新的技术的声音，也不可能使这些声音人性化。我认为，这是审视或注意流行艺术形式的一种办法，流行艺术必然是参与性的，必然和新技术有联系，否则它们就不可能拥有公众。年轻人对爵士乐和摇滚乐做出回应，它们的回应与当代的伟大诗人和艺术家对流行音乐的回应旗鼓相当。我们说，爵士乐和摇滚乐是抽象的形式，意思是说它们抽象出了视觉上的连接和韵律上的形式。早期爵士乐的切分法就抽象出了视觉上的连接性和连续性。毕加索等抽象艺术家的技巧就是抽象出视觉上的连接性。这就是抽象的意义。拉丁语词汇 abstractus 的意义就是"抽出"。你抽出什么东西。你在抽象艺术、爵士乐和象征主义诗歌中抽出来的东西就是连接。

　　爱伦·坡的艺术流程是从结果到原因，他不仅发明了象征主义诗歌，而且发明了侦探小说，侦探小说的技法就是抽取出连接。"缺失的一环"，我还在寻找这个术语的发明人，缺失的一环触发的参与和科学研究超过了其他所有环节相加的成果。以侦探小说为例。它使你深深地投入。它比其他一切连接都更加能够激发起人的好奇心。然而，缺失的环节和非连续性有一个奇怪的特征，读者会跳进去填补那个空缺，爵士乐也是这样的情况。无论如何，我想这样说是恰如其分的：爵士乐和摇滚乐已经把英语变成了世界性语言，因为你不可能用其他任何语言来唱爵士乐和摇滚乐。因此，丹麦人、俄国人、中国人、日本人为了唱爵士和摇滚都不得不学英语。而且，无论懂不懂英语他们都要用英语唱。为什么在全世界所有的语言中，唯独英语能够对付当代的音乐问题？这里有一个耐人寻味的原因，需要花许多时间去解释。有一个技术原因，相当复杂的原因，难以解释的原因。

艾略特说，他认为马克·吐温可以与德莱顿①和斯威夫特②比肩而立，甚至超过他们。他说，德莱顿和斯威夫特更新了18世纪的英语，摆脱了华丽的修辞，摒弃了叠床架屋，使用了光秃秃的口语。现在看来，这种更新的背景就是新兴牛顿物理学的背景。马克·吐温更新了电气时代的英语，使我们回到声觉空间；他用的是俚语和鼻音浓重的方言，这个方言和口语传统关系密切。我不是说这就是理性，我只是说这就是"实际情况"，这就是"正在发生的事情"。这就是艺术家迎接挑战的策略。他们抽象出联系。他们让公众全身心卷入他们创作的形象，而这些形象又常常是叛逆的、非理性的。不过，他们这个手法是为了更新公众的感知能力。暴力是寻求身份的一种形式，身份的更新常常是艺术家表现暴力的形式。凡是有艺术内核的艺术运动或发现，都会激怒公众。你们看到，我们正在艺术领域进入一个风平浪静的阶段，因为艺术已经成为这样那样单调乏味的东西；实现艺术领域全新的突破，时机已然成熟。我不想猜测这个突破是什么，但我知道这个突破很有价值，因为你们知道时机已经成熟，你们知道突破即将发生。很快就会出现艺术形象的突破，就像技术即将实现突破一样。

艺术家接受这个挑战的办法之一就是让公众接触叛逆的、非理性的形象。他们用这个表现手法的目的是要提升人的感知能力。凡是真有艺术内核的艺术运动或发现都会激怒公众。

我们生活在一个瞬即回放的时代，这是一切时代里最令人叹为观止的发展变化，因为它使我们能够在没有第一手经验的情况下把握意义。你不必看比赛。没有看比赛的经验你也了解其中的意义。人们通常的情况是有亲身体验却不知道其中的意义，这是普遍的情况。回放是认知的技术，而

---

① 德莱顿（John Dryden, 1631—1770），英国桂冠诗人、剧作家、批评家。著诗歌《奇异的年代》、剧作《奥伦—蔡比》文学评论《论戏剧诗》等，他的创作时代被称为"德莱顿时代"。

② 斯威夫特（Jonathan Swift, 1667—1745），英国18世纪著名政论家、讽刺小说家。代表作有《格列佛游记》。

不是再认的技术。它使运动的性质发生彻头彻尾的变化。这使我想起帕特里克·坎贝尔夫人①说的话。她说，经过躺椅的喧闹之后而安眠婚床，那真是幸福。心宁神静回忆的情绪是华兹华斯给诗歌的定义。回放正是这样的境界。当然，回放使橄榄球运动为之一变。现在的球赛必须要让观众一览无余，以便让参与球赛技巧的过程成为球赛的组成部分。这让我想起一位裁判的故事。在处理一个罚球时，他把球挪动了 15 英尺，一个球员就骂他："你臭。"于是，他又把球挪动了 15 英尺，转身问那个球员："我这么远还臭吗？"这就是回放。

在电速条件下，你看到模式识别；对许多事情包括教育工作、水门事件和政务来说，模式识别具有很多意味深长的隐含命题。你们知道，水门事件含有不必直接经验而了解事态的意义。我们大家都没有直接参与的经验，但我们都了解其中的意义。模式识别的另一个特征可以用目前汽车带来的灾难为例。很久以来，汽车在北美就是追求隐私的主要方式。北美人（包括加拿大人）出门去寻求独处，回家去寻求陪伴。世界上其他人全都是出门去寻求陪伴，回家去寻求独处，这是一个奇怪的局面。它使人注意到这样的情况：生活里最深刻的东西是潜意识的、未经明察的。欧洲人就没有意识到，他们出门是去寻求陪伴，回到家是要寻求独处。他们把他们的生活状况视之为理所当然，我们却把相反的生活方式视之为理所当然。建筑师弗兰克·劳埃德·赖特率先发现了这个奇怪的美国模式。他把砖头用来修客厅，把起居室放进院子里。目前，美国汽车和其他汽车的性质不一样。美国汽车的制式就是为了隐私，为了全家出游时能够独处。相反，欧洲的汽车就像是紧身衣，把身子裹得紧紧的。它不是为你享受隐私设计的。所以，在今天的电视时代，汽车的处境不妙。这里有一个隐蔽的更新因素。

---

① 帕特里克·坎贝尔夫人（Mrs. Patrick Campbell, 1865—1940），英国女演员。曾扮演莎士比亚、易卜生、萧伯纳等喜剧中的主要角色，68 岁开始银幕生涯。

凡是有人的地方，电视都把外界的事物搬进了家里。它使美国生活方式翻了个筋斗，使家里的东西内外颠倒了。水门事件把密室里的人物暴露在众目睽睽之下，使之成为娱乐人物。电视把外部世界、越南战争带进了起居室。这样的局面给政治带来革命性的影响。人们不会容忍在家里看到暴力。他们不愿意在电视上看到坏消息。电视人不得不改变新闻广播，要让它降温，要把一切热辣辣的东西让给报纸，因为报纸在户外，暴力在家里是不能容忍的。家里的电视必须是友好、可爱、亲切的。

由此看来，汽车逐渐淡出我们的生活，并不是因为汽油的短缺，而是因为空间意识的彻底革命，也就是电视革命。总有一天，你们可以把这个道理告诉通用汽车公司或福特汽车公司。他们现在还不懂这个道理，将来有可能不明白。我的意思是说，如果没有真正的艺术修养，这些人就无法生存。这是千真万确的道理。如果没有高度放大的艺术意识，今天的大企业是不能生存的。新背景的一切警示信号早就存在于艺术之中，搞硬件的人却迟迟感觉不到这样的警报。因此我们说，艺术可用于生存的目的，可用于导航的目的，在生存和导航上，即使在最普通、最不起眼的层次上，艺术也是必不可少的。

北美人出门去寻求独处，回到家与家人相处，这是北美人独特的结构特征。它自然影响到我们的一切文学。你可以看到，这是解读美国文学的钥匙，无论惠特曼、霍桑①还是梭罗②都可以这样解读。欧洲文学家在室内把他的人物介绍给你，与此不同的是，美国文学家在户外介绍他的人物，他笔下的人物是外向的人物，喜欢开放空间的人。他可能是侦探，可能是牛仔，但他绝对不可能是沙龙里的人。

---

① 霍桑（Nathaniel Hawthorn, 1804—1864），美国小说家。开创美国象征小说的传统，代表作有《红字》等。

② 梭罗（Henry David Thoreau, 1917—1862），美国著名思想家、文学家。远离尘嚣、结庐而居，著《论公民的不服从》《瓦尔登湖》等。

　　当代另一个特征是自动出局（dropout）。自动出局的人是企图挣脱束缚、克服障碍的人，谋求接触的人。同样，这个问题和电气技术的声觉空间有关系。在电速条件下，原来的组织流程图不能够再正常运转。在电速条件下，课程、老师和学生的边界线不能够再支撑下去。现在看来，退场的人试图在自己和某种束缚之间建立一种新的间隙，以求恢复接触。与此相反，进场参与的人是提供咨询的人，他并没有受到同样的束缚。在这里，轮和轴的关系也许是有用处的，轮和轴的形象是一个游戏博弈的形象，是外形和背景之间必要的关系；无论企业还是其他什么有活力的情景都需要这样的关系。轮和轴之间必须要有一定的空隙。这叫作博弈。你们也许还记得几个月前报纸上报道的一幕。一些人自愿以匿名方式去精神病院装病人，却意外地发现，谁也看不出他们是精神健全的人。一旦进去之后，没有一个精神病院的工作人员能够认出他们是精神健全的人。但是，有一群人却没有丝毫疑问，医院里的精神病人绝不会有疑问的。他们指着这些不速之客说："他们在演戏。"现在真相大白，精神病人绝不会做戏，他很严肃，很专心，很有逻辑性。大家都承认，他有一些狭隘的预设，而且是绝对合乎逻辑的。然而，缺乏"演戏"也许正是疯狂与意识或疯狂与健全的区别。这些疯人立即认出了闯进来的健全人，并且说："他们在演戏。这是在做戏。"

　　请记住哈姆雷特的言行。为了弄清楚谁是他的朋友，他说：我要做出滑稽可笑的样子，我要假装疯狂。这是皮兰德娄①在《亨利四世》（*Henry the Fourth*）里采用的策略：皇帝装疯，以查证他的朝臣是否可靠。顺便需要说明的是，面对疯人时，谁也不可能不真诚。面对疯人时，人人都以这样那样的方式坦白表露自己的真相，这显然是一个生理和心理的事实。

　　艺术家在戏剧里的角色是无需强调的。他倾向于同时调动自己的一切

---

　　① 皮兰德娄（Luigi Pirandello, 1867—1936），意大利剧作家、小说家。荒诞戏剧的创始人、1934 年诺贝尔文学奖得主，著有长篇小说《已故的帕斯卡尔》、剧作《六个寻找作者的剧中人》等。

能力，当他全身心工作时，总是很悠闲。遇到大难题时，他尤其是优哉游哉、举重若轻。同时调动一切官能就使人闲适。儿童似乎总是在玩耍游戏，那是因为他们的一切官能是同时调动起来的。他们没有特定的目标。他们总是很轻松自如地扮演这样那样的角色。

革新的特点之一就是出人意表地再现古老的形式。电气时代这个共鸣的声觉时代首先是再现神秘的东西。如果要给神秘下一个定义，它就是适合声觉人的一种形式，所以声觉人似乎是有一点迷信的。我想，列维－斯特劳斯在《野蛮人的心灵》(*The Savage Mind*) 里说过，野蛮人认为任何事物和一切事物都有关系，这是妄想狂的一个公式。偏执狂的人老是想，任何事物和一切事物都是联系在一起的。这就是很适合声觉人的定义，因为从声觉的角度说，就像电颤琴一样，任何东西和一切东西的确是联系在一起的。

几十年来，艺术家广为人知的功能首先就是防止我们适应现存的环境。变成机器人的危险，成为非常适应环境的人，条件反射式地划独木舟的人，这样的危险总是存在的。划独木舟的人似乎很对称，与自然的关系似乎很和谐。实际上他却是一个伺服机构 (servo mechanism)。他越是适应桨，就越像是一个伺服机构。这并不能说明划船有乐趣。所幸的是，艺术家阻截了这个危险，使我们不至于由于适应环境而成为人造环境的伺服机构。他创作暴力的新形象，使我们摆脱已成定势的感知。艺术家的任务就是让我们摆脱已成定势的感知，防止我们完全适应总体的环境，防止我们成为环境的奴仆和机器人。这好像是有一点矛盾。兰波有一句话："颠覆全部感知"①，艺术家的职责就是颠覆全部的感知，给我们提供新的视野和新的力量，使我们适应新环境，并与新环境建立关系。

---

① 兰波 (Arthur Rimbaud)，《诗草》(*Ebauches*)，Paris: Mercure de France, 1937, 55 页。——原注

第十四章

在光速之下生活（1974）

　　1974 年 2 月 25 日，麦克卢汉在坦帕的南佛罗里达大学讲演，这个对外开放的讲话吸引了 2000 名左右听众，是教育学院主办的讨论会讲座之一。讨论会聚焦的主题是未来的教育，麦克卢汉讲的是媒介技术的变迁及其对个人、文化和全球传播的影响。

　　他的讲题是"在光速之下生活"。他用革命性的语言描绘了从印刷时代到电子时代的流变："我们必须要了解拼音字母、文明和理性的源泉，因为在 20 世纪里，我们已经走到了这条路的尽头。了解这个道理大有裨益。我们经历了 2500 年的拼音书面文化，这是一场重大的革命，但是我们已经走到尽头。此时此刻，我们是要更多的书面文化素养呢？是要更多的 20 世纪文明呢？还是应该就此止步呢？在场的诸位正在考虑就这个问题做出决定。"

　　在讲话的过程中，麦克卢汉对他最著名的警语"媒介即是讯息"做了如下的解释："它说的其实是一套隐蔽的服务环境，由革新造就的隐蔽的服务环境；使人改变的正是这样的环境，使人改变的是环境，而不是技术。"

当代正在发生的重大变革之一是从眼睛到耳朵的过渡。我们大多数人成长于视觉世界之中，可是我们突然面对着要在声觉世界里生活的问题，这个世界实际上是一个同步信息的世界。视觉世界有非常独特的属性，声觉世界的属性则是另一回事。视觉世界属于陈旧的 19 世纪，已经有相当长的历史，大致起始于 16 世纪；这个世界的属性是连续的、连接的、同质的世界，各部分或多或少相同的、静态的世界。事物在这里静止不动。如果你有一个观点，你的观点就固定不动。声觉世界是同步的电子世界，这个世界里没有连续性，没有同质性，没有连接，没有静态。一切都在变化之中。所以我们说，这是很大的变化。就是说，从一个世界走向另一个世界时，就发生重大的转变。《艾丽丝漫游奇境记》里的主人公穿过镜子后，就发生了这样的变化。穿过镜子后，她从视觉世界进入了声觉世界。

现在，我来说一说这个大变化趋势隐含的一些命题。它和学习、教书、社会生活、政治和娱乐等问题都有关系，我尝试把这些问题归纳起来讲几点。首先我要就这个变化的意义做一点说明，看看我们是如何养成视觉偏向习惯的。

世界上只有一个地区成了视觉偏向的地区，这就是西方的希腊—罗马的希腊化的世界。大约在公元前 500 年，有一件事情使人跳出了古老的声觉世界，声觉世界是希腊部落社会正常的世界，那是荷马时代的事情。有一件事情使人跳出了古老的荷马时代吟游诗人的世界，希腊人进入了一个理性的、哲理上合乎逻辑的、连接的、私密的、个人主义的、文明的世界。这一件事情就是拼音文字。拼音字母表的起源一点也不清楚。我们只知道它对人的影响。拼音字母表有一套非常独有的特征，地球上其他的文字都没有这样的特性。拼音字母表就是你们说的 ABCD，这种文字有一种非常独特的结构。它是由音位组成的，音位是无意义的单位。英语字母表的 26 个字母根本就没有任何意义。用语言学的话来说，音位就是最小的无意义的单位。世界上其他的一切文字，比如希伯来语、阿拉伯语、印地语、汉语都是词素文字。它们的构造成分无论多么小都具有一定的意义。

拼音文字产生的奇怪的结果之一是，使用它的人发生了裂变。使用者的感知生活爆裂开来，其视觉部分与动觉、声觉、触觉部分分离了。实际上，使用文字的其他地方的实际生活始终和声觉、触觉、动觉联系在一起。中国人的会意文字是感知整合的美妙工具。汉字的整合性非常丰富，所以 20 世纪的大多数人已经开始仔细研究汉字，把它作为我们过度专门化的拼音文字的矫正手段。拼音文字的结果之一是，欧几里得能够用几何学来表明视觉空间的属性。视觉空间和其他一切感知空间不同，欧几里得对视觉空间做了仔细的研究，他探索了视觉空间的大多数维度。你们听说过非欧几里得几何。情况是这样的，到了电气时代，非欧几里得几何又复兴了；有一段时间，欧几里得被置诸高阁。我们再回头说欧几里得几何和视觉空间来临时的情况，柏拉图捕捉住了一种奇怪的可能性。他提出了一套高度对称的哲学，他的哲学是理念的哲学。理性控制激情的哲学和研究自然界的哲学，后来的亚里士多德又使柏拉图的哲学进一步系统化。

　　如果没有拼音字母表，柏拉图这个抽象真理和抽象理念的世界是难以想象的。拼音字母表还使人养成一些非常奇怪的习惯。它给人灌输了大量专横的理念。用拼音文字的西方人始终觉得有天赋的使命，觉得必须把拼音文字强加到其他一切人身上。他必须四面八方传播拼音书面文化，并据此传播文明。罗马人就很成功地使用和传播了拼音文字技术。他们牢牢抓住这种文字来制定法典，使之能够普遍适用于一切人。文明是依靠视觉组织起来的一套规则和法律。文明适用于一切人、应该传播到一切民族里去，这样的理念刚好和基督教的兴起同时出现。就我所知，基督教和希腊—罗马文明的思想根本就没有关系；所以，基督教为何竟然承担了传播希腊—罗马字母表的任务，这始终是个谜。目前，教会很怀疑进一步传播希腊—罗马思想的做法，而且第三世界又不想要这些思想。第三世界不想要希腊—罗马的希腊化的制度，第三世界是非文字偏向的世界。

　　在这个意义上，我们必须要了解拼音字母、文明[①] 和理性的源头，因为在 20 世纪里，我们已经走到这条路的尽头。了解这个道理大有裨益。我们经历了 2500 年的拼音书面文化，这是一场重大的革命，但是我们已经走到尽头。此时此刻，我们是要更多的书面文化素养呢？是要更多的 20 世纪文明呢？还是应该就此止步呢？在场的诸位正在考虑就这个问题做出决

---

① 文明，麦克卢汉在这里特指西方拼音文字产生的倚重书面文化的文明。

定吧。

拼音字母表最奇怪的隐性后果之一是个人身份。拼音文字出现之前是没有个人身份的，那时只存在部落群体。荷马不知个人身份为何物，他的世界是声觉史诗的世界，是记忆式智慧的、部落百科全书世界；埃里克·哈弗洛克在《柏拉图导论》中对此做了非常高明的论述。荷马史诗就是这种声觉智慧的组成部分。书面文化把荷马一笔勾销。在此之前的千百年中，声觉智慧实际上就是希腊的教育体制。那时，有教养的希腊人就是能够记住荷马史诗、并且能够在吉他或竖琴的伴奏中吟诵荷马史诗的人。有教养的人是君子，是自由人。拼音文字横空出世，柏拉图立即抓住它并且说："让我们抛弃荷马，追求理性的教育。"他对诗人的战争不是对个人宣战，而是对教育里的口头传统宣战。今天，我们讲演厅里的每个人正在接受一种新形式的口头教育。文字素养仍然是官方的教育体制，但是在非官方的教育体制里，口头形式正在迅速来临。这就是摇滚乐的意义。它是建立在口头传统上的一种教育，一种声觉经验；奇怪的是，它和书面文化相距遥远。我将乐意回头讲摇滚乐的问题，讲它与现代城市和现代社会的关系。这是一个大课题，研究还很不够。摇滚乐不是附录在娱乐卡上的加演节目，它是一种核心的教育形式，对现有的教育体制构成威胁。如果说荷马被拼音书面文化一笔勾销的话，那么拼音书面文化就可能被摇滚乐一笔勾销。我们正在把古老的故事倒过来回放，但我们要知道其中的风险。这里的发现是文明对部落主义和群体主义的较量，个人身份对集体身份的较量，个人责任对群体使命或部落使命的较量。自然，这场较量将影响我们的政治生活，我很快要讲这个问题。

这是一个刚刚展开的课题。我想解释一下我在这些问题上的研究方法：我的传播学研究是对转换的研究，相反，信息论和其他一切传播理论是对运输的研究。北美学校里一切正统的传播理论研究的，是如何将数据从 A 地运输到 B 地再运输到 C 地，并尽量使信息不失真。这根本就不是我的研究方法。我知道信息论，而且使用信息论，但信息论是运输理论，它和上述媒介形式对你的影响没有任何关系。信息论就像火车，只关注铁道上运输的货物。但铁道可能会受阻，会收到干扰。运输式的传播理论关心的问题是排除噪声，清除铁道上的干扰，让运输畅通。许多教育家认为，教育的问题仅仅是让信息通畅，使之越过障碍，克服年轻人的阻力；教育仅仅是输送信息，使信息流动。我对这样的理论没有多少兴趣。我的理论是，或者说我的关注点是：这些媒介对使用者产生什么影响。文字对发明者和使用者产生了什么样的影响呢？我的理论是研究转变的理论，换句话说，人们在使用工具时被工具改变了。但愿有更多的人从事这个领域的研究工作，就是我所谓的转换的研究工作，但这样的人屈指可数；令人尴尬的是，只有两三个人搞这样的研究。

从视觉空间向声觉空间转化的过程中有一个颇具特色的变化，这就是笑话风格的变化。我给诸位讲几个老式的笑话，借以说明我的意思。几个月以前，一位朋友到肯尼迪机场去接爱尔兰来的客人。从机场出来的路上，爱尔兰人欣赏沿途的广告，有一个广告牌使他特别感兴趣；广告词是："要想年轻，请用 Ex-Lax。"他问："瞧那个广告牌，Ex-Lax 是什么玩意儿？"我的朋友回答说："我们去药房吧，我买一些送你。"他匆匆进去又匆匆出来，拿出一块"肠轻松"（Ex-Lax），爱尔兰人接过来，囫囵吞下，感觉津津有味。大约半个小时以后，我的朋友问他："你觉得年轻了吗？"爱尔兰人回答说："哪说得准呢，我觉得干了一件'傻乎乎'（foolish）的事情。"我猜想他想说的是"孩子气"（childish）。这就是老套的笑话，有一个故事情节。

另一个同样模式的笑话，说的是一位纽芬兰人，他正在候机室准备登机。他旁边坐着一位先生，不一会儿，他开始搭讪。大家知道，候机室的椅子并不方便旅客和别人说话，也就是说，座位的布局不会使你注意周围的人。这是精心的安排。长话短说吧，那个人问："你做什么？"纽芬兰人答："我经营农场，在纽芬兰有几十英亩地，种很多庄稼，很忙。"他反过来问："你干什么？"得克萨斯人回答说："我也经营农场。"纽芬兰人问："你的农场多大？"得克萨斯人回答说："如果现在开上我的汽车，一直跑到太阳落山，我们还没有开出我的地界。"于是纽芬兰人说："你瞧，我曾经有这样一辆车。"诸位，这就是老套的笑话。

现在流行的是短小的俏皮话，它取代了老式的故事情节，根本就没有情节，一刹那就讲完了，"easy glum easy glow（一郁闷，一闪光 / 郁闷一风吹，高兴也一风吹）"。就这么短。这就是你需要注意的一刹那。倘若尼克松是泰坦尼克号游轮的船长，他会对乘客说什么呢？他可能会说："女士们，先生们，we're stopping for ice（我们遇到冰山，要停船 / 我们停船吃冰棍儿）。"这两个例子就是一句话的俏皮话。"大英帝国是日不落帝国，因为你不能在夜晚信赖英国人。"这种短小的俏皮话无处不在，它们取代了有故事情节的老套的笑话。

音乐也发生了这样的变化。旋律让位于新的摇滚乐形式。你不再有继续不断的曲调，你只有破碎分割的和声，只有节律和抽象音乐并置而成的抽象艺术，抽象音乐是艺术，你抽掉了里面的关系。我听说，你们要在校园里搞一尊毕加索做的雕塑。抽象雕塑和抽象画是艺术，里面是没有视觉成分的。你只有声觉、触觉和动觉的形式。伟大的建筑师科比西埃[①]说，欣赏建筑的最好时机是晚上，你可以感觉到它的冲击力，感觉到建筑物里力量的作用。这不是视觉。

立体主义这种艺术形式同时给你看客体的上下里外的各个侧面。它同时兼顾各个侧面时，显然就不是视觉，而是声觉和触觉。所以，抽象艺术里面的视觉关系被抽掉了。这个变化也滥觞于 1900 年左右。几乎在同一

---

① 科比西埃（Le Corbusier, 1887—1965），瑞士建筑师、城市规划师、画家、作家。主张用功能主义原则设计现代建筑，主要作品有马赛公寓、兰香的圣母院等。

时间，物理学抽掉了物质里的关系。1900 年，研究量子力学的普朗克[①]抽掉了物质里的一切关系，提出了量子论。简单地说，量子论就是物理学减去物质里的关系，科学家很容易理解这个道理。不过，你不能认为科学家就没有麻烦，因为西方视觉人的问题之一是，他总是顽强地把一切转化为视觉的语言。除了用视觉的、连接的、理性的方式去理解之外，西方人很难理解事物。现代物理学用牛顿物理学的语言来表述一切发现，牛顿物理学的语言就是老式的视觉语言。现代物理学的特点之一是，他继续使用老式的牛顿物理学的语言。牛顿完全是视觉偏向的人。他的一切都是分类的、连接的、连续的。现代物理学在视觉问题和声觉问题上遇到了许多困难。比如，他们就不知道选择物质的粒子说还是波动说。物质粒子说倾向于视觉，物质波动说倾向于动觉。现代物理学根据不同的感知模式而分成许多派别，许多物理学界的顶尖人物完全不能够理解他们自己领域里的非视觉特征。他们很善于维持自己家族的礼节和约定俗成的体面，然而实际上内部纷争使他们分成为许多派别。

说到迅猛的变化，有一个故事处在故事情节和简短的俏皮话之间，这就是诺曼·梅勒在伯克莱的故事。几个月以前，他对一群妇女解放运动的人士讲话，他说："本会场里凡是认为我是男性沙文主义猪猡的人，请你们用嘘声起哄。"人人都大声起哄，他转身面对主席说："一群唯命是从的小母狗，难道不是吗？"这个笑话提出了两个问题：新新闻主义与老式的新闻的对立，他的新派新闻与妇女解放运动的对立。老式的新闻讲究客观，正反两面都写，同时提供两方面的情况；它认为任何情况都有两面，这是难以名状的预设。老式的新闻人从来没有想到，可能会有 40 面情况或 1000 面情况。他们的新闻没有许多侧面，只有两面，正反两面。可是，老

---

① 普朗克（Max Planck, 1858—1947），德国物理学家，量子论确立者。曾获 1918 年诺贝尔物理学奖。

式的新闻突然消失了，新新闻主义突然冒出来，其代表是特鲁门·卡波特、诺曼·梅勒和汤姆·沃尔夫等许多人。新新闻主义不提供任何一个侧面，它让你沉浸在总体的情景中去体会。它把你推进去，让你感觉一个大会或一场火灾的情况，它有一句开门不见山的名言："我去论坛的路上看到了滑稽的一幕。"发生的事情不是一个观点，它是一起多方面情况同时发生的事件，人人都卷进去的事件。四旬斋前的狂欢节①就构成这样的一起事件。你不可能用客观新闻来写这个狂欢节。你不得不沉浸到里面去。梅勒是浸入式新式新闻的作者之一，他没有观点，没有客观性，只有主观性，他的《夜间大军》用了这样一个副标题："作为小说的历史，作为历史的小说"。新式新闻坦言自己是一种虚构的形式，根本就没有客观性可言。

新政治也面临同样的处境。旧政治有政党、政策、政纲、反对党。新政治只关注形象。新政治的问题是找到恰当的形象。于是，搜寻候选人的委员会组建起来，去寻找形象适合的候选人。寻找合适的人头已经成为军界、商界和政界的一件大事，搜寻形象却是一件新鲜事。政策不再重要，因为你的电灯泡的供货商是共和党人还是民主党人，这并不主要；和照明、能源供应比较，和城市里的各种服务比较，供货商是谁反而是不重要的。服务环境取代了政党政策，至少情况似乎是这样的。不过我得补充一句话，我说的一切似乎是目前的情况。

关于梅勒与妇女解放运动的那个笑话，隐含着非常丰富的含义。现在的妇女解放运动和过去的妇女参政权主张不一样，那时争取的是妇女的选举权。如今的运动并不是要给妇女寻找一个更好的、更加公正的制度，以便让她们就业。它关注的是正在发生的一场巨大的变革，整个工作性质的变革。正如教育发生了许多陌生的变化一样，工作也发生了很大的变化。

---

① 四旬斋前的狂欢节（Mardi Gras），直译为"油腻的星期二"，起源于大斋日前的宴会，宗教色彩浓厚。

日本人的索尼公司多年前就推出了一种制度，所有的工人可以带孩子到工厂，让孩子在工厂办的学校里上学。婴儿可以进托儿所，学龄儿童可以上学。东京的索尼工厂不仅让孩子上学，而且把孩子送去读大学。工厂成了运动场。信息、游戏和工作三合为一。现在看来，日本人这样做并不难，因为他们是一个部落民族，根据家庭的规矩生活。没有人会被工厂开除，人人都是家庭的一员。他们把这种部落主义视之为理所当然，我们却在努力革除部落主义，不过我们同时又在向这个目标前进。

目前，在我们工作的世界里，职业正在让位于角色的扮演。紧守一份工作正在让位于角色的扮演，这是因为在电速条件下，专门化分工再也不可能了。这也是教育面对的问题之一。课程作为学习的一种形式越来越令人生疑。跨学科学习获得了越来越大的意义。媒介研究就是跨学科研究。教学计划中孤立的课程已经成为对教育的威胁。同样，专门化的分工在大工厂、大企业里再也行不通了。了解总体的运作模式，越来越必不可少了。

在索尼这样的日本工厂里，老板请个人发表各种意见，要他们在革新、产品、价格和营销上提出意见，在生产工艺的开发上提出建议。人人都发表意见，而不是某个人、某些人发表意见，结果所有的人都全身心参与整个运作过程。

今天，日本人正在把西方的文字引进自己的文化；此时此刻，他们正在花费 60 亿美元来革除自己的文字，引进我们的拼音字母表。这会给他们自己或我们带来什么样的后果，他们对此是浑然不知的。不过我们知道，拼音文字人是进攻性的、非常专门化的人。倘若日本人让我们的拼音文字在他们那里牢牢扎根，他们的精力和进攻性就可能会增加。他们的整个文化就会被一笔勾销，也就是说，他们的会意文字形式和文化就会被摧毁殆尽。再说中国。如果它追随拼音文字的路子，而且它似乎即将这样做，那么中国的变化就会非常迅猛，20 年就会剧变。中国人将跳出自己的文化，将自己的文化一笔勾销，就在 20 年内。他们的进攻性和专门化就会变得令人难以置信，他们的目标取向就会非常明显，因为专门化的人随时随地盯着一个目标。视觉人生活有目标。倚重耳朵的人从来就没有目标，无论他身处何方，他只想做手中的事情。由此可见，如果中国人和日本人想要认真采用我们的拼音文字，他们就会陷入困境，我们也会陷入困境。恐怕他们不懂得这里面存在的风险。

现在说妇女解放运动。电气世界不利于专门化，但是它有利于妇女。比较而言，男人自然是专门化的人。相对而言，男人很脆弱，不善于调整。千百年来，女人都不得不自我调整以适应男人，而不是反过来。

过去，专门化被认为是现代工业理所当然的需要；如今，它已经岌岌可危，在大企业里，角色扮演已经取代了紧守专业分工。所谓角色扮演就是同时做几种工作，或者能够很快从一种工作进入另一种工作。一位优秀的演员能够扮演许多角色。由此可见，妇女解放运动实际上是对电子条件下就业环境的回应；在这样的条件下，大量的信息可以同时为每个人服务。在声觉世界里，同步的信息是声觉的信息；在形式上，它同时来自四面八方。你听见来自四面八方的信息。当电子信息同时来自四面八方时，你就生活在一个声觉世界中。你是否在认真听，这并不重要；重要的是，你得到这样的声觉模式。

当人们在听觉上受到影响时，他们就不再有目标。他们就定型于角色扮演。你们有些人也许看过星期天晚上的电视剧《楼上楼下》（*Upstairs Downstairs*）。楼下是仆人的生活空间。楼上是福尔赛世家的故事（*Forsyte Saga*），楼下是仆人。楼上是文化的世界，他们是追求目标的。在英格兰，楼下住的是仆人，他们没有目标；他们只有一个仆人的角色，这个角色静止不动，富有很强的戏剧性，很使人投入，很使人满足。

角色扮演与目标追求是迥然不同的。在电气条件下，我们正在走角色扮演的方向。在场的人恐怕多半都难以想象一个生活目标，原因很简单：你们生活在一个电子世界里，一切都在同步发生。在一切同步发生的世界里，坚持一个固定的观点是难以做到的。这个世界变化之快超乎你的想象，目标实现之快超乎你的想象，所以就很难想象一个目标。由此可见，妇女解放运动深深地扎根于新技术中，不仅是一个妇女选举权的问题；其意义是，许多情况下，今天男人干的工作女人有可能干得更好。

电气环境还有一个奇怪的后果，那就是秘密性的丧失。尼克松所谓他的角色和岗位的秘密性已不复存在。在电气条件下，任何形式的秘密都不可能了，专利界、时尚界和政界的秘密都难以保证。任何人发现并议论模式之前，模式早就展现在眼前了。在电速条件下，一切都成了 X 光。水门事件就是一个典型的例证，说明秘密能够快速转化为娱乐。后院的人突然发现自己被推上了前台。支持竞选的政治活动不可能私下进行，不可能静悄悄展开，不可能再是秘密了。在这类事情里，不可能再有任何形式的秘密。秘密终结了，知识垄断也随之终结了。学习和教育里、权力营垒里，都不可能再搞知识垄断了。

我不是在进行价值判断。许多人似乎认为，价值判断好，它也可能是很好的吧。不过我仅仅想说明，在瞬即速度的电子信息条件下，可能会出现什么模式或形式。你再不可能搞知识垄断；几年前大多数学人那种知识垄断，再也不可能了；在电子条件下，你不可能再搞知识垄断。这个道理适用于一切业务生活和个人生活。

伊万·伊里奇写了一本书《让社会脱离传统的学校》，他说，在我们生活的世界里，信息和答案都在课堂外面，既然如此，那就把学校关了吧。既然答案在校园外，为什么小孩子要把时间花在校园内呢？问得好，关门的建议却大可不必，因为现在可以把问题带进学校，而不是把答案带进学校。

此刻也许是一个好时机，我来说一说一个小小的图式，我把它叫作有组织的无知。我常常因为一个事实而感到困惑：回头一看，世界上大多数的发明本来是非常容易的。我们可以把这些发现写进教科书。你展望未来的问题时，有些发现是不可能看见的，以后回头看却很容易。为什么往后看知识容易掌握，往前看知识难以发现？显然原因是这样的：凡是已经发现的东西，传授起来是很容易的。然而，为什么发现知识很难呢？起初我是这样想的。假定癌症专家带着问题到研究所，建立一个实验模型和研究程序，并且说："我们到了这里，再也不能前进。"他们立即向上百万人宣布这个结论。显然，在一百万人中，总有一个人认为，继续前进是没有问题的。面对任何问题时，一百万人中总有一个人认为不存在难题。真正的问题是你如何找到这一位认为不存在问题的人。

现在我们来问另一个问题。为什么这个万里挑一的人说不存在任何问题？这个人必然是而且自然是没有接受过这方面教育的人，是对科学程序和一切科学知识懵然无知的人。为什么科学家往前看的时候忽视了他的问题？那是因为他自己在挡道。只有对这个问题懵然无知的人才能够超越这个问题，因为这个无知的人不会被自己的知识搞得一头雾水。你在为新问题寻找新答案时，挡道的就是你自己的知识。造成无知的正是知识，正如财富造成贫穷一样，每当你做出一个新发现时，你就打开了非常广阔的无知的新领域。

人类最伟大的发现之一是蒸汽机上的自控系统，可这个发明人才8岁，他的工作是拔下蒸汽机上的蒸汽旋塞。每当轮子转动一圈，他就拔下蒸汽旋塞放出蒸汽。可是他想玩弹子，于是他就在飞轮上系了一根绳子，他就这样歪打正着地完成了人类历史上最伟大的发明之一。制造蒸汽机的工程师不可能看到这个小玩意。只有一个无知的小孩子才可能看到这样的小玩意。可以说，人类历史上最伟大发现就属于这样的类型。

另一个伴随一切发明、一切调查的情况是这样的：结果总是走在原因前面。在一切人类的技术开发中，在一切发现里，一切结果都走在原因或发现的前面，没有任何例外；所以最终做出发现时，人人都说："不稀罕，人人都能够看到的。时机成熟了嘛。"一个人发现电话时，差不多有上千人发明了电话；接着法院里充满了几代人打不完的官司。达尔文①和华莱士②彼此并不认识，可他们同时发现了生物进化。

目前，有一个结果已经热气冲天，其原因尚未出现，但即将出现。这个原因就是反重力。我们有大量的反重力效应与活动，比如直升机、喷气飞机、宇航员，但是我们还没有找到原因，我们只看到结果。在我们或你们的有生之年，我们发明一个小玩意时，反重力的原因就会出现，一切都会很快漂浮起来。将来的问题是如何把物体固定在地上。反重力的浮力已经显而易见，就像你和我在会场里一样显而易见。结果在这里，原因不久才会出现。

汽车问世之前，自行车就表现出了它的一切结果。它为汽车铺平了道路，准备了一切：车胎、链条和所有的轴承。人们还没有想到汽车之前，制造汽车的一切问题就已经由自行车解决了。公路和相关服务率先来临。汽车反而姗姗来迟。此刻，汽车就要退场，原因不是汽油短缺，而是完全不同的另一种东西。汽车在美国人的生活中有一个极其重要的功能。它提供终极形式的隐私和出门去独处的手段。在世界其他任何地方，包括爱斯基摩人的地方，人们出门去与人相处，在家里则寻求安静。

为什么美国人发现了这个奇怪的内外颠倒模式？答案是现成的。美国人到这个大陆的目的是迅速而狂热地征服自然。他们成功地驯服了自然，征服了自然，打垮了自然，把自然变成敌人。你们可以在《白鲸》③里读到

---

① 达尔文（Charles Robert Darwin, 1809—1882），英国博物学家。创建以自然选择为基础的生物进化论，提出人类起源假说，著《物种起源》《人类的起源及性的选择》等。

② 华莱士（Alfred Russel Wallace, 1823—1913），英国博物学家。发展了进化论，其贡献可与达尔文相媲美，著有《动物的地理分布》等。

③ 《白鲸》（Moby Dick），美国小说家赫尔曼·梅尔维尔（Herman Melville）的代表作，有人说《白鲸》是美国最伟大的小说，白鲸代表自然，小说反映人与自然的抗争与妥协，却有别于中国人天人合一的思想。

这个征服过程，也可以在霍桑的作品或其他的文学作品里了解到这个征服过程。所以美国人很自然地把户外当作敌人，把室内当作朋友；与此相反，其他大陆都把户外当作朋友，把室内当作必须保卫的地方。欧洲住宅的门全都是关上的。欧洲家庭在隐蔽和隐私的住宅里生活，美国家庭里却没有隐私。如果你想出门学习以便离开家人时，你一定要得到家人同意。这是一个奇怪的模式，理解它很重要，因为它尚未完结。汽车提供了非常好的手段，使我们能够出门去独处。顺便需要说明的是，和这个欲望相伴的是，美国人很讨厌公共交通，因为公共交通的目的是让你出去与人相处，这是美国人觉得很倒胃口的事情。

汽车作为隐私的极端形式受到了威胁，实际上它是被电视取代了。电视把外面的世界带进来，把家里的事情带出去，对公路和汽车起到了拆台的作用。电视剥夺了汽车的合理性和意义。倘若汽车尚未失去真正的意义，汽油就不会涨价。这就是说，谁也不会梦想到容许油价上涨。油价上涨当然是促销的策略。这是毫无疑问的，我的意思是说，这个道理是广为人之的。然而，倘若汽车没有过时，油价上涨的事情就不会发生了。

汽车在人们的心目中已经掉价。这并不意味着，它会在一夜之间消亡。根本就不会。我的意思是说，汽车产生的结果正在消亡，隐私和服务环境是汽车产生的一部分结果。我说"媒介即是讯息"时，我的意思是：汽车不是讯息，而是汽车产生的结果，比如公路、工厂和石油公司。那才是讯息。换句话说，汽车的讯息是汽车的结果。你抽掉了结果，汽车的意义就被抽掉了。作为工程客体的汽车和这些结果没有关系。汽车是许多服务背景中的外形。你改变背景，你就改变了汽车。汽车并不起讯息的作用，而是讯息的结果之一。由此可见，"媒介即是讯息"，并不是一句很简单的话。我总是再三踌躇，不愿意解释这句话的意思。它说的其实是一套隐蔽的服务环境，由革新造就的隐蔽服务环境；使人改变的正是这样的环境，使人改变的是环境，而不是技术。

回头再说一说伊里奇提出的教育问题和"有组织的无知"问题。伊里奇说，我们必须要关闭学校，因为答案在校外。他建议让孩子离开学校，在社会里走动并受到教育。我的建议是，解决教育问题的答案不在这里，而是要把问题送进课题，并发起真正的对话。

"有组织的无知"会忽视知识，会造成混乱，而且会堵塞发现的路子。这个问题自然引出了人造卫星的问题和媒介定律的问题。1957年10月4日第一颗人造地球卫星升天之后，它就把地球放进了一个人造环境之中，这可是人类历史上开天辟地的事情。地球这艘飞船没有乘客，只有工作人员。第一颗人造地球卫星把地球变成了一艘宇宙飞船，同时又带上了一个编程的问题。从那一刻起，生态学就成了一场游戏的名字。自然走向终结。地球成为载人宇宙飞船包裹着的一种艺术形式。这颗行星上的生活再也不会与从前的生活一模一样了。自然终结，艺术接手。生态学是艺术。

我们现在必须正视一个需要：我们需要一门媒介生态学（an ecology of media）。这不只是原材料问题，而且还有人造材料的问题；我们必须要解决它们互动中的和谐问题。在《回应的心弦》（*The Responsive Chord*）里，托尼·史华兹解释了电视作为新环境媒介这个非常棘手的问题。他说，电视上的形象把眼睛当作耳朵。他借此吸引人注意这样一个事实：电视形象对心理的影响和电影形象迥然不同。因此，从教育意义上说，电视产生非常奇怪的后果，绝对不可能用作单纯的运输工具。

媒介定律（Laws of the Media）像米底①和波斯人一样简单：每一种媒介都放大某种功能。比如眼镜就放大或提升视觉功能，使另一种功能过时，再现另一种更加古老的功能，然后就转变为其对立的形式。我所知的能够说明媒介定律的最简单的形式是货币。这条原理适用于一切媒介，无论汤匙、紧身衣还是汽车，它都适用。货币使商务交易增加，使实物交易过时，

---

① 米底人（Medes），古伊朗一部族，与波斯人血统相近，居住在米底地区。

再现互赠礼物的习俗或摆阔气的浪费，然后又转化为信用卡，信用卡再也不是货币了。

我们可以说，每一种媒介起初放大我们的某种功能，最后就转化为它的对立面。汽车转化为飞机，但汽车之前来临的是自行车。莱特兄弟原来是修理自行车的工匠。自行车的陀螺仪原理使飞机成为可能。草裙舞在迷你裙来临前就已经出现；草裙舞是一种部落舞蹈，部落舞走在部落服装出现之前。结果走在原因发现之前，原因稍后才来临。今天只提一提媒介定律，我可以花很多时间讲这个问题，因为这些定律至少可以把混乱的现象整理为有序的东西。

第十五章

电视最擅长做什么（1976）

1976 年 9 月 6 日，麦克卢汉在全美广播公司的《明日秀》(Tomorrow Show) 节目中亮相，主持人是汤姆·斯奈德（Snyder）。卡特州长和福特总统的竞选活动正如火如荼，斯奈德问麦克卢汉，卡特的电视形象为什么会这么好？麦克卢汉的回答是卡特有人格魅力。"所谓人格魅力就是看上去像很多人。"这是他颠覆普通意义的又一条警语。

斯奈德突然说："是否有人问过你，为什么大家觉得你难以理解呢？"麦克卢汉的回答是："那是因为我用的是右脑，而他们用的是左脑。就这么简单。"

斯奈德（以下简称斯）：今天的嘉宾是马歇尔·麦克卢汉，有人称他是媒介教师爷，我不想用这个称呼，但是他发明了一句话"媒介即是讯息"，把我们的电子媒介分为冷热两种。最近两天晚上你看了总统竞选的节目吗？

麦克卢汉（以下简称麦）：看了一点点。

斯：你有过冷热的感觉吗？

麦：或者说是否有过无动于衷的感觉吗？

斯：或者说是否有过厌烦的感觉吗？

麦："冷"的意思是卷入，"热"的意思是退缩，拉开距离。那么，你怎么看那几次竞选大会呢？

斯：我想说这些会是热的，如果我是街上的行人，用一般人的话或习惯用语，我想说："好家伙！那些会真冷清"，我要表达的意思是"我没有卷进去"，或者要表达这样的意思："我没有被吸引去收看会议的情况。"你实际上把冷热两个词的意思颠倒了。

麦：就像登月飞行，他们的竞选也许搞得有一点过头了。他们的报道饱和了，所以就适得其反。

斯：我想探讨一点理论问题：关于电视观众是不是可以被电视上的言论纳入一定的编程这个问题。如果你看滑稽节目，客人可能会对主持人说："我一定要给你讲一个滑稽故事。"这个词是不是就是包袱底儿，观众几乎一定要笑呢？尽管故事不滑稽观众还是要笑呢？

麦：滑稽故事肯定有一个基础，那就是牢骚；所以如果你不能够触动观众的痛处，他们就不会笑。大多数人期待一点轻松的东西，然而他们实际上会被刺激一下。滑稽故事是很晦涩的东西。他总是建立在牢骚的基础上。

斯：如果有人在电视上对你说"麦克卢汉先生，这真有趣"，无论你怎么回答，如果他们不是很专心听你讲的——一般是不会的，他们就会对自己说："瞧，真有趣。"就像我们一边说一边在给他们提供笑料一样。

麦：我想是的，观众是受到操弄的。你不妨打个比方，说他们是弹球戏不可分割的一部分。你向他们发射弹子，希望他们做出回应。这就是外形／背景的情景。你在背景之下玩的游戏是外形的游戏。你把外形和背景揉合在一起，希望会产生什么结果。但背景总是隐蔽的。我在你们的弹子房里看了一会儿，你们的弹子机背后隐蔽的背景是怀旧情绪，是对 20 世纪 40 年代的怀旧，那是大萧条的年代。这就是在弹子房的新兴趣背后隐藏的老背景。于是弹子机就像是电视上的老电影。弹子机处在同步电子信息的世界里，虽然它是陈旧的机械，是一次只打一弹的机器，是属于昔日硬件的岁月，然而它有了一个新背景。这是老外形嵌入新背景，这个老外形就成为艺术形式，如今它成了一种艺术形式。

斯：往下讲之前，我先问一个问题。什么叫电子同步信息世界？

麦：就是一切同时发生。电速条件下是没有序列的，一切在同一刹那间发生。这是声觉的世界，一切同时发生。没有连续性，没有连接性，没有一步到底，一切都是现在。顺便需要说明的是，任何运动都是这样同步的，运动往往是这样。用大脑两半球的时髦话说，全部是右半球。一切运动都是右半球，因为它们调动的是整个的人，一切运动都是参与性的，结果都是不确定的。没有连续性，只有令人惊奇的东西和出人意表的赛况，只有全身心的介入。

斯： 这样的情况好吗？你看好吗？

麦： 你说的是右脑吗？

斯： 是的，不过我问的是你说的一切，包括一切惊异、一切自发性，没有理解，只有一切同时发生。这对人好吗？

麦： 你用的"好"是说，对人有好处吗？

斯： 是。

麦： 在我们所处的世界里，人们指望的是一次只做一件事，一切都是线性的、连接的、合乎逻辑的、目标导向的。所以显而易见，对这个用左脑的世界而言，右脑半球占支配地位是坏事情。我们这个世界正在把右脑的作用往上推，因为这是一个一切同时发生的世界、同步的世界。这个世界正在使左脑半球的世界看上去很愚蠢，左脑世界就是现有的教育体制和政治体制。这是正在急遽发生的变化。

斯： 吉米·卡特的预选节目你看得多吗？你能够说明为什么他在电视上的竞选效果会这么好吗？

麦： 我看得不多，不过他的人格魅力已经非常清楚地表现出来。他看上去像很多人，像百分之百典型的美国人，像一切美国人，这就是人格魅力。所谓人格魅力就是看上去像很多人。如果你看上去只像你一个人，你就没有人格魅力。所以说，卡特有许多固有的人格魅力，因为他像很多人，很受欢迎的人。

斯： 如果卡特或共和党人请你当顾问，对你说："您瞧，麦克卢汉先生，我们想要请您做政治宣传的顾问，我们付咨询费，你看怎么样？"

麦： 我可以告诉他们，何时已经把形象炒得太热，正在失去人格魅力。

任何竞选组织者受到的诱惑都是把形象炒得太热，直到人人都觉得，你离他们太远了。组织者不知道什么时候到了太热的火候。

斯：你怎么知道什么时候竞选人的形象太热了呢？

麦：太专门化就是热，形象一旦专门化，它就会逐渐淡出群体。

斯：你所谓"专门化"是什么意思？

麦：越来越像一个人的形象，它越来越像吉米·卡特一个人，越来越不像其他美国人。

斯：能不能这样说呢？我们说他比吉米·卡特还要吉米·卡特，这样说恰不恰当呢？你能够就我这句话发表意见吗？

麦：哦，是啊。那是一个调节问题，是如何聚焦的问题。你可以软聚焦也可以硬聚焦。硬聚焦就是专门聚焦到一个人的形象，你就失去了观众。

斯：容我冒昧问一个问题，是否有人问过你，为什么大家觉得你难以理解呢？

麦：那是因为我用的是右脑，而他们用的是左脑。就这么简单。你瞧，一般地说，人们接受的训练就是追随你说的，把你说的话和他们最近听说的话联系起来。人们不准备用脑筋，只准备把他们最初学到的思想和其他的思想联系起来。所以，如果你处境灵活，你不得不用脑筋、用感知，他们就会追随你。他们有先入之见，这就会立即把他们淘汰出局。你知道，这就叫左脑。我偏重右脑，用得很多。

斯：明白，明白，你不努力把事情连接起来，你让右脑管事，让它尽兴。

麦：仔细观察正在发生的事情。比如像饼干压碎之类的事情，你不知道将要出什么事，你只是跟随这个饼干压碎的过程。

斯：你能告诉我或其他电视人，为什么《卡洛尔·伯纳特秀》^①电视

---

① 《卡洛尔·伯纳特秀》（*Carol Burnett Show*），美国哥伦比亚广播公司的综艺节目，12 年经久不衰（1967—1978）；卡洛尔·伯纳特（Carol Burnett, 1933—　　）被认为是 20 世纪最有影响的喜剧演员之一。

节目能够走红多年，《艾德·沙利文秀》①会播出 23 年，为什么唐·尼克尔斯②使尽浑身解数却没有成功呢？

麦：坦率地说，尼克尔斯的节目我只看过一点点。其他两个节目看得多一点。他们都戴着面具。他们带上了集体面具或集体形象。他们不用个人的面孔。你记得艾德·沙利文，记得他那张有名的冷面孔吗？这就是一张集体面具，像雕塑，他可以和各种各样的人认同。同样，卡洛尔·伯纳特也戴着面具，而不是戴着一张个人的面孔。现在看来。戴上面具之后，全社会就与他们认同了，这个面具就像查理·卓别林③的面具，就像麦克斯兄弟班子④的面具。这种面具不是个人的面孔，所以凭借这种面孔调动观众情绪就成为这种魅力的秘密。但是，要把观众吸引到一个焦点上来却需要大量的艺术，也许还需要经验和直觉。

斯：他们知道自己有这个能力，并且有意识地改进，以取得更好的效果吗？

麦：他们绝不会停止试验。他们总是在不断调节自己的面具，也就是他们的形象。

斯：不知道这样的情况是否属实。不过我还是要回头说先入之见，回头说左脑。那些大众媒体里的成功人士并不知道自己为什么成功。这使我想，他们不会不断改进自己的形象吧，或者说，他们不会回头看录像带，

---

① 《艾德·沙利文秀》(*The Ed Sullivan Show*)，美国哥伦比亚广播公司的电视节目。娱乐类喜剧，由艾德·沙利文 (Ed Sullivan, 1901—1974) 主持，23 年 (1948—1971) 经久不衰，成为美国历史上最长的综艺节目，猫王 (1964)、披头士等摇滚乐队也因上这个节目而更加火爆。

② 《唐·尼克尔斯秀》(*Don Rickles Show*)，美国喜剧演员唐·尼克尔斯 (Don Rickles, 1926—) 推出的喜剧节目，短命，1972 年只播出几个月。

③ 卓别林 (Charlie Chaplin, 1889—1977)，英国出生的美国影星和导演。塑造了一个哀婉动人、幽默风趣的流浪汉，一个令人难忘的小人物。"凡尔杜先生"激怒了美国退伍军人协会。1953 年被迫离开美国。

④ 麦克斯兄弟班子 (the Max brothers)，美国喜剧演员格劳乔·麦克斯 (Croucho Marx, 1890—1977) 等 4 人组成的兄弟班子。

去看自己，去分析自己吧。

麦： 他们了解观众。一接触观众，他们马上就能够察觉观众的情绪，他们能够调节观众的情绪，一失去观众，他们马上就能够觉察，就在登台的那一刹那，任何演员都能够调动观众的情绪。没有两个观众是一样的，演员知道这个道理。就像小提琴手反复调音一样，演员必须要调节自己，直到他调动起观众的情绪。你要把观众调动起来。

斯： 我想再花一点点时间谈一谈电视新闻和新闻业。埃里克·舍瓦瑞德[①]发表谈话捍卫电视广播公司，驳斥对它们有偏向的指责。他说，已经做了许多观众调查，看他们对电视新闻偏向的感觉；另一种调查尚未做而必须做，那就是观众看电视固有的偏向，也就是他们的先入之见，他们的左脑。我想知道，这样的调查会得出什么结果？无论新闻报道或纪录片多么客观，我们看见的都是我们想看见的，我们听见的都是我们想听见的。你看可不可能是这样的道理呢？

麦： 使用者总是情景的内容，无论这情景是开车、穿衣还是看电视。使用者就是内容。不过，新闻情景中还有一些说不清的成分。人们感兴趣的热新闻往往是坏消息，因为坏消息给人的感觉是幸存者的激动。好消息即使有也不会给人这样的感觉。所以，对坏消息的需求很旺盛，尤其是广告形式的好消息很多的时候。然而，观众对头十条新闻感兴趣，这是事实。在任何新闻背景下，只有头十条或头六条新闻才能够吸引人。这就像唱片节目排行榜一样；只有十条新闻能够——

斯： 哦，那是我们说的"今晚头条"。

麦： 头条新闻是公众期待的立体显微镜，如果有突发新闻，原来那几条头条新闻就被打乱了。我想，公众没有意识到，每一次能够容许的新闻就那么几条，也就是说，一天接一天，有一些新闻是必须要重复的。

---

① 埃里克·舍瓦瑞德（Eric Sevareid, 1912—1992），美国哥伦比亚广播公司文字记者、主持人。

斯：你还记得刚才说的调查吧。让观众看半个小时的新闻节目，大多数人只记得住一条新闻，其余的就记不住了。

麦：这很能够说明你介入的程度。你完全介入时，就完全忘记了。你拉开距离的时候，反而记得住。衡量广告是否做得好的标准之一是，如果你记不住，那就是做得好的广告。

斯：你知道，你说的话几乎全都和既定的真理相抵触。你说：冷即是热，热即是冷；介入的新闻你记不住，不介入的新闻你倒记得住。为什么我感觉你是这样说的呢？为什么我倒是记住最重要的、我最深度参与的新闻呢？

麦：你能够想出一个例子吗？你指的是什么样的情景？

斯：比如，我，嗯。

麦：令人难忘的一幕，不，那不清楚，因为——

斯：我明白你的意思。我们坐在这里，你问那个问题，我说："稍等，我记不清过去24小时里生活中发生的重要的事情。然而实际上，许多事情是非常重要的。"

麦：我在这里遭遇了龙卷风或者叫——

斯：飓风。

麦：看到飓风使人人都激动，大家都期待飓风，我必然非常惊讶。新闻报道非常彻底的时候，激动的心情反而烟消云散了。新闻报道实际上使飓风失去了新闻价值。

斯：你瞧，我的感觉和你一样。两天前，我们的公司发出新闻警报说：天要塌了，如果人们还能够活到明天早上，那就是幸运。可是第二天阳光明媚、温暖宜人，街上有一点积水，仅此而已。

麦：我想，这就是新闻的功能之一，你把一场风暴宣传放大，通过大量的报道来使之消解。这是用报道的方式来给它解压。实际上你可以用最大限度的报道来使之烟消云散。从一个角度看这令人失望，不过从另一个角度看，这可以使人安然度过危机。

斯：难道这不会使人害怕吗？

麦：谣言使人害怕，新闻报道不会使人害怕，提示和建议不会使人害怕。大量的报道使人拉近距离，并享受一种群体的情绪。就像看球赛一样，很多人分享相似的情绪。不过我想这给了我启示，新闻报道的神秘之一是，它可以减轻紧张和压力，一旦被充分报道之后，风暴的末日就注定了。

斯：你说得太对了，因为事情被过分放大了。期望值被提到太高，就没有办法实现了。

麦：但是从气象学的角度看，释放到全体观众里的振荡是十分有效的。

斯：你认为什么是最有效的，我想用"有效的"这个词但是未必妥当。我这里说的是电视。什么东西对观众产生最深刻的影响？电视报道发射飞船、奥林匹克或棒球赛最有效吗？电视用晚间电影娱乐观众最有效吗？电视用拍好的新闻片来给观众提供资讯最有效吗？

麦：体育报道的好处是，运动是仪式化的。运动员和观众的共同参与就是仪式。奥林匹克更是群体仪式，远远超过一场球赛之类的普通竞技，奥林匹克有它的团体意义，它本身是在一个宏大过程中举行的仪式和积极的参与。电视能够培养而且有利于全球集体参与的仪式性节目。我说电视是冷媒介就是这个意思。电视不是热媒介。报纸之类的热媒介对单一的事件做深度报道。电视不善于报道单一的事件。它需要一种仪式、节奏和模式。你在电视上看到的广告大多数都太热、太专门化、太分割肢解。广告缺乏一种仪式流动性。广告人知道广告的这个特点，他们正在大力矫正这个不足。不过我认为，这正是奥林匹克之类事件的重大秘密。我们意识到正在以集体身份参与一个具有伟大意义的仪式。谁赢并不重要。那不是实质所在。我想电视能够培养事件中的那种集体参与模式。你不妨说，它倾向于培养模式而不是事件。

斯：如果你能够在美国全境把电视关闭30天，那会是什么样的局面呢？

麦： 那就像是残酒不消、醉态不醒的样子，因为电视是一种使人上瘾的媒介。你拿走电视之后，人们就会表现出醉态难消的样子，那是很不舒服的。你记得，几年前有人尝试过；有人真的付钱叫参加试验的人几个月不看电视。

斯： 我记不起有这样的事情。

麦： 在英国。结果发现，这些人染上了瘾君子的一切症状，很不舒服、提不起精神的心理异常症状。电视是强制人参与的媒介，是一种心灵之旅的形式，所以人们不看电视就若有所失。

斯： 我突然想到，关闭 30 天之后，有许多人会说，我们不允许你开电视了。这样的事情会不会发生呢？

麦： 许多十几岁的少年已经不看电视。他们已经"吃"得太饱了。饱和是可能的。至于将来有没有人放弃电视，我倒是持怀疑态度。除了由于"吃饱"而感到满足之外，我怀疑会有人放弃电视。电视的要求很高，具有强烈的催眠作用，他需要人投入大量的精力。你没有拉开距离的自由。

斯： 我们常常听见人说，"我累了，看了一晚上电视"。真有这样的情况。你卷入电视上的事情，你感到很累。你是否认为，我们两人在媒体和电视上有一点小题大做？毕竟，我们今天晚上谈的不是给人治病，不是给饥饿的人提供食品，不是让基督教、犹太教或民主的世界更加安全。我们仅仅是在这里议论基本的电视节目。

麦： 是的，不过，电视的后果之一是抹杀个人身份。看电视的人获得的是团体、同类人的身份，他们失去了对个人身份的兴趣。所以，这是电视隐蔽甚至是不知不觉的后果之一。电影不会有这样的后果。电影没有抹杀个人身份。电视是迥然不同的媒介。

斯： 导播告诉我，我们的时间快到了。谢谢，马歇尔·麦克卢汉，谢谢你今天早上接受我的采访。很高兴与你会晤。有的时候，我们读你写的书有困难，但是听你说话比读你的书更容易理解。

第十六章

作为辩论媒介的电视（1976）

1976 年 9 月 24 日，麦克卢汉应邀上全国广播公司的《今日秀》节目，接受汤姆·布罗考[1]和埃德温·纽曼[2]的采访，谈当天晚上吉米·卡特和杰拉尔德·福特[3]的辩论。布洛考在介绍麦克卢汉时，犯了一个常见的错误，说他写的一本书叫《媒介即是讯息》。麦克卢汉写的书是《媒介即是按摩》。"媒介即是讯息"是他最有名的警语。

这次对谈的重点是总统候选人辩论的后果。麦克卢汉提出一个颇有争议的观点：电视用于辩论并不是有效的媒介，因为观众的注意广度并不持久。由于电路故障，辩论中途停顿，麦克卢汉觉得很有趣。摄像机继续拍摄，两位辩论人站着静止不动、默不作声，看着眼前的讲稿架。就像一对服装模特儿模型。麦克卢汉说，他们就像光着身子站在木桶里等别人给他们熨裤子一样。

布罗考（以下简称布）： 在今天电视意识很强的社会里，马歇尔·麦克卢汉的名字家喻户晓。他是多伦多大学教授，写过一本书叫《媒介即是讯息》。他昨天晚上到纽约来看总统竞选人辩论。他观察的角度不是政策的角度，而是电视的角度。首先，麦克卢汉教授，你是怎么看辩论的，你用了几台电视机吗？

---

① 汤姆·布罗考（Tom Brokaw, 1940— ），美国全国广播公司（NBC）晚间新闻主持人。2004 底正式交出执掌了 23 年的主持棒。

② 埃德温·纽曼（Edwin Newman, 1919—2010），美国全国广播公司（NBC）主持人。

③ 杰拉尔德·福特（Gerald Rudolph Ford, 1913—2006），美国第 38 任总统（1974—1977），尼克松总统任内副总统。因尼克松辞职而继任总统，旋即宽恕尼克松，在第 39 任总统竞选中落败，卡特胜出。

麦克卢汉（以下简称麦）：对，既看黑白，又看两种彩色。哥伦比亚广播公司的彩色和全国广播公司的彩色，这两家公司的彩色在我的电视机上好像很不一样。

布：可能是电视机的问题吧。

麦：对，可能是电视机的原因。另一方面，令人觉得好玩的那一刻是媒介对那该死的讯息造反的那一刻。电视这个媒介终于揭竿而起，反抗辩论史上最愚蠢的安排。

布：为什么说这样的安排愚蠢？不是从政治角度说的吧？

麦：从辩论稿的角度看，安排这场辩论、写辩论稿的人根本就不懂电视；他们不知道，电视不是用来辩论的媒介。他们把电视当作报纸或广播来安排。他们没有任何电视意识。由于直播时的技术故障，观众终于才有身临其境的感觉。

纽曼（以下简称纽）：麦克卢汉教授，如果这一场辩论是由你认为懂电视的人安排的，结果又会是什么样的呢？

麦：解释这个问题，要花一点时间，不过那样的结果肯定会更加接近我们现在对谈的方式，轻松地聊，不要底稿，只注意正在进行的对话。昨天晚上辩论人的目的，仅仅是要把观众的注意力集中到自己的形象上。所以昨天晚上究竟说了什么话并不重要。重要的是形象，从安排者的观点来看，凡是能够把观众的注意力集中到形象上的东西，都是重要的东西。

布：你主张，电视是冷媒介。

麦：对。

布：两位候选人的讲话编排、服装和化妆都很得体。

麦：对。谁要是敢提出具体政策，谁的形象就会被糟蹋。

布：从纯电视的角度说，两人之中谁更加酷呢？

麦：谁也不酷，两人都处于恐慌之下的冷静。他们怕走错一步，这很有道理，因为——

布：为什么不应该害怕呢？在电视辩论这样的条件下，竞选最高的职位，他们又想要控制周围的环境，在这样的条件下，他们不应该害怕吗？

麦：辩论期间的设备故障，充分揭示了辩论稿捉刀人的情况。他们曝光了，就像木制品的瑕疵暴露出来一样。有人精心安排了一场愚蠢的表演，这些人对电视一窍不通。

纽：麦克卢汉教授，你想要说，候选人不辩论更好，不辩论比昨晚那样的辩论更好吗？

麦：当然。他们就像站在木桶里，等候别人为他们熨好裤子穿一样，绝对是像穿了紧身衣的人，那绝对是你能够想象的最热的媒介。写底稿的人、安排辩论的人所做的一切都是很热的。他们不知道电视媒介的构成要素。

布：不过，也许从政治观点的角度说，他们愿意这样做，因为这样做的风险小。

麦：不，候选人和这样的安排没有关系，显然是没有关系的。这是专家炮制的。

布：候选人肯定和这一切大有关系，因为这一切都是在他们认可之后才安排的——

麦：是由专家安排的。

布：候选人自己安排的。他们参与了。

麦：他们不可能对自己的所作所为几乎是一无所知。我从来没有看见过这样严重误用电视媒介的。昨天的设备故障就是对这种误用的反抗。

布：你的意思是说，你宁可在休息厅里造访罗萨琳·卡特吗？

麦：中断的时间是观众参与的时间，那才是真正的电视。昨天晚上辩论进行的情况根本就不能叫电视。

纽：经过昨天晚上这一切之后，到处都可以听到扩音器这个词。什么出错啦？是一个扩音器。你的意思是说，扩音器带上了人的属性？

麦：声波传到扩音器之后说，"不能够再这样进行下去"。这是许多专家安排的令人讨厌的表演——

纽：令人讨厌的表演人。

麦：对，令人讨厌的表演人接过手，把扩音器搞坏了。那气氛传递了信息。媒介即是讯息。

纽：麦克卢汉教授，你明白，虽然你这样评价那些专家，但是正如汤姆所说的，他们实际上是按照雇用者的要求办事。雇用他们的人是福特总统和卡特州长。

麦：你不妨直接告诉我说，尼克松就是这样的，他有许多专家帮助他搞形象设计。但是这些人不知道自己在做什么。

布：他们过去不太了解电视，可是现在他们的电视意识比过去强多了，他们知道电视对人的影响。

麦：我表示怀疑。他们没有掌握任何一点线索，不知道媒介的构造成分。

纽：可不可能是这样的情况呢？实际的情况基本上是两人在防守，两人专心致志不犯错误，尽量不纠缠辩论，之所以这样做是因为他们无法避免这场辩论。他们竭尽全力把风险减少到最低限度。他们竭尽全力去捍卫自己的立场。

麦：我听他们列举统计数字时，我心里想到的是手扶电灯杆的醉汉，他们的目的是避免摔倒而不是要照明。那些统计数字并不能给人启发，却很像醉汉手扶的电灯杆。这惊人地说明了他们的无能，说明他们把媒介用错了。

布：但是，许多人对他们的观点进行了充分的阐述。比如，《纽约客》杂志的伊丽莎白·德鲁（Elisabeth Drew）就能够抓住两位候选人的税务改革、平衡预算和社会归化上的观点，这给我留下了很深的印象。

麦：为什么德鲁女士、加农（Ganon）和雷诺兹（Reynolds）等人阐述两位候选人的观点，反而比他们本人说得更加清楚，并且给人留下很深的印象？这是另一个媒介秘密。那三个人的评论听上去更加权威、更加突出重点，他们知道自己说的是什么。

布：因为提问题总是比回答问题容易。

麦：不。我的意思是说，他们行文的口气更加权威、更加突出重点，就像有说服力的广告一样。相反，两位候选人却像在迷雾里摸索。

纽：在这样的辩论中，候选人的风险很大，所以他们不可能轻松自如。情况是不是这样的呢？也就是正如你所说的，他们不可能表现出权威性。

麦：如果让他们聊，他们很快就放松了。然而，站在木桶里，等人熨衣服，周围布满各种设备，假装进行一场辩论或对话，那实在是荒唐。

布：你还反对90分钟的安排形式。你认为时间太长了吗？

麦：没有哪一个电视观众能够保持注意力超过5分钟。

布：你认为，总统候选人辩论应该是两个人坐下来聊四五分钟吗？

麦：不。但是如果他们用聊天的方式，他们可能会让观众的注意广度长一些。不过总体上说，电视的注意广度是非常短促的。

布：那你得到什么结果呢？一个15分钟谈话的系列，每天一集吗？

麦：这听上去有道理，许多方面有道理，不过还有其他一些因素。你的假定是，这些候选人说的话有重要意义。重要的原则是他们让观众的注意力集中在自己的形象上，无论讲话的内容是什么。

纽：你认为福特的形象是什么？卡特的形象是什么？

麦：顺便说一句，福特听上去更好，就像你关闭图像，只听声音，听收音机一样。他胜过卡特。他是律师。仅就声音而言，卡特听上去不如福特。卡特在彩电上的形象比在黑白电视上的形象好一些。这很重要。福特在黑白电视上的形象好得多。这和形象的构成和结构很有关系。卡特毕竟是一个共同性比较强的人。他来自一种团体性比较强的文化。福特来自一种个性化的、分割肢解的文化，也就是一种北方文化。这两种形象之间有一条巨大的鸿沟。

布：卡特也许不会同意你关于共同性结构的意见。

麦：我的意思是说南方是一个共同形象的地区。他的口音是共同性比较强的口音，不是个性化的口音。

布：在美国这样一个多样化的、有许多区域特征的国家里，他的口音会产生什么影响呢？

麦：显然，他的口音对年轻一代的吸引力超过对老一辈的吸引力，因为爵士乐和摇滚乐产生于南方。

纽：你说共同性比较强的地区时，你的意思是说，这个地区有比较强大的黏合力，其他地方却没有这样的黏合力吗？

麦：而且南方还有共同的口音，社会生活中共同的口音或说话的节奏；这种口音和节奏是非常强大的，具有强大的黏合力和共同的特性。这不是个性化的声音。福特使用的却是个性化的声音。

纽：麦克卢汉教授，你分析这两位候选人时，你是否想过，根据你的谈话，其中一人占有一定的优势？

麦：是的，肯定是这样的。如果卡特少说不妥当的话，他在电视上就占优势；只就形象而言，他在电视上的优势很突出。无与伦比。但是，这个优势依靠尽量不在新闻媒体上露面。如果他躲避几个月，他一定会很走运。

布：麦克卢汉教授，你认为这个媒介就是未来吗？你认为社会就是这样打造舆论的吗？

麦：媒介是现在，现在也是未来。

布：那你为什么还有继续写书出书呢？

麦：这是一条宣泄的途径。你这个问题不妨这样问：为什么有人继续生产口香糖？这是各种活动的宣泄途径。我从来没有反对过书本。我是文学教授，从早到晚都教书。

第十七章

作为寻求身份认同的暴力（1977）

　　1977 年 12 月 28 日，麦克卢汉最后一次上电视，做客安大略省电视台公共事物节目《迈克·麦克马纳斯教育节目》(*The Education of Mike McManus*)。

　　一般人误解他的"全球村"，以为它的意思是"和谐之地"。相反，麦克卢汉描述的是一个野蛮的部落世界。"人们生活的距离缩短之后，会越来越野蛮，会失去耐心……地球村里充满着艰难的界面和摩擦的情景。"谈到自己的国家时，他提出了一个激进的移民政策。他认为，这激进的举措可以"使加拿大人保持一定的距离，使其保留各自的特性而不被融合"。把文化马赛克作为移民政策的思想是一个"令人惊叹的生存战略。生存是合理的生活目标，在一个快速变革的社会里尤其如此"。

　　在谈话的过程中，麦克卢汉又提出了两句富有魅力的警语："一切形式的暴力都是对身份的寻求。""有书面文化的人是咒吸宣传的傻瓜。"接着他做了这样的解释："你不可能用宣传去改变土著人。你可以向他出售朗姆酒和小装饰品，但是你不可能把思想卖给他。"

　　迈克·麦克马纳斯（以下简称迈）：早在 20 世纪 60 年代初，你就预料世界即将成为一个地球村。我们将具有全球意识。我现在想问，这样的局面正在出现吗？

麦克卢汉（以下简称麦）：我想你听说过朱利安·杰尼斯 [①] 的《两院制头脑》（ *The Bicameral Mind* ），听说过他同一个精神的分裂和意识的诞生吧。

迈：由此可见，你的预测是对的？我们正在进入这样一个世界？

麦：不，不，我们正在回头走，正在回到两院制头脑，知识部落的、集体的头脑，没有个人意识。

迈：麦克卢汉博士，这个部落世界似乎不太友好。

麦：哦不，部落人主要的尚武活动是互相屠杀。这是部落社会里全部时间投入的尚武活动。

迈：但是我想，我们在全球化和部落化的过程中，我们尝试——

麦：彼此距离越近，你越是会彼此喜欢吗？没有任何迹象证明，我们听说过这样的情感。人们生活的距离缩短之后，会越来越野蛮，会失去耐心。

迈：那是为什么呢？是因为人的天性吗？

麦：在狭窄的环境中，人的宽容心受到考验，村民不会那么彼此喜爱。地球村里充满着艰难的界面和摩擦的情景。

迈：在魁北克人想分离的渴望中，你看到这样的模式吗？

麦：我想，魁北克人觉得加拿大英语区人和他们有严重的摩擦。100年前，美国南方人对北方佬也有这样的感觉。

迈：这是对生存空间的需要吗？

麦：不，这是对比较少的摩擦的需要，就像轮和轴之间需要一点空间一样。如果轮和轴太靠近，它们就失去了游戏博弈的空间，就玩不下去。所以它们之间必须要有一点距离。

---

① 朱利安·杰尼斯（Julian Jaynes, 1920—1997），美国心理学家、大脑研究专家。长期执教于普林斯顿大学，他认为，在3000年前，人的心灵是一分为二的，人的意识是现代社会的产物，著《意识在两院制头脑的崩塌中诞生》（ *The Origin of Consciousness in the Breakdown of the Bicameral Mind* ）。根据他的理论，古人头脑里有两院；一院属于个人的主体性，另一院被神权占据，意识产生于两院之间的接口上。

迈：这样的距离是全世界必须要的模式吗？

麦：显然是这样的。世界各地常常出现分离主义活动。每一个国家里都有许多地方主义、民族主义的小群体。即使比利时这样的小国也存在一个比较大的分离主义运动。

迈：但是，说到我们魁北克省的情况，你把它说成是对身份的寻求吗？

麦：是的，一切形式的暴力都是对身份的寻求。你生活在边疆时就没有身份。你什么都不是。此时你非常坚强。你必须要证明，你是有身份的人，因此你养成了强烈的暴力倾向。由此可见，身份常常是暴力的伴生物。你觉得这似乎是一种悖论吗？一般地说，人们失去身份以后常常就不由自主地需要暴力。因此，使人有暴力倾向的原因是，他们的身份受到威胁。恐怖主义者、劫机者是没有身份的人，他们决心要得到身份，要引起新闻界的注意，要引起人们的注意。

迈：这一切都是电子时代的产物吗？

麦：哦不，任何时代的人都一直是这样的。不过，在我们的时代，一切都发生得很快，在电速条件下，我们没有时间去适应新情况。几乎没有时间去适应任何新情况。

迈：那么，加拿大法语区人对身份的寻求以及其中的暴力，就是你所谓伴生的暴力，这种情况并不是来得很早。如果没有——

麦：对，如果没有电子技术，那就是来得太早了。广播之类的电子技术使人很难建立人与人的关系。爱尔兰已经显示了许多这样的回应，它的北部和南部的关系，它和英格兰的关系，都出现了这样的回应。我举这个例子，因为人人都知道一点点。直到最近，才出现了一点妥协的苗头，过去一直是毫不妥协的。英格兰代表的是高度文字取向的社会，爱尔兰是更加倚重口头文化、更加紧密的、部落式的群体；部落式感情很强烈，广播使他们心烦意乱。就这样，广播使世界各地的部落社会感到沮丧。本世纪引起暴力的主要技术之一就是无线电广播。希特勒就是完完全全的广播人和部落人。

迈：那么，电视对部落人起什么作用呢？

麦：我想，希特勒在电视上会好景不长。就像约瑟夫·麦卡锡参议员，如果上电视，他就会像傻瓜。他是一个形象热的人物，就像尼克松。尼克松在电视上的形象很糟糕，他上电视太热，上广播好得多，上电影不会差。广播和电影能够接受形象很热的人物。尼克松上电视就没有什么希望。

迈：中央情报局和联邦调查局的调查，甚至我们的研究，还有我们皇家骑警队（RCMP）的调查，但愿这样的事情不会发生！这样的调查和研究与电子时代有关系吗？

麦：哦，是有关系，因为我们现在有技术手段使每个人处在监督之下。无论在世界何处，我们都有办法把人置于监督之下。这已经成为人类一种主要的职业，观察并记录别人的言行。这是大多数企业的经营之道。每一家大企业都有一个很大的侦探部门，叫作公关部和受众研究部，而且是24小时运转的部门。这已经成为人类的重要事务，就是看别人在干什么。

迈：而且侵犯人家的隐私。

麦：侵犯隐私，不顾及人家的隐私。人人身上都有许多孔洞，光线和讯息穿透我们的身子。顺便说一说，我们此刻正在上电视，我们进入电波之后，就没有肉体。你打电话、上广播、上电视都不再有肉体。你只剩下一个形象。没有肉身时，你就成为无形无象的人。你和周围世界的关系就迥然不同了。我想，这是电子时代的重大影响之一。它剥夺了人的私密身份。

迈：你说这是正在对我产生的影响吗？

麦：在电速条件下，人人倾向于和他人产生身份认同，这就是所谓大众人。这种情况已经有一段时间了。

迈：你说，新技术是一种革命性的媒介？

麦：对。新技术产生新情况，人们几乎没有时间去适应新技术。他们很快就被异化了，于是就寻求各种各样的稀奇古怪的宣泄渠道，就依靠一些面具去确立自己的身份。娱乐业已经成为人们确立自己身份的途径，用面具去确立身份，没有面具，你就没有身份。所以，人们正在学习娱乐业，将其表现方式作为日常生存的一种普通手段。这种生存方式叫角色扮演。角色扮演已经成为企业界一种正常的生存方式。专门分割的工作已经消失，角色扮演已经大规模出现，角色扮演比死守一个工种灵活。专门分割的工作是静态的、不断重复的工作，相反，角色扮演是非常灵活的工作。你可以扮演许多角色，不过你一次只能够干一种工作。

迈：现在这个时代里，每一个 24 岁以下的人都属于电视的一代，是吗？

麦：对。

迈：你觉得，这些 24 岁以下的年轻人已经完全部落化了吗？

麦：他们失去了方向感，他们没有目标，没有目的。这是比较温和的表达。

迈：你认为这是新情况吗？

麦：我认为，这是 24 岁以下的年轻人的特点。对，我认为这是新情况。

迈：你又说，今天的孩子和他们的父母之间，有一条 2400 年的鸿沟，因为今天的孩子是在电子环境里长大的，可是他们仍然不得不生活在文字的世界里，因为我们大家都还不得不生活在文字的世界里。是这样的吗？

麦：对，孩子和父母之间有一条鸿沟，因为父母是在文字环境里成长的。拼音字母表是西方文化的滥觞，大约起源于公元前 500 年，距今大约 2400 ～ 2500 年。我们仿佛是后文字的第一代。我们已然经历了硬件的文字世界和线性的左脑技术。我们再次进入了一切同步的世界、整体的世界、右脑人的世界，第三世界的人们是右脑人。所以，我们的孩子正在发生这样的变化，我们眼看着他们成为第三世界人。

迈：这是什么意思？

麦：意思是，他们觉得自己更合群、更随大流，但实际上他们更个性化、更明确地以目标为导向。音乐节目主持人对这个情绪起到了推波助澜的作用。顺便说明，身份失落的重要表现之一是怀旧情绪。所以，我们到处看见再现和复兴的东西，表现在生活的各个方面，服装、舞蹈、音乐、戏剧等都有复兴。这个潮流告诉我们，我们现在是谁，我们曾经是谁。

迈：这些更加合群、个性有所减少的孩子，是不是更加富有激情、更有暴力倾向呢？

麦：我想，他们的生活脱节，这使他们经历了一段暴力倾向猛烈的阶段。他们被撕裂了。

迈：他们似乎失去了方向。

麦：在电速条件下，他们没有目标。什么是目标？你已经到达目的地。你给它取名字，那就是你的目标，而且你已经达到你的目标。

迈：你说，媒介暴力会侵犯没有准备的人。首要的不是媒介内容，重要的是媒介对隐私的侵犯，而人们又没有这样的思想准备，这就是破坏性所在。

麦：最近有一个案子，年轻的被告被控犯有谋杀罪，他希望侦探科杰克[①]为他辩护。这是令人痛心的事情，因为从来没有人把娱乐节目中的虚拟犯罪当作真实的案子。那不可能。只有生活在毒品产生的幻觉中的人才可能把虚构当现实。这里有一个奇怪的因素：电视具有毒品那样的诱惑力。它能够使人上瘾。它走进人的心里，具有镇静剂的作用。不久前（1977），《底特律自由报》设立奖金，凡是连续几天不看电视的人，都可以获得500美元的奖金，结果却没有几个人去领奖。想拿奖的人几天之后就退出了试

[①] 科杰克（Theo Kojak），哥伦比亚广播公司电视连续剧（1973—1978）中的高级警官、著名侦探。

验。他们受不了。

迈：你是否觉得，你和我喜欢读书识字带来的馈赠，所以我们比儿童更能够抗拒电视的诱惑力呢？

麦：对。我想你获得了一定程度的免疫力，就像文化水平高的人对酒精具有比较强的免疫力一样。有文化的人能够做到不醉酒，部落人就做不到。在穆斯林的世界里，在土著人的世界里，醉酒的事不可能发生，酒是魔鬼喝的。然而，有书面文化的人是吮吸宣传的傻瓜。你不可能用宣传去改变土著人。你可以向他出售朗姆酒和小装饰品，但是你不可能把思想卖给他。因此，宣传是我们的阿喀琉斯脚踵①，我们的弱点。只要遇到硬性推销的手段，我们就会接受。所以说，在有书面文化的人的构造因素之中，宣传是一个虚弱的要害。

迈：你说电子人很容易失去宗教信仰吗？

麦：他们的注意广度很短暂，你知道的。我们发明了许多一句话的俏皮话，取代比较长的笑话，因为人们没有耐心等你把比较长的笑话讲完。滑稽故事太费时间。萨姆·高德温②说："对于批评家，不要仅仅是不予理睬。"这就是一句话的俏皮话。这是我们大家有时间听完的俏皮话。在电子条件下，注意广度大大削弱。与此同时，我们的身份也大大削弱。

迈：但是宗教涉及思想，它需要更多的时间吧？

麦：宗教是一种灌输形式，它需要相当程度的文化水平。如果没有书面文化，你很难给人灌输宗教。随着书面文化的削弱，人们就失去对宗教的依附。

迈：简要地说，这就是叫媒介生态吗？

---

① 阿喀琉斯脚踵（Achilles heel），阿喀琉斯是希腊英雄，出生时母亲捏住他的脚踵倒提着把他放到冥河里去浸泡，他由此而得到刀枪不入之身，唯一的弱点就是脚踵，结果在特洛伊之战中被击中要害而死。

② 萨姆·高德温（Sam Goldwyn, 1882—1974），美国电影制片家，米高梅电影公司合伙人。

麦：其意思是使媒介的布局构成互相帮助的关系，使之不互相抵消，而是互相支持。比如你可以说，广播对识字的帮助大于电视，而电视非常有利于语言教学。所以，你可以用某些媒介做某些事情，做其他的媒介不能够做的事情。因此，如果你观察整个的媒介领域，你就可以避免浪费，避免互相抵消的浪费。

迈：麦克卢汉博士，你曾经承认，你讨厌看到我们这个世界处在动荡之中，是这样的吗？

麦：我不会说"讨厌"看到这样的情况。这个世界很令人困惑，你没有时间来适应或认识任何人。你知道，在我们生活的世界里，我们每天遇到许多许多人，一生就那么一次，对你对他都只有偶然一次相遇的机会。

迈：我想得更多的是你的情况。你出生于埃德蒙顿，拿到英语硕士学位，你留学学的也是英语，主要是在剑桥大学。英语在很大程度上就是你的世界，文学受到新电子媒介的攻击，尤其是电视的攻击。这是不是让你很难受的事情？

麦：我想不是，因为直面对立的力量是很好的挑战。

迈：但是，你不愿意看见文学界土崩瓦解吧？

麦：绝对不会。我的价值是以文学为中心，我日日夜夜教的就是文学。

迈：你认为，文学会幸存下去吗？

麦：我想是的，我相信是这样。

迈：有人说，你敌视现代生活，你讨厌机器，你讨厌大都市，是这样吗？

麦：哦。他们说的是我写《机器新娘》吗？那已经过去一段时间了，是很久以前的事情了。我没有时间沉迷在那样的情绪里，太忙，没有时间培养那样敌对的情绪。我很幸运，一年又一年遇到非常好的人，非常好的学生，我非常心满意足，因为任何其他的事情而抱怨任何人，那实在是太自私了。

迈：还有人说，你生平从来没有感到过孤独，是这样吗？

麦：对，我从来没有那样的感觉。

迈：请描述一下你 1938 年改信天主教，踏上一个漫长的朝觐之旅，一个孤独的朝觐之旅，完全靠读书进行的朝觐之旅。

麦：我想这是真实的描绘，再说一遍，除了我的幸运之外，就是你说到这种情况。我也与人会晤，但主要是，进行文学活动。

迈：能不能说一说切斯特顿①的那本书《这个世界出了什么问题？》(*What's Wrong with the World?*)

麦：那是汤姆·伊斯特布鲁克在温尼伯的街上给我的。他说："我讨厌这本书。我想你会喜欢的。"

迈：我年轻时读过一点他的书。我常常想问你，你是否对自己的贡献感到满意，你比切斯特顿影响的范围更大一些，但和他的影响类似。他总是接过人们接受的东西，然后把这些东西上下内外颠倒过来。

麦：这是为了仔细从各个方面观察。他是立体主义者。悖论是一种立体主义，你同时从不同的方向观察同一个情景。

迈：因此悖论和立体主义有一些相似性吗？

麦：当然啰，这是非连续性的、多层次的感知习惯，不过这和我对乔伊斯、庞德和艾略特的兴趣也有关系，因为他们也是多面体的人，非常典型的右脑人。

迈：还有哈罗德·伊尼斯吧？

麦：我很幸运有缘与他邂逅。给我们搭桥的是我的《机器新娘》。我听说，他把《机器新娘》放进了阅读书目，很想知道什么样的学者会把这本书列进书目。所以我就去见他，在他有生之年的最后岁月里和他成为朋友。

---

① 切斯特顿（G. K. Chesterton, 1874—1936），英国作家、批评家、天主教思想家。主张分产主义，麦克卢汉留学英国时的精神领袖之一，主编《周刊》，著作甚多。

那是他人生的最后 3 年。不过我认为，伊尼斯研究技术的影响，2400 年来仅此一人，这确实令人吃惊，因为有机会从事这种研究的了不起的思想家真是太多了。研究文字对人的影响，或任何东西对人的影响的，唯有他一人。这是伊尼斯独步天下的特点。亚里士多德和柏拉图从来没有研究过任何东西对任何人的影响。

迈：就你写的书而言，你是否想把《机器新娘》《谷登堡星汉》和《理解媒介》列为你的三大丰碑呢？

麦：我还有一本书叫《媒介定律》，我想会更加吸引人。不过我想说，我始终在研究新东西。

迈：还在寻找模式识别吗？

麦：这是人生激动人心的大事情，是一种侦探活动，你知道的，我进行大量的探索。

迈：关于加拿大人，我想诺斯罗普·弗莱说过，加拿大给你一个机会去当一位观察家。

麦：对，因为你没有太深地介入其他人的问题，我们的问题比其他人的问题要小一些，所以你就可以对全世界承担蓝德斯[①]那样的角色。

迈：请你说一说多元文化马赛克好吗？

麦：这是能够产生奇效的策略，有助于维持魁北克人和其他少数民族的文化身份。

迈：你为什么把它叫作策略？

麦：这是正式结束熔炉的策略。魁北克人害怕被美国文化的熔炉熔化掉。我想问题就是这么简单，我想他们的担忧是对的。他们很容易受伤害。

---

① 蓝德斯（Ann Landers, 1918—2002），美国专栏作家。1955 年开始写专栏，回答读者提出的社会心理、行为举止等方面的问题，该栏目很快成为整个北美报业辛迪加共用的稿件。她与麦克卢汉相识于波多黎各，两人应邀做客青年董事长组织主办的会议。

我们大家都很容易受到美国人的伤害，他们很吸引人，很好的人，我想我们很容易融合进他们的生活，我们有这样的意图。

迈：这是不是意味着，为了减轻他们的担心，我们可以试图让新移民群体维持他们初来时的状况？

麦：而且要让他们的文化维持原状，和其他的文化分离。这就是多元文化马赛克的意义。马赛克是静态的，不是不断互动的状况，它是静态的，这是魁北克的法语族想要维持的状况。他们想要维持原貌，这不容易。我刚才说过，让他们维持原状是能够产生奇效的、维持多元文化马赛克的策略。我不知道这种策略是否能够成功，但是我当然不想这种策略会给他们带来伤害。你知道，这是一种媒介生态，是利用我们现有的资源来使各族群不融合、维持原有文化的办法。我认为，这是一个重大的步骤。从来没有听说过其他国家用这个策略，你听见过吗？从来没有听说过把多元文化马赛克作为移民政策。这是为了生存能够收到奇效的策略。这个生存策略是一个合理的生活目标，在快速变化的世界里尤其是如此。

迈：你本人对此深有感触吗？

麦：是的。我给哈佛大学的一本论文集写了一篇文章，叫《作为边疆的加拿大》，书名是《加拿大的想象力：文学的多维度》。文章写的是加拿大处在许多边疆之中的地位所产生的奇特效应。我们在每一个方向上都有许多文化边疆，这种处境在个人身份和群体身份的观念来说，都是非常令人困惑的。然而，这样的处境又使人充实，因为边疆人与其他民族和文化有大量的互动，他们的生活是丰富多彩的。

迈：我知道，你不喜欢做预测。

麦：我随时随地在做预测，但是我要确保我预测的东西绝对是已经发生的。

迈：你不喜欢人家叫你预言家，不过从《圣经》文字的意义上说，预言家不仅谈未来，而且告诉你目前正在发生的事情。你想不想告诉我们，我国是否能够维持统一的局面^①，你能不能告诉我们目前正在发生的事情呢？

麦：我不知道这是否叫预言。有一种观点是，分离主义早就出现了。不过，还有一种硬件意义上的观点：分离主义依然故我。从硬件的意义上说，加拿大仍然是一个统一的国家，这就是法律意义上的统一。在电子条件下，硬件处在危险之中。在电速条件下，硬件世界倾向于移入软件的世界。

迈：麦克卢汉博士，我们剩下 15 秒钟，还有一个问题：你经常看电视吗？

麦：一旦有机会就看。不是太经常。昨天晚上就没有机会看《弄臣》^②，我非常失望。

迈：你不经常看吧？

麦：不，我没有你们那样多的机会。

---

①　20 世纪 60 年代和 70 年代，加拿大魁北克省要求独立，该省原名 "法属加拿大"，文化上有别于其他 9 个省的 "英属加拿大"，20 世纪后期，分离主义的势头逐渐减弱。

②《弄臣》（*Rigoletto*），意大利四幕歌剧，又名《利哥莱托》，意大利歌剧作曲家威尔第（Guiseppe Verdi, 1813—1901）的代表作，完成于 1851 年，同年在威尼斯首演。

第十八章

人与媒介（1979）

麦克卢汉总是说，他不会创建一套自足的理论体系；然而到了晚年，他的确留下了一些线索使我们看到，他想要寻求终极的理论、终极的整合。这样的整合出现在他 1979 年最后一次的讲话录音里。这次的讲题是"人与媒介"。报告是在多伦多市的约克大学做的。

麦克卢汉考察了人类的人工制品，从最早的工具一直到电气媒介，包括电脑。他认为，电脑是人的身体和神经系统的延伸。他认为，人工制品是人类进化的构造成分，这是达尔文做梦也没有想到的。麦克卢汉说："人的技术是人身上最富有人性的东西（Man's technology is the most human thing about him.）。"不过他赶紧告诫我们说，我们尚未完全准备好去应对技术的破坏力量。为了抗衡技术的破坏力量，他提出了一种新的生存方法，这是理解任何新技术效应的方法。他把这样的方法叫作"媒介定律"："媒介定律就是关于人工制品在人与社会身上运作及影响的定律（Laws of the Media are observations on the operation and effects of human artifacts on man and society.）。"

几个星期之前，我在巴塞罗那发表讲话，我的翻译很棒。我一边听一边想，有一个现象也许很重要。我注意到，你无法把笑话翻译成另一种语言。现在我想原因是这样的：笑话真的需要隐蔽的牢骚背景，笑话只不过是坐的前台的外在形象而已。你们记得那些裸奔者吧？他们要发牢骚，这个牢骚现在叫作"只不过是一张一闪而过的光屁股"。但是，裸奔者背后的牢骚是无法翻译的。使他们裸奔的牢骚，你实在是说不出口。就连最简单的笑话，你也找不出讲得通的背景。

我想要给西班牙的听众讲几个纽芬兰省的故事，由此开始介绍加拿大。我想到的故事有这样一些：一位纽芬兰人到银行去兑现支票。银行出纳要他出示身份证明，他掏出一面小镜子看着自己说："那就是我，行了吧。"

在另一个故事里，一位社会学家问一位纽芬兰人："你有兄弟姐妹吗？"他说："有，我有个兄弟在哈佛大学。""哦，他在哈佛学什么？""他不在那里学习，人家研究他。"还有几个：纽芬兰人的梯子顶端写着几个字，"停步"。纽芬兰人的啤酒瓶底印着几个字，"在另一端开瓶"。纽芬兰人如何处理水门事件呢？"同样的方式。"如此等等。现在要问，为什么这些故事成为纽芬兰人的笑话？我们对纽芬兰人有什么不满意的牢骚？如果我们没有牢骚，那是不会有笑话的。

这些纽芬兰人的笑话是我们目前解不开的疙瘩，其他语言里情况也是这样。这些笑话跨越边界或试图跨越边界，从一个地方进入另一个地方。它们是一种重要的交流形式。它们反映的是人人感觉到的牢骚和烦恼。然而，人们并不注意研究笑话。

几个月前，巴黎流传这样的一个故事。一个人觉得世人离弃他，他很孤独；所以他走出门，爬上高楼楼顶，纵身跳下；在坠落的过程中，他经过自己的套房时听见电话铃声，这使他想起世界上除了他之外还有另一个人。我们说，这个笑话令人恶心。恶心的笑话是一种新形式的牢骚。为什么恶心的笑话会流行？这是值得研究的问题。

莫斯科流传这样一个故事，有人要办一家美式夜总会。计划落空、事情办砸了，于是就组成一个委员会去检查失败的情况。委员会考虑的问题有："餐饮好吗？"经理们忙不迭地解释说："我们有法国大厨、一流菜谱、最佳美酒，而且价格公道。""装修好吗？布局好吗？""我们请的是意大利设计师，又聘请了好莱坞顾问。""女孩子怎么样？""她们绝对是一流人才，每个人都是1917年以来的老党员。"由此可见，俄国人的牢骚在哪里。

　　笑话的背后不可能没有牢骚。当代世界的快节奏产生了一句话式的俏皮话（one-liner），这是缩短了的笑话。俏皮话适合于注意幅度短促的人，他们不会等待你讲完一个比较长的故事。你不得不快快完事。你迅速端出笑料，就是人家能够一只耳朵进一只耳朵出的那种笑料。有一句俏皮话是关于宙斯的，他对同伴那喀索斯① 说："好好看你自己。"另一句是："你看不见墙上的警告，直到你撞到墙上。"或者是这样的俏皮话："政治是嘴唇里射出的枪弹。"这样的俏皮话简直是难以尽述。

　　这些俏皮话是对牢骚的回应，它们导致更强烈的反应或言论，比如恐怖片、吸血鬼电影和对恐怖故事的普遍崇拜。这是对媒介情景的回应，人们觉得，媒介把他们卷进去，钻进他们的身子。《大法师》② 描绘生活在电子时代的感觉，完全被怪异和隐蔽力量附身之后的感觉。观众觉得中了魔法，不能自已。影片里面当然就有这样的俏皮话："如果你不给大法师付钱，你就会再次魔鬼附身。"

　　自动退场的人是我们时代的外在形象。退场的人实际上是想要建立联系的人。如果你感到紧张，最好是先放弃以便稍后恢复接触。"进入接触状态"（get in touch）是一个莫名其妙的短语。轮与轴互动时，只要它们之间保持适当的距离，只要它们之间保留适当的空隙，它们就处在接触的状态。无论间隙太大还是太小，它们都会失去接触，轮子就会太紧，或太大，甚至是解体。保持接触的状态就需要这样的互动和这样的界面，界面就是一种共鸣的间隙。接触实际上不是连接而是间隙。你触摸物体时，你和物体之间有一点空间，一个共鸣的空间。这就是游戏，没有游戏，任何领域的创造性活动都是不可能的。

　　接下来我们说暴力的主题。暴力是对情景的回应。迅猛的变化使你感

---

① 那喀索斯（Narcissus），希腊神话中的自恋神，美少年，迷恋自己的水中倒影，憔悴而死。

② 《大法师》（The Exorcist），又译《驱魔人》，美国恐怖片，1973 年发行。

觉要被撕裂时，你在没有预警的情况下突然进入另一种情景时，你失去了身份。你不知道你是谁，你不知道你身处何方。这就导致了暴力的回应。

顺便说明，在橄榄球赛之类的公开场合，一切在场的人都是没有身份的人。即使你的邻座是查理·卓别林或爱丁堡公爵，他们同样会失去自己的身份，你也会失去自己的身份。失去身份之后，人们指望的补偿是什么？他们期盼暴力。于是，运动就提供了一种系统化的、有组织的暴力形式，暴力就成为对运动员和观众失去身份的补偿。在实际生活中失去身份的人是很难驾驭的，他有严重的暴力倾向；这是他重新发现自我的一个办法。他会问："我是谁？""我如何重新确立自己的形象，在世上找到自我？"我们的流行娱乐形式就有这样的暴力倾向。无论西部片、惊险片还是恐怖片，实际上差不多每一种电影都有这样的倾向。人们在这些影片里寻求身份。你们也许还记得福斯特《印度之旅》里的一个场面。阿德拉·桂斯特小姐（Adela Quested）在马拉巴洞穴里遇到一个奇怪的影子。这是绝对使她感到恐怖的一刻。一个高度文明的人与一种未知力量的遭遇是两个世界的互动，一个是纯视觉的熟悉的世界，一个是隐蔽的、有回声的、共鸣的、鬼怪的世界。

我们这个世界的奇事之一是，正在发生的事情并非和上述情景没有关系。我们走出一个非常倚重视觉的时代，突然遭遇到瞬即同步的世界，没有我们熟悉的边界的世界；在原来那个视觉世界里，我们熟悉的是有组织的观点、立场、专门分割的工作和态度。我们从 19 世纪那种陈旧的硬件世界中走出来，这个旧世界是工业技术或第一世界技术的世界，第一世界是熟悉的生产类型和工业类型的世界。我们从那个旧世界里走出来，进入一个瞬即信息、设计和模式的世界。这是突然从视觉世界跳入声觉世界的转折。我们这个同步—瞬即时代基本上是声觉的时代，而不是视觉的时代，因为耳朵不可能有视点。

对这个同步和瞬即的时代而言，序列是不存在的。逻辑是没有的。只存在同步—即时信息的突破。有一次坐飞机时，我们遭遇雷暴。一声炸响，一道耀眼的闪光，空姐若无其事地说，"我们遭到雷击。"我从来没有这样的经验，但她显然觉得是常事。对一个摸不着头脑的人来说，这样的事情令人吃惊。然而，这种同步—瞬即信息的世界正是我们生活于其中的世界。

所谓代沟是视觉世界长大的一代和在电视的、声觉的、同步—即时信息的世界里成长的一代之间的沟壑。视觉世界是工业复合体的第一世界，这是专业分割工作、观点、政策和态度的世界。20 世纪 20 年代广播问世时，一定程度上的代沟已经出现。广播的一代有一定程度的异化、脱位。格特鲁德·斯泰因把这一代人叫作"失落的一代"。不过，和电视一代比较，广播的一代还是没有受到多大的影响。也许，我们应该进一步研究那一个代沟——第一次世界大战里成长的一代人及其孩子之间的代沟。他们的孩子是在第四世界里长大的。

第四世界是电气世界，它围绕第一世界、第二世界和第三世界运转。第一世界是 19 世纪的工业世界。第二世界是俄国社会主义的世界。世界上的其他国家组成第三世界，产业制度尚未在这个世界扎根。第四世界是我们目前这个世界。它是电气世界、电脑世界、瞬即传播的世界。第四世界有可能捷足先登，抢在第一世界和第二世界之前进入非洲。广播早就进入非洲，渗透到非洲人的制度和心灵里。广播进入中国和印度的时间抢在其他西方产品的前面。第四世界的来临，也就是电子瞬即信息世界的来临，一点也没有引起新闻记者和马克思主义者的注意。顺便需要说明的是，马克思是 19 世纪人，是第一世界的硬件人，别无其他，他对电气技术全然不懂，对瞬即信息一无所知。他不可能预知第四世界将来方式的事情，第四世界是瞬即电子信息的世界。他的思想建立在生产和产品的分配上。他相信，只要人人有充足的一切东西，问题自然而然就不复存在。他从来没有想到，20 世纪最重要的商品也许是信息，而不是硬件产品。信息不仅是我们最大的产业，而且已经成为我们的教育事业。

我有一点离题了，我讲演的题目是"人与媒介"，说的是我最近倾注大量精力研究的媒介的一个侧面。我在一本新作的序言里说："人的一切人工制品，包括语言、法律、思想、假设、工具、衣服、电脑等，都是人体的延伸。"汉斯·哈斯（Hans Hass）的《人这个动物》（*The Human Aniaml*）把我们这个延伸力量作为主题。他考察了人创造附加器官（additional organs）的能力，"从进化的角度看，这是了不起的成就——承载着难以估量后果的进步"[①]。我提出的"媒介定律"就是关于人工制品在人与社会身上运作及影响的定律。正如汉斯·哈斯所指出的，人工制品"不仅是用来加工的工具，而且是人造器官引起的我们身体的延伸，这是或多或少的文明进步"。他认为，人体的延伸有几个好处：（1）它们不用经常补充营养，因而节省能源；（2）它们可以抛弃或储存起来，这是进一步的节省能源；（3）它们可以互换，使人专门化、扮演许多角色，所以用手执矛，人就成为猎手，用桨划独木舟，人就可以航海。一切工具都可以由社会分享，任何社会的专业分工人士都可以制造这些工具，手工艺就随之而起。[②]

汉斯·哈斯忽略了一点东西，那就是如何用生物的或心理的手段来对付制造新器官的技术能力产生的后果。在《专横的大脑》里，阿尔伯特·西美昂斯对这个问题有清楚的表述。他说：

> 大约50万年前，人类慢慢走上了文化进步的道路，一种全新的情况应运而生。工具的使用、火的管理产生了人工制品，于是为了人的生存，人类的大脑皮层就利用人工制造物。但是，人工制品和人体的组织毫无关系，它们不能与脑干的功能整合在一起。

---

① Hans Hass（汉斯·哈斯），《人这个动物》（*The Human Aniaml*），London: Newton Abbot, 1972，101 页。

② 同上，101 页。

脑干中控制身体的那个伟大的中心即间脑，却继续维持它原来的功能，仿佛人工制品根本就不存在。然而，间脑同时又是产生本能的中心，所以远古人就面对着一个新瓶装旧酒的问题。在大脑皮层使用人工制品产生的新情况下，间脑的本能行为再也不适合了。对前哺乳动物中的爬虫类而言，树上的新环境使它许多古老的反射行为失去意义；同理，在文化的黎明期，人类为自己建设的新环境使他的许多动物反射行为失去意义了。[①]

西美昂斯这段话说的意思是，我们对媒介和技术做出的自然回应用不上劲，我们不能够信赖本能，不能够信赖身体对新事物的回应。我们应该如何绕开或抵消我们对新技术所做的自然的回应呢？应该如何绕开或抵消对新环境创造的新环境做出这样的回应呢？

虽然我们每天都遇到这样的问题，可迄今为止尚未有人提出这个问题。爱伦·坡的故事《大漩涡》对 19 世纪的诗人和象征主义者产生了重大的影响，受他影响的有波德莱尔、福楼拜等人。在这个故事里，爱伦·坡想象出海打鱼的水手卷入大漩涡的情况。他看到船即将沉入漩涡，就开始研究漩涡的作用，发现有些东西消失，有些东西重现。他研究那些沉下去又浮上来的东西，把自己捆在其中一个必然会重新浮上来的船板上，终于死里逃生。遭遇摧毁一切的破坏性力量时进行的模式识别，是水手幸免于难的逃生之路。媒介掀起的能量大漩涡给我们提出了类似的问题，我们也要避开媒介的破坏性后果。我们身陷媒介的能量大漩涡，就必须要研究其模式；这样，我们就可以规划躲避破坏性后果的生存策略。

我们不能够把生存的希望寄托给人体的自然回应和自然本能，因为脑

---

① Albert T. Simeons（阿尔伯特·西美昂斯），《专横的大脑》（*Man's Presumptuous Brain: An Evolutionary Interpretation of Psychosomatic Diseases*），New York: E. P. Dutton, 1962，43 页。——原注

干无法对人造环境做出回应手段。我们的间脑、我们神经和脑干的进化结构，是在漫长的岁月里的进化产物，早在人类技术出现之前，它们就已经停止进化了。早在发明用火或衣服之前，脑干就已经完成了自己的编程。所以，人工取火、衣服、武器发明以后，脑干对这些人工制品不能够做出恰当的回应。艺术家的洞见或感知似乎是上帝赐给人类的手段，我们借此弥合进化与技术之间的鸿沟。艺术家能够给我们的感知生活编程或重新编程，给我们绘制从大漩涡里逃生的航海图，我们的聪明才智造成了这样的漩涡。艺术家对人类和媒介承担的角色就是生存的角色。

安东尼·斯托尔的《人的攻击性》有这样一段话：

> 显然，大多数的轰炸机飞行员既不比其他人坏，也不比其他人好。如果给他们一桶汽油，叫他们把汽油泼在一个孩子的身上，然后把汽油点燃，他们多半是会违抗命令的。但是，如果把一个正派人放进机舱里，叫他到离一个村庄几百米的上空去投弹，他可能不会感觉到愧疚，他可能会投下高爆弹或凝固汽油弹，从而给男人、女人和儿童造成惨重的痛苦和伤亡。他与被炸的人之间的距离把受害者变成了非人的目标，他们再也不是像他一样的、他可以与之画等号的人。[①]

这是一个典型的情景。轰炸机飞行员很像引进新技术的人，发明人利用的无非就是人的普通资源和现存的制度手段。这些扣动扳机的人从来没有想过，自己的行为究竟会产生什么样的冲击或后果。和远距离使用武器的情况迥然不同的是，有些后果就发生在人的身上，人自己创造的服务环境就对他自己产生影响。任何新的服务环境都深刻改变着使用者的本性和

---

① Anthony Storr（安东尼·斯托尔），《人的攻击性》（*Human Aggression*），London: Penguin Press, 1968，112 页。——原注

形象，铁路、汽车、电报、广播等都是这样的服务环境。短时间内突然发生的急遽的身份变化，往往会产生可怕的破坏力，这些可怕的破坏力对人的价值的摧毁，超过了使用硬件武器的真刀真枪的战争。

在电气时代，新的信息服务环境使人的身份产生变化，这样的变化对整个社群的个人价值或社会价值产生的影响，可能要大大超过粮食、燃料和能量短缺产生的影响。我想在这里说，罗马俱乐部①实际上在责备19世纪那种数量和硬件的后果，完全忽略了软件信息对人的心理产生的影响。新媒介对人的心理资源的撕裂所带来的危险，也许会对大大超过硬件的能量短缺所带来的危险。

在即将出版的《媒介定律》②中，我将介绍一种新的生存策略。希望读者能够提出意见，以便改进这一方法。与此同时，我认为，用以下4个问题，我们就能够注意和理解任何新旧技术产生的后果：

（1）技术使什么得到放大、提升或拓展（amplify, enhance, or enlarge）？

（2）它使什么东西过时（obsolesce）？

（3）它使什么东西再现（recurrence）？使什么很久以前的东西（也许是过去废掉的东西）回归？

（4）当它被推向极限之后，它猝变或逆转（flip or suddenly reverse into）成什么东西？

我给这4个阶段的模式举一些例子。任何人工制品的发展都经历这4

---

① 罗马俱乐部（Culb of Rome），世界知名民间组织，成立于1968年4月，由知名科学家、经济学家和社会学家组成，研究人类困境和出路，就新态度、新政策和新制度提出建议，其里程碑式报告有《增长的极限》等。

②《媒介定律》（Laws of Media），麦克卢汉去世多年后，该书由其儿子埃里克·麦克卢汉修订出版（1988）。

个阶段。譬如我面前有一架照相机，游离于其他东西的照相机。凭借抓拍的功能，它提升人的攻击性和个人的力量。它使隐私过时。它使过去再现为现在，昔日猎杀大动物的情景再现为现在的情景。用照片把昔日活生生的猎人带回家就是把人带回家：新闻摄影就像猎获大动物的情景。摄影术突然进入了公共的领域。

再以拉链为例，普普通通的拉链。它放大抓取和掌握的功能。它使纽扣和弹簧扣过时。它再现飘逸的长袍，使之穿戴方便。它逆转成了维柯牌子的搭扣（Velcro drape），别针、纽扣、拉链或再锁扣都不再用了。

钟表拓展了工作的功能。钟表发明之前，现在所谓的工作是无法组织的。工作使休闲过时，以艺术形式再现历史；钟表再现历史凭借的是时序的技术，可以计量的、时序的、视觉的技术，可以用钟表计时的技术。它推进到永恒目前的时刻，从而实现了逆转。

瞬即回放的技术提高了认知过程的意识，它使表征性的、时序性的东西过时，因为时间发生的时序根本就无关紧要了。它再现的是意义。你可以在没有经验的情况下借助瞬即回放的技术而求得理解。这是它令人吃惊的一面。你可以把握事件的意义和结构，却不必亲身去经历这一事件。它猝变为团体模式识别（corporate pattern recognition），而团体模式识别又很容易和传统联系起来。也许，瞬即回放的技术是我们这个时代最令人叹为观止的技术，是最深刻、最形而上的技术。

一般地说，电气媒介放大信息、范围和地域，靠同步性把信息推进到服务环境之中。电气媒介使视觉那种连接的、逻辑的和理性的东西过时。这些媒介再现了潜意识的、听觉的和触觉的对话和参与。它们最终使一切硬件逆转为软件。从硬件的角度来说，汽车不值几文钱；但是，从软件设计的角度来说，它的价值数以百万计。请思考雕塑的意义。在电速条件下，发送信息的人被发送出去了。信息发送人上广播电视时，他立即被送往世界各地，以没有肉身的形象出现。电气技术造就了天使般的人、无形无象的人。你打电话时，你同时在纽约和这里出现，对方也同时在两个地方出现，只是不必肉身在场。在信息世界里，无形无象和无肉身的存在隐含着这样一种现象：我们的教育制度没有使我们做好充分的准备。

这4种变化——提升、过时、再现和逆转——的模式，刚好是暗喻的模式。一切暗喻都包含这4个方面。一切暗喻都可以写成"外形／背景：外形／背景"这样一个比率。这4个方面不是连接的，它们构成一个比率。一切技术都含有这4个方面。我逐渐认清了这个模式，不得不做出这样的结论：人的一切延伸都是我们存在的外在表达或外化，都具有语言的性质。无论这个延伸是鞋子、手杖、拉链还是推土机，一切延伸形式都具有语言的结构，都是人的存在的外化或外在表达。就像一切语言形式一样，它们都有自己的句法和语法。在考察这些技术革新的结构时，我们得到了这个出人意料的结果。我们并非有意识地寻求技术的共同结构，起初只是想寻求个别技术的结构。最后我恍然大悟，这些技术实际上都是语言性质的结构；从它们共同的语言结构来说，硬件和软件、语言技术和非语言技术都没有区别。

由此可见，这个媒介定律说明，人的技术是人身上最富有人性的东西。一切形式的硬件都具有语言的性质，是最富有人性的东西。所谓硬件就是各种类型的机制，包括眼镜、话筒、纸张、鞋子等。utter（说出）这个词源于 outer（外界的），所以 outering（外化）是技术的本性。人体器官延伸到环境之中就相当于一种形式的说话或表达。因此，在这些 outerings（外化）或 utterings（说出）的技术里，总是存在着一个完全灵性的本质和模式。

马丁·海德格尔 [①] 的文章《艺术品的起源》（*The Origin of the Work of Art*）

---

① 马丁·海德格尔（Heidegger, 1889—1976），德国20世纪最富有创见的思想家，存在主义的主要代表。代表作有《形而上学导言》《存在与时间》等。

有一段文字，评论凡·高①一幅著名的油画，画的是一双农妇穿的木屐：

　　我们挑选凡·高的一幅名画来说明问题。他作过好几件木屐画。我们在这里看见了什么呢？人人都知道鞋子包含什么成分。如果不是木屐或树皮鞋，就会是皮鞋，就会用皮革做鞋底和鞋帮，用线和钉子缝合拼接。这样的鞋子是穿在脚上的。鞋子的用途各有不同，有田间劳作的鞋子，还有跳舞的鞋子；用途不同，做鞋子的物质材料和形式就不相同。

　　这样的表述毫无疑问是正确的，可是它把我们要理解的情况搞复杂了。但是，用途本身又怎么说呢？在构想鞋子用途的观念时，我们是否已经同时想到鞋子的性质？为了在构想鞋子时有所收获，我们是否必须特别注意它的用途呢？农妇在田间劳作时穿鞋子。只有在这个场合，鞋子才成其为鞋子。如果她劳作时很少想鞋子，或者几乎不看鞋子，或者根本就没有意识到脚上穿的鞋子，那么，她穿的鞋子就越是正宗、地道的鞋子。她穿着这双鞋或站或走，这就是鞋子的实用功能。正是在鞋子的使用里，我们实实在在地邂逅了鞋子的性质。

　　如果仅限于想象鞋子的一般情况，或仅限于看一双没有穿在脚上的鞋子，如果它们只停留在画中——如果是这样，我们就永远发现不了鞋子是实实在在的存在物的观念。从凡·高这一件作品来看，我们就不能够说明这双鞋是在哪里。这是一双农妇鞋，周围空无一物，它们在哪里、属于谁都不清楚——这是一个没有界定的空间。

我想把这个空间叫作声觉的、共鸣的空间。文章接着写道：

_____

　　① 凡·高（Van Gogh, 1853—1890），荷兰画家，后印象主义代表人物之一。以风景画和人物画著称，代表作有《邮递员罗兰》《画架前的自画像》《星夜》《向日葵》等。

　　这双鞋没有粘一点泥土，没有一点田地里或田埂上的泥土，所以就没有任何东西暗示其功能。一双农妇鞋，仅此而已，别无其他。然而——

　　鞋口用的是暗色，鞋帮衬里破旧，鞋主的艰辛由此露出来。皱纹分明的鞋帮，透露出她沉重的跋涉，伸向远方、整齐划一的田垄上，寒风冷冽，暗示着她的坚韧。皮帮子上静静地贴着一层泥土的潮气和丰饶。夜幕降临，鞋底下滑行着田埂的沉静。鞋子里振动着地球静静的呼唤，即将成熟的庄稼是大地的馈赠，冬日休闲的土地一片寂寥，大地的自我牺牲不言自明。这双鞋渗透着食物短缺的忧愁，无怨无悔，渗透着无言的欢乐，熬过了短缺的艰辛、临产的战栗和死亡的合围。这双鞋属于大地，保护着世上的农妇。从保护农妇归属的用途中升起那一份安详。

　　也许，只有看到这幅画，我们才注意到鞋子透露的这一切信息。从农妇的角度说，她只是想穿鞋而已。晚上脱鞋时，人很累，但那是健康的累；早上起床穿鞋时，天色还朦胧不清；休息天从鞋子旁边走过时，她深知劳作的艰辛，但是她不会注意鞋子透露的信息，也不会想得很深。鞋子的存在就在于鞋子的用途。另一方面，这个用途又寓于鞋子丰富的存在里。我们把两者的关系叫作可靠性。由于这个可靠性，农妇与大地静静呼唤紧紧相连；由于鞋子的可靠性，她就有了在世上的立足之地。[①]

由此可见，我们的艺术家把硬件或装备转换成了一种沉思的模式。
我还想展开谈一个问题，这就是有组织无知的问题，这是一个尚未开

---

① 马丁·海德格尔，《艺术品的起源》(*The Origin of the Work of Art*)，收入《海德格尔要著》(*Basic Writings*)，ed. David Farrell Krell, London: Routledge & Kegan Paul, 1978，162—164 页。

发的资源。我们随时随地努力把无知转换为知识，仿佛是要让它翻个身。也许，在电气媒介造就大众的今天，我们有办法把有组织的无知转换成一种积极的资源。大众这个词的意思就是同步。大众人（mass man）就同步生活在这个世界里。大众是一个速度问题，而不是数量问题。大众的人数不在乎 6 人或 600 万人。只要是同步的人就是大众人。这是爱因斯坦力量的组成部分。

现在我建议，我们用电子媒介向大众提出有关当代情况的问题，生物、化学、物理、市政规划等各领域顶尖的研究人员都来问这样的问题，他们到播音室去向大众讲话，但他们不讲解知识，而是谈他们遭遇到的难题，他们用最简明的、过时的、严密的形式向大众提出这些难题。在听众之中，每一种感知方式都是存在的，只是大家不注意而已。现在要问，我们如何开发这个资源呢？我建议，一个可能的办法就是把这些高度专门化的问题提交给那些没有经过调教的、非专业的听众。每 100 万人里，总有一个人认为什么问题都不成问题。有很长一段时间，数学家提出一个难以回答的问题："你能够进入森林里多远的地方？"有一天，一个孩子突然说："一半路程。"这就是答案，此后，你就调头走出森林。

发明蒸汽机自控阀门的，是一个 8 岁的孩子。事情是这样的。他在汽船上工作。他的工作是用绳子拉，把蒸汽旋塞拔下来，放出蒸汽。轮子转动，活塞杆就转动。但是他想玩弹子；于是他就在飞轮上系了一根绳子，就这样，他歪打正着发明了世界上的自控系统。

我想，你们会发现，历史上最伟大的发明往往是无名小卒完成的；对他们而言，这里不存在困难问题，他们只不过用了常识而已。问题解决之后回头看，任何问题都不难。为什么我们向前看时，这些问题如此之难呢？我想，对未经调教的大众来说，专家的一切现存问题根本就不是问题。换句话说，向前看时之所以如此雾里看花，那是因为专家的知识用错了方向，他的知识把探索者或追求者的眼睛照得眼花缭乱。手电筒照你的脸时，你什么也看不见。可以说，专家们始终在用手电筒照自己的眼睛；专业知识的手电筒照得他眼睛发花，使问题的答案朦朦胧胧。然而，每100万人里，总有一个什么问题也不存在的人。这种有组织无知的特点是一个典型的猝变。这就是我们生活于其中的环境，我再举一些大家熟悉的例子。

在喷气机速度条件下，后视镜是没有的。汽车行驶时，你在后视镜里看见的是什么？喷气飞机里没有后视镜，什么也看不见。汽车行驶时，你在后视镜里看见的是什么？你看见的是可以预见的未来。你看见的不是已经过去的东西，而是正在靠近你的东西。这不是很清楚的吗？"后视镜"的意思是，你在观看已经过去的东西，然而实际上，你绝不可能看到过去的东西。你在里面观看的实际上是可以预见的未来。

现在看来，光速条件下不存在可以预见的未来。因为你实际上就在未来。无论你挑选什么情景来考虑，都没有未来，事实上不可能有未来。我们这个时代之所以没有目的，其道理就在这里。裸奔者的滑稽动作就是这个道理：他们抗议的是目标的消失。我们正在走向哪里？我们都做好了盛装出游的准备，可是我们却无处可去。我们认为，我们在学校选修的课程都没有选错，然而今天看来，这一切都没有意义了。我们此时此地要走向何方呢？

事实上，在光速条件下是没有目标的，有的只是角色。在电速条件下，你必须要确定一个全新的模式，一个新的功能，而不是拥有一份专门化的工作或者是一个目标。你的新功能就是扮演一些角色，你要同时做很多种不同的工作。一般地说，母亲在家庭里要做很多种不同的工作。农夫也是这样。我们把他们当作扮演角色的人。农夫没有一份差事（job），母亲也没有一份差事，他们扮演许多角色，很投入，角色也相当复杂。角色扮演是电子时代的工作形式，这个模式正在取代专门化工作的模式。他要求你重新分配精力。在光速条件下，原来的硬件模式识别没有用武之地。如果你不知道瞬即回放的新模式，你就没有能力去利用这个新模式。

博斯①的一些作品当前很走俏，被认为是表现心理恐惧的范本。他接过上一个时代的形象，用自己时代的形象来表现人物，质感和外形都独树一帜。他接过中世纪的圣像，把它们推进到文艺复兴时期新的绘画空间，带视点的空间，以此表现人物的恐惧心理。在我们生活的时代里，广告业和大型服务业的图像和团体形象汹涌泛滥，淹没了视觉人原来的形象空间和视觉空间。

所有的当代电气形式都具有许许多多中世纪的特征。它们是声觉的形式，而不是视觉的形式。这一切声觉形式乘坐在我们既成体制中的视觉形式之上，产生冲突，使我们惊恐。我认为，这个互动的世界是产生吸血鬼电影和恐怖片的世界，给我们宣泄的机会，释放不舒服的感觉，这是不同世界冲突产生的感觉。视觉和声觉是完全异质的、不可兼容的，15世纪的博斯用他的画作把两者的冲突表现为惊悚；在我们这个时代，两者的冲突同样表现为惊悚，但表现的方式刚好是相反的。现在的景观呈现出相反的模式。

约瑟夫·康拉德的世界就有这样的形象。在《黑暗的心》（*Heart of Darkness*）里，他直面一群欧洲人在非洲的生活情景。一方面，它们想开发象牙贸易；另一方面，它们又试图教化土著人。这是一种独特的互动关系。马克·斯雷德（Mark Slade）最近在《马赛克》（*Mosaic*）杂志上撰文，论述了这样的互动关系：

> 人生活在忽隐忽现的状态里，人生活在电影世界里。这是约瑟夫·康拉德在《黑暗的心》里的文字。他写这部小说时，电影正在从一个合成的黑暗之心里流淌出来。不久，这些电气形象使人生活在每

---

① 博斯（Hieronymus Bosch, 1450—1516），荷兰画家。创作大量的宗教作品，尤其是圣像画，风格独特、怪诞，代表作有《天堂的乐园》《圣安东尼受诱惑》等。

秒钟闪动 24 次的电影之中。人们在电影的闪光中捕捉意义。不过，对康拉德笔下的人物来说，这些忽闪的形象很快就失去控制，引起感知输入的混乱。运动的形象也引起忽闪忽闪的感觉混乱，接踵而至的形象太丰富，意义太难以确定。最极端的效果是，你感觉得被挠痒痒，你快要被折磨死了。[①]

斯雷德以下的文字直面这个内心—外表（inner-outer）问题：

然而，一个常见的错误是认为，文明化的过程和人性化的过程是意义相同的。两者之间的相关性还有待证明。（只需要一瞥你就会明白，优柔寡断的魔鬼正在操纵眼前的一切）……我们不得不回头去检查我们的源头，也许这并不是坏事。[②]

我们长期认为，文明和人性化是一回事。实际上，文明是书面文化的产物，人性化未必是书面文化的产物（Civilization is a product of literacy, and humanizing may or may not be）。斯雷德接着说：

我们可以说，文学和文明是充满希望的雅语。西方人似乎认为，只有切断与神话和迷信盘根错节的关系，才能够满足自己的希望；更好生活的希望，更好认识和理解自己的希望，才能够实现。西方人给自己竖立了一根油腻腻的杆子，也就是拼音文字，他希望用这根杆子攀缘，爬出脚下的一片沼泽地。[③]

---

① 马克·斯雷德，《新变形记》（*The New Metamorphosis*），Mosaic 8（1975），131 页。——原注

② 同上，131 页。——原注

③ 同上，135 页。——原注

文明人想象，他要帮助土著人，帮助的办法就是清除他们的神话和传说、仪式和迷信。这里有一个悖论。在电气时代，我们自己正在进入或回到声觉世界，同步参与和意识的世界；我们正在经历潜意识上升到意识里的生活。当一切同步也就是在光速条件下，一般沉入潜意识的东西就上升到意识里。这就是弗洛伊德《梦的解析》（*Interpretation of Dreams*）的意义。潜意识上升到意识的时间刚好与电报、电话、广播、电视等电子媒介出现的时间吻合。在电速条件下，你不可能再把任何东西打入潜意识，不可能把任何东西隐蔽起来。因此，我们必须要发明一个文明和人性化的新概念，以便能够生活在电速条件下。我们曾经幻想，我们能够剥掉原始人或土著人的声觉文化，使他们成为开化的文明人；然而，与此同时，新的电气技术正在剥掉我们自己身上的文明。我们丧失自己文明的速度超过了我们剥离印第安人和非洲人制度的速度。

斯雷德继续说："还有一个事实是广为人知的，许多社会一想到要脱离自己的原始现实时，就急忙退缩。"[1]这是非洲正在发出的抗议之一。非洲人并不想接受文明开化。他们不想成为有个体身份的人。他们想要维持自己的团体取向的社会制度。斯雷德又说：

> 一般地说，剥夺他们的文化要靠武力，要造成大规模的杀戮。叫他们心甘情愿地脱离养育自己的土地，要夺走他们的神话之根，要毁掉他们熟悉的生存模式，这都是对他们神圣信仰的最可怕的背叛。牺牲个人的生命是一回事，牺牲生命本身就是另一回事了。[2]

马克·斯雷德上述言论说的是这样一个悖论：我们正在进入声觉世界，

---

[1] 马克·斯雷德，《新变形记》（*The New Metamorphosis*），Mosaic 8（1975），135页。

[2] 同上，135页。

即同步的电气世界；在这个世界里，拼音文字的世界和一次只做一件事的世界是难以为继的。文明开化的西方人之所以能够发展，那是由于拼音文字使他能够用声觉的方式把握世界。他把荷马的世界和声觉百科全书的世界转换成视觉的形式，开发出了一整套关于分析和理性冲动、目标和模式的理论。欧几里得的理论发明了，与此同时新的视觉空间也发现了。这个视觉人怀有理性的、富有攻击性、追求目标的驱动力，西方人是倚重视觉的拼音文字的产物。

我们大家仍然受制于倚重视觉的拼音文字，受制于以它为名义的文化素养；拼音文字与电气时代的同步—瞬即形象是不可兼容的。这并不是说，此好彼坏，而只是说，它们的特点迥然不同，它们生成或带给我们的价值不一定就是能够兼容的。

我并没有在这里提出解决办法。我认为，一旦了解问题的结构，就可能找出解决办法。然而，如果不明白问题之所在，寻找解决办法是非常困难的。我在前面提到福斯特的《印度之旅》。高度倚重视觉的西方人阿德拉·桂斯特小姐和她的东方客人或主人在马拉巴洞穴发生了冲突。桂斯特小姐几乎失去了理智，因为她强烈的视觉敏感性或偏向性遭遇到了声觉的世界，这个声觉世界是倚重耳朵和集体的、非个体的东方社会。我们现在身处第四世界的人，就生活在这样的情景中。

人名和术语对照表

A

Abrams, John, 约翰·艾布拉姆斯

Academie francaise, 法兰西学院

Aquinas, Thomas, 托马斯·阿奎那

Acton, Lord, 阿克顿勋爵

Addison, Joseph, 约瑟夫·艾迪生

African Institute, The, 非洲学院

Africa, 非洲

Africans, 非洲人

Agnew, Spiro, 斯皮罗·阿格纽

Alberta, University of, 阿尔伯塔大学

Alexander the Great, 亚历山大大帝

Alexander, Tom, 汤姆·亚历山大

Alighieri, Dante, 但丁

Allen, Steve, 史蒂夫·艾伦

Allen, Woody, 伍迪·艾伦

Alice in Wonderland,《艾丽丝漫游奇境记》

American Telephone & Telegraph
　Company (AT&T), 美国电话电报公司

America, United States of, 美国

American, 美国人

Ames, Adelbert, 阿德尔波特·艾姆斯

Ann Arbor (Mich.), 安阿伯（密歇根州）

Annie Hall,《安妮·霍尔》

Appalachian Mountains, 阿巴拉契亚山

Arc de Triomphe, 凯旋门

Archimedes, 阿基米德

Aristotle, 亚里士多德

Armies of the Night,《夜间大军》

Arnheim, Rudolph, 鲁道夫·安海姆

Arnold, Mattew, 马修·阿诺德

Art and Illusion,《艺术与错觉》

Art of Being Ruled, The,《被宰制的艺术》

Cage, John, 约翰·凯奇

California, 加利福尼亚州

Cally, Lieutenant William, 威廉·凯利

Cambridge, 剑桥大学

Canada, 加拿大

Canadian, 加拿大人

Canadian Broadcasting Corporation (CBC)
加拿大广播公司

Canadian Imagination: Dimensions of a Literary Culture, The,《加拿大的想象力：文学的多维度》

Canadian Pacific Railway (CRC), 加拿大太平洋铁路

Capote, Truman, 特鲁门·卡波特

Carlyle, Thomas, 托马斯·卡莱尔

Carothers, J.C., J.C. 卡罗瑟斯

Carr, Emily, 埃米莉·卡尔

Carroll, Lewis (Charles Dodgson), 路易斯·卡罗尔

Carter, Jimmy, 吉米·卡特

Carter, Rosalyn, 罗萨琳·卡特

"Case Against Executive Mobility",《反对行政人员、行政主管流动的案例》

Catholicism, 天主教

Catholic Institute, The, 天主教学院

CD-ROM, 光盘驱动器

Celt, 凯尔特人

Centre for Culture and Technology, The, 文化与技术研究所

Central Intelligence Agency (CIA), 中央情报局

Cervantes, Miguel de, 塞万提斯

Cezanne, Paul, 塞尚

Chardin, Pierre Teilhard de, 夏尔丹

Chaucer, Geoffrey, 乔叟

Chaplin , Charlie, 卓别林

Chayefsky, Paddy, 帕蒂·查耶夫斯基

Chesterton, G.K., G.K. 切斯特顿

Chicago Tribune,《芝加哥论坛报》

China, 中国

Chinese, 中国人

Christianity, 基督教

Cisero, 西塞罗

Clark University, 克拉克大学

CLub of Rome, 罗马俱乐部

Columbia Broadcasting System (CBS) 哥伦比亚广播公司

Columbia University, 哥伦比亚大学

Company of Young Canadians (CYC), 加拿大青年会

Concept of Dread, The,《恐惧的观念》

Conrad, Joseph, 约瑟夫·康拉德

Coronation Street,《加冕礼大街》

Corso, Gregory, 格雷戈利·柯梭

Cox, Harvey, 哈维·考克斯

Curtis, Ernst Robert, 恩斯特·柯蒂斯

D

Dale, Edgar, 埃德加·戴尔

Propaganda, 宣传

Protestant,（基督教）新教教徒

Protestantism,（基督教）新教

Psychology in a New Key,《心理学新解》
（原书所引书名有误，应为《哲学新
解》/*Philosophy in a New Key*——译者）

Q

Quarles, Francis, 弗朗西斯·夸尔斯

Quebec, 魁北克

Quested, Adela, 阿德拉·桂斯特

R

Rabelais, Francois, 拉伯雷

"Race Against Time: New Perspectives
and Imperatives in Higher Education,
The",《与时间赛跑：高等教育新视野
与要务》

Royal Canadian Mounted Police (RCMP),
加拿大皇家骑警

Reformation, 宗教改革

Renaissence, 文艺复兴

Renior, Pierre Auguste, 雷诺阿

Republican, 共和党人

Responsive Chord, The,《回应的心弦》

Rice University, 莱斯大学

Rickles, Don, 唐·尼克尔斯秀

Rigoletto,《弄臣》,《利哥莱托》

RIM pager, "林姆"牌传呼机

Rimbaud, Arthur, 兰波

Rolling Stone (magazine),《滚石》杂志

Roman, 罗马人

Rome, 罗马

Rouault, Georges, 乔治·鲁奥

Rouseau, Jean-Jacques, 卢梭

Royal Family, 皇家

Royal York Hotel (Toronto), 皇家约克饭
店（多伦多）

Ruskin, John, 罗斯金

Russian, 俄国人

S

Sacred Page, 圣书，神圣之书

Sacred and the Profane, The,《神圣与亵渎》

Saint Augustine, 圣奥古斯丁

Saint Basil's Church, 圣巴西尔教堂

Saint Louis University, 圣路易斯大学

Saint Michael' College (Toronto), 圣迈克
学院（多伦多）

St. Patrick's Day, 圣帕特里克节

San Francoisco (Calif.) 旧金山

Sanskrit, 梵文

Saroyan, William, 威廉·萨罗扬

Sartre, Jean Paul, 让－保罗·萨特

Savage Mind, The,《野蛮人的心灵》

Scandinavia, 斯堪的纳维亚

Sense of Time, The,《时间的气味》

Titanic (ship), 泰坦尼克号（船）

To Criticize the Critic,《批评批评者》

Today Show, "今日秀"电视节目

Tokyo, 东京

Tomorrow Show, "明日秀"电视节目

Toronto (Ont.), 多伦多

Toronto, University of, 多伦多大学

Towards the Last Spike,《冲向最后一颗
道钉》

Trevelyan, Otto, 奥托·特雷维尔延

Turner, Frederick Jackson, 弗雷德里
克·杰克逊·特纳

TVOntario, 安大略电视台

Twain, Mark (Samuel Clemens), 马
克·吐温

Tyler, Keith, 吉斯·泰勒

Tyndale, William, 廷德尔

Tyrwhitt, Jacqueline, 杰奎林·提尔惠特

U

Ulysses, 尤利西斯

Ulysses (James Joyce),《尤利西斯》（詹姆
斯·乔伊斯）

"Ulysses, Order, and Myths",《尤利西斯，
秩序与神话》

"Universal Xerox Life Compiler Machine,
The",《通用复印生活资料编辑器》

Upside (magazine),《上部》杂志

Upstairs Downstairs,《楼上楼下》电

视剧

*Use of poetry and the Use of Criticism,
The*,《诗歌的用处和批评的用处》

V

Valery, Paul, 保罗·瓦莱里

Van Gogh, Vicent, 文森特·凡·高

Veblen, Thorstein Bunde, 索尔斯坦·范
勃伦

Victorian Age, 维多利亚时代

Victoria College (University of Toronto),
维多利亚学院（多伦多大学）

Vietnam, 越南

von Bekesy, Georg, 贝凯西

W

Wagner, Richard, 瓦格纳

Wallace, Alfred Russel, 阿尔夫雷德·华
莱士

Wall Street, 华尔街

Washington (D. C.), 华盛顿（哥伦比亚
特区）

Washington University, 华盛顿大学

Waste Land, The,《荒原》

Watergate, 水门事件

Watson, Sheila, 希拉·华生

Waugh, Evelyn, 伊弗琳·沃

Wayne, John, 约翰·韦因

戴维·斯坦斯后记

 1966 年 9 月的一天，马歇尔·麦克卢汉走进教室给四年级优等生上课，课程叫"现代诗歌小说"。他在多伦多大学圣迈克学院执教，我们的教室在提菲厅的二楼。

 此时的麦克卢汉对我们来说已经是大名鼎鼎。他已经出了 3 本书：《机器新娘：工业人的民俗》（1951）、《谷登堡星汉》（1962）和《理解媒介》（1964），这使他成为杰出的传播和新媒介的理论家和批评家。国内外产业界和报界的人经常向他请教，听取他的观点和忠告。但是 9 月这一天早上站在我们面前的教授并非我们期待之中的样子。

 他独自走进来，没有任何显摆的架子，使我联想到本地银行里西装革履的经理，不像我们心目中那位媒介梦想家。他的衣着和后来一样，是深色套装配领带。他一开口，话就轻松自如地倾泻而出，他的思想引人入胜，他大胆的探索使我们的眼界大大拓宽。

 我们的课是文学课，他在现代诗歌戏剧里游刃有余。每一次讲课都仔细探索一位作家，或者现代文化背后的一个主要思想。他常常信马由缰，偏离他宣布的讲题，因为他关于新媒介的思想总是要入侵他关于艾略特或庞德的论述。不过，他关于电气媒介的洞见总是从他探讨的课题中自然而然浮现出来的。我们这门课成了富于戏剧色彩的现代文学导论课，这是透过一位教授眼睛看的现代文学导论课，他非常注意当代文化的塑造力量。

文学是麦克卢汉的家园，我们是他的客人。他这位主人既风趣幽默又耀眼夺目。许多次上课时，他总是用他听来的俏皮话开头。我们对这些俏皮话的理解总是比不上他的热情，但是我们惊叹他没完没了的对滑稽故事的爱好。他对电视主持人汤姆·布洛考说"我是文学教授"，又对迈克·麦克马纳斯说："我的价值以文学为中心，我日日夜夜教的是文学。"文学是他视野的核心，他的大多数思想自然而然地从他探究的作家作品里浮现出来。他研究的作家有法国象征派的马拉梅和兰波，当然他还研究乔伊斯、艾略特、庞德等作家。

35 年过去了，他上课讲艾略特《荒原》的情况，我至今记忆犹新。简单介绍作品之后，他着手探索典故的力量。他吟咏一行诗"四月是最残酷的一月"，然后就问我们，诗人暗示的是什么。沉默一会儿之后，有人回答说："乔叟的《坎特伯雷故事集》。"他感到满意，于是就开始比较乔叟和艾略特的诗歌，花很多时间理清乔叟笔下 朝觐者的世界与艾略特没有神的世界，因为艾略特世界中的居民不承认神灵或圣贤。所以，在暗示乔叟诗歌的时候，《荒原》自始至终都在参照另一个神灵的世界，这是该诗本身无法拥抱的。《荒原》中的城市由于机械的重复而成为被剥夺的荒漠。相反，乔叟笔下永生的朝觐者以迥然不同的方式代表着城市；他们在朝觐的路上创造了自己的城市。"

他接着朗诵"繁殖／丁香在死亡的土地上"，然后就问艾略特暗示的哪一首诗。我惴惴不安地回答说"惠特曼的'前院最后的丁香绽放'"。于是，他就开始讨论惠特曼的诗歌，指出惠特曼悼亡林肯总统的挽歌（"林肯的死亡对人的都市是个沉重的打击"）。与《荒原》形成完美的对应，这是因为荒原里没有政治英雄的用武之地，团结人民为一个伟大的远景而奋斗的人物，在这里没有用武之地。

因此，艾略特的《荒原》是现代版的《坎特伯雷故事集》，只是没有朝觐者的天地而已。惠特曼悼亡林肯的挽歌，《荒原》里的人是难以理解的。

自从那天早晨以来，我多次阅读并讲授艾略特《荒原》的时候，他讲授以上几行诗的情景还历历在目，艾略特用典的意识还记忆犹新。

麦克卢汉欢迎学生到他的办公室去讨教，甚至是聊天。他这位教授每天都待在校园里，学生的许多事情与活动他都出席捧场，我上大四时他对全校讲艾略特就是一例。他昔日的研究生希拉·华生每次从阿尔伯塔大学返校讲演时，他必定到场。圣约翰学院的嬷嬷、退休教授告诉我，麦克卢汉对同事里的神职人员非常慷慨。

每天中午那一个小时是麦克卢汉神圣不可侵犯的个人天地，宗教是他生活不可分割的一部分。人们每天都看见他穿过校园到圣巴西尔教堂去望弥撒。任何东西都不能够干扰他每天望弥撒领圣餐的圣事。与他共进午餐的客人总是12：45在他的办公室碰头，但是他们并不知道他为什么这么晚才吃午饭。

课程结束的那一天，他告诉我们，他将永远为我们祈祷。这句话简单、直率、绝对真诚。

1967年夏天，麦克卢汉到福德姆大学去就任施韦策人文教授的职位。我还是20岁的年轻人，去哈佛大学攻读英语文学硕士学位。直到1974年，我们才有机会会晤。我到多伦多去邀请人到哈佛讲演，还是老规矩，我们12：45碰头共进午餐。我下一年要开加拿大文学课，请他在开课之前讲一讲加拿大文学。他问："我为什么要去哈佛？"然后就讲了一大串他对哈佛大学没有兴趣的理由，这使我大开眼界。接着他再次发问："我为什么要去哈佛？"我无言以对，只好说："因为我在那儿。"他的回答是："好吧。"这让我受宠若惊。

在哈佛逗留期间，我再次领略到他博闻强记、喜爱探索的教授风采。对公众讲演后的第二天，他到班上来给我的学生讲话。他知识渊博，传递的信息密集，他的回答常常引发新一轮的问题；他既给学生教益，又向学生学习。在坐着讲课的过程中，他发现问题，阐述观点，争论问题，喜欢和学生交换意见，这是他最在行的一手，也是他最自如的方式。他过去被媒体捧上天，此时又被媒体摔在地，但他还是他，率真，并非不察事体、不明道理的那种率真，而是没有意识到周围有人算计他的那种率真。

后来，我成为他的同事不再是他的学生之后，我经常与他共进午餐或晚餐。我们边吃边谈，一谈就很久，有时与他的妻子科琳一道，有时有其他人作陪。

1976 年 6 月有一周，我和他每天相聚，商讨给他的哈佛论文润色。文章题名《作为边疆的加拿大》，收入即将出版的论文集《加拿大的想象力：文学的多维度》(*The Canadian Imagination: Dimensions of a Literary Culture*)①。吃过午饭回到研究所时，他的秘书玛格丽特·斯图尔特打趣告诉我："你去吃饭时，马歇尔说，他终于栽到了西蒙·里格利②的手里。我和他打招呼时，提到他给我的尊号，他的回答是，他当然是想恭维我！"

1977 年 3 月，我回多伦多去，我一位哈佛学生的本科毕业论文写普拉特（E. J. Pratt）的诗歌。他正在维多利亚图书馆收集资料，我请马歇尔与我们共进午餐。餐桌上的交谈几乎全部围绕普拉特展开，马歇尔穷追不舍地提问，向这位学生学习。

1977 年圣诞节后的第一个工作日，我造访马歇尔，他赞美刚出版的《加拿大的想象力：文学的多维度》，为他的稿子而感到自豪，因为我把它作为压轴之作。他叫我送他回办公室，取一本完好如初的《机器新娘》送

---

① 这是斯坦斯主编的哈佛论文集。时任哈佛大学英语助理教授（1973—1978）的斯坦斯，在哈佛大学组织系列讲座"加拿大文学与文化"（The Literature & Culture of Canada），应邀讲演的全部是加拿大顶级的文学家，有麦克卢汉、阿特伍德（Margaret Atwood）、弗莱（Northrrop Frye）、麦克勒南（Hugh MacLennan）等人。

② 西蒙·里格利（Simon Legree），美国内战前斯托夫人（Harriet Beecher Stowe）反奴隶制小说《汤姆叔叔的小屋》(*Uncle Tom's Cabin*) 里残酷的工头，老师把学生比喻为催稿的工头，麦克卢汉的幽默可见一斑。

我。他的题词是:"赠戴维·斯坦斯,了不起的加拿大人,作友谊和尊敬的纪念,赫伯特·马歇尔·麦克卢汉。"题词后补充说:"我只能这样签名,这是我出书时的原名。"

最后一次见到马歇尔是 1979 年夏天。我们出席晚宴,在座的有企业界和教育界人士;大多数时候,他忙个不停地回答问题,提出建议,扮演媒介预言家的角色。末了,我急于退席,其他客人轻易接受这个神话般的人物,这使我感到厌烦,我因为不能与我爱戴的老师唱和而感到失望。他送我到汽车跟前。我婉谢,但他一定要送。走出饭店之后,他向我袒露心扉,把手搭在我肩头上说:"多谢你陪我。有知心朋友作陪出席这样的场合,总是让我觉得好受。这使我能够忍受一个晚上。"他还是他,那么单纯,困在他自己编织的一张网里。

马歇尔·麦克卢汉去世于 1980 年 12 月 31 日凌晨。几天以后,他的葬礼在圣罗萨利教堂举行。对我们许多在场的人而言,在他熟悉的教堂里和他最后一次会晤,实在是非常恰当的。

戴维·斯坦斯

附录一：麦克卢汉年谱（简明版）

1911，7月21日生于艾尔伯达省埃德蒙顿市

1916，举家迁往曼尼托巴省温尼伯市

1920，移居温尼伯，他在此上小学、中学

1928，进入曼尼托巴大学；修英语和哲学两个专业

1930，发表第一篇文章《麦考利，了不起》，载该校学生报

1932，获学士学位，

1933，获曼尼托巴大学英语文学硕士学位、文理科金质奖章

1934，入剑桥大学三一学院，重读本科，接触新批评学派

1936，获剑桥大学学士，把电影、广播、广告甚至漫画当作新的"语言"来研究，到威斯康星大学担任助教

1937，3月30日改宗天主教，加入"唯一教会"（One Church），转圣路易斯大学任教

1938，邂逅柯琳（Corrine）·凯勒·路易斯，帕萨德纳剧院年轻的学生演员

1939，与新娘柯琳·凯勒·路易斯回到剑桥大学继续求学

1940，获剑桥大学硕士学位

1943，获剑桥大学博士学位，结识文学家、批评家、画家温德汉姆·刘易斯

1944，转安大略省温沙市阿桑普星大学学院，任英语系主任

1946，转多伦多大学圣迈克学院任教

1951，第一本书《机器新娘》问世

1953，与埃德蒙·卡彭特创办跨学科研究杂志《探索：文化与传播研究》获福特基金会赞助，组建世界上第一个跨学科研究小组

1959—1960，休学术假，担任美国广播电视教育工作者协会"媒介工程"项目主持人，提出电视是"冷媒介"的观点

1959，《探索》出满 9 期之后停刊，该杂志造就了人们对麦克卢汉思想的崇拜

1962，第二本书《谷登堡星汉》出版

1963，多伦多大学为麦克卢汉量身定制的"文化与技术研究所"成立

1964，第三本经典《理解媒介》问世

1967，出版《媒介即是按摩：效应一览》（与他人合署），最终售出一百余万册；是年秋，应聘任纽约福德姆大学阿尔伯特·施瓦泽讲座教授，为期一年；8 月授课时正式介绍地球村；10 月，切除脑瘤，记忆受损，成为《新闻周刊》封面人物

1968，办《远程预警通讯》出版《地球村里的战争与和平》（与他人合署）

1969，出版《逆风》（与哈里·帕克合著）

1970，出版《文化是我们的产业》出版《从陈词到原型》（与威尔福雷德·华生合著）获加拿大爵士勋章

1972，出版《把握今天：自动出局的行政主管》（与巴林顿·内维特合著）

1977，出版《作为课堂的城市》（与艾里克·麦克卢汉、凯瑟琳·哈钦合著）

1979，9 月，患弥漫性中风，丧失语言能力

1980，12 月 31 日在睡眠中去世

1988，出版《媒介定律：新科学》(与埃里克·麦克卢汉合著)

1993，互联网的喉舌《连线》创刊号封麦克卢汉为"先师圣贤"

附录二：重温麦克卢汉，求索、初识、相知和研究

一、深深震撼

1980 年 8 月底至 1981 年 6 月，我在留美期间拼命读书，受人喜爱，美国老师和同学称我 bookaholic（读书狂）。12 月，一位喜欢读书的美国学生送给我一本书，谓：何先生，您看看这本书，也许会喜欢。这本书就是麦克卢汉的 *Understanding Media*。接下来的一个星期，抱着这本名噪一时的大作硬啃，却啃不动，不知所云，深为震撼。这是 20 世纪 60 年代震动西方世界的奇书，美国学界许多大人物都读不懂。责任编辑初读这本书时看不懂，差点将其"枪毙"，禁不住喟然长叹：一本新书最多只能容许百分之一二十的新知识，而这本书却有百分之七八十的新知识。

二、浑然不知

1980 年最后一天，麦克卢汉在睡梦中溘然长逝，未惊动报界，我周围的美国朋友都浑然不知。四十年前在北美如日中天、无人不知的他，竟然像陨石一样熄灭，寂寂无名了。

尽管如此，我还是认定，越不懂的书越要读，这本书一定要读懂，一

307

定要引进中国。我坚信，麦克卢汉会重放光芒，他的思想和许多新学科一道，总会有助于中国的学术繁荣。

三、初露曙光

20 世纪 80 年代初，《多种声音，一个世界》（1981）、《传播学（简介）》（1981）问世，1985 年施拉姆的《传播学概论》印行，我深受触动，暗自庆幸：翻译谁也读不懂的麦克卢汉的 *Understanding Media: The Extensions of Man*，时机快要成熟了。

整个 80 年代，中国知识界狂热读书，狂热引进新学科、新知识：信息论、控制论、系统论、全息论、耗散理论、混沌理论、生态学、未来学、传播学、人才学……学问和思想的风暴席卷全国。我狼吞虎咽新学科，恶补国学经典，读书破千卷，为文化研究厚积薄发，为学传中国文化、学术翻译准备粮草。

四、文化研究，势头喜人

1983 年，母校四川外语学院（现四川外国语大学）院长群懿高瞻远瞩，大手笔一挥，创立八个研究室。比较文化研究室是其中之一，由我牵头。每个研究室获得"巨资"两千元人民币启动费。是年，我引进跨文化传播（交际）之父爱德华·霍尔（Edward T. Hall）的思想，发表两篇文章：（1）《介绍一门新兴学科：跨文化的交际》（《四川外语学院学报》1983 年第 2 期），据信，这是引进跨文化传播（交际）学的第一篇论文；（2）《比较文化我见》（《读书》，1983 年第 8 期），呼应北京大学老前辈金克木创建"比较文化"的呐喊。

1985 年，我的文化研究初见成效，参与组建重庆文化研究会，担任副会长。

1986 年，刚组建的中国文化书院在北京举办三届研究班："中外文化比较研究班"（1 月）、"文化与技术研究班"和"文化与未来研究班"（10 月）。我得到母校的支持，以文化学者的身份参加了第一届的学习，又以学员兼口译志愿者的双重身份参加第三届的服务。第一届研究班有十多位导师，北京大学的乐黛云教授是其中之一，她讲比较文学和麦克卢汉的媒介理论，引起我的强烈共鸣。讲演结束后，我上台与她交谈，表示想要翻译《理解媒介》，得到她的鼓励。

第三届"文化与未来研究班"的导师是世界级的六位未来学家，我毛遂自荐，担任其中 5 人的现场口译。其中一人是加拿大未来研究会的秘书长 Frank Feather，他还是媒介理论家和中国国务院顾问。他的讲题是 Electronic Hi-culture，却专讲麦克卢汉的媒介理论。原来他们的学会认定，麦克卢汉是未来学家！我的翻译酣畅淋漓，整个北大讲演厅都热闹起来。费瑟先生也鼓励我尽快把麦克卢汉的《理解媒介》引进中国。

1990 年，四川外语学院院长蓝仁哲 [①] 教授合并加拿大研究中心和比较文化研究室，组建北美研究所，任命我负责美国研究室。他留学多伦多大学两年（1978—1980），对该校贡献的两位世界级大家弗莱和麦克卢汉情有独钟，希望我和他携手研究这两位巨匠。弗莱和麦克卢汉乃"并蒂莲"，同根而花异。麦克卢汉由英美文学转传播学，创建"媒介即讯息"的泛媒介论；弗莱 [②] 坚守文学批评，创建文学的"神话—原型"批评。

1992 年三四月间，我获美国新闻总署邀请，以"国际访问学者"的身份赴美学习交流，专攻"美国研究"，草成《论美国文化的显著特

[①] 蓝仁哲（1921—2012），外国文学专家、翻译家、四川外语学院院长、中国加拿大研究会会长。代表作有《西方文艺批评的五种模式》，译作有诺奖作品《八月之光》《野棕榈》《雨王亨德森》等。

[②] 弗莱（Northrop Frye, 1912—1991），加拿大文学批评家。研究神话、象征和原型，首创文学的神话——原型批评。详细介绍请参见正文里的弗莱脚注。

征》（1994 年正式发表，屡获殊荣 ）。

20 世纪 80 年代，我出版学术译著四种：《思维的训练》（北京三联）、《裸猿》（天津百花）、《文化树》（重庆出版社 ）和《超越文化》（重庆出版社 ）。《思维的训练》获重庆市首届社科优秀奖，《超越文化》获重庆市翻译学会唯一一等奖。我的学术翻译和文学翻译初有成效，文化研究顺利开展，教学科研比翼齐飞，势头迅猛。

五、大胆一搏，几乎流产

1987 年春，四川人民出版社接受我翻译麦克卢汉《理解媒介》的选题，多年的梦想就要实现了，全情投入，终于在 1988 年 2 月杀青交稿。

然好事多磨、几乎流产。为什么？谁也看不懂译稿啊，译文室主任看不懂，责任编辑看不懂，川大新闻系外审的人也看不懂。

其实，麦克卢汉这部书稿 1963 年几乎被"枪毙"。编辑对他说，一本书的新知识不能超过两成，而他的 *Understanding Media: The Extensions of Man* 却有 70% 的新东西。不过，软心肠的出版社最后还是将其付梓印行，究其原因，既可能是出于同情，也可能是因为他的名气，还可能是看好这本奇书的前景。彼时，他的《机器新娘》（1951 ）和《谷登堡星汉》（1962 ）已经打响。

四川人民出版社接受我的书稿，真是拿到了一个烫手山芋。出还是不出？难办！高深的学术译作超前、没有市场啊。他们也无可奈何，一搁就是四年。所幸的是，译文室主任朱蓉珍和责任编辑颜永先都是川外校友。他们最终决定：硬着头皮、鼎力支持、印一千册，亏本也出书！ 1992 年 1 月，这本译作终于问世了。

尴尬的是，如果 *Understanding Media: The Extensions of Man* 直译，那不适合汉语书名的习惯，而且"理解媒介"的字面意义又太生涩、难解，所以书名不得不变通为《人的延伸：媒介通论》。在学术译著发行低潮的时期，这本书发行量太小，影响不大，是为必然。

六、喜出望外，爆得盛名

2000 年，商务印书馆慧眼识珠，印行我的修订本，《理解媒介》得以正名。自此，《理解媒介》不断重印，爆得盛名。令人惊喜的是，2009 年，它有幸入选"改革开放 30 年最具影响力的 300 本书"。

有人检索，《理解媒介》在中国新闻传播学学术著作里的引用率长期高居榜首，进入历届考研的必读书目。迄今为止，该书中译本已出四版（四川人民出版社，1992；商务印书馆，2000；译林出版社，2011，2019）。

七、竭尽所能，"一网打尽"

2000 年，商务印书馆印行我的《理解媒介》，南京大学出版社印行我的《麦克卢汉精粹》。自此，我翻译和研究麦克卢汉加快步伐、步入坦途。截至 2021 年，我翻译出版麦克卢汉的著作和有关他的著作近二十种（含再版），唯有一点遗憾：《谷登堡星汉》的版权始终谈不妥，中国人民大学出版社和北京大学出版社都竭尽全力洽购版权，皆因对方要价太高，只好放弃。

八、三次高潮和三次飞跃

20 世纪 60 年代，麦克卢汉横空出世，名震全球。第一波麦克卢汉热旋即兴起，巅峰是 1964 年的代表作《理解媒介》和 1969 年 3 月号《花花公子》破例超长的《麦克卢汉访谈录》。

第二波麦克卢汉热兴起于 20 世纪 90 年代，因互联网而起，互联网一代的"圣经"《连线》创刊号封他为"先师圣贤"，1995 年《麦克卢汉精粹》的问世也推波助澜。

第三波麦克卢汉热兴起于 21 世纪的第一个十年，与互联网的第二代媒介即"新媒介"同步推进，又借他百年诞辰的东风而势头更猛。

旋即，麦克卢汉研究迅速完成三次飞跃，三次飞跃的代表有四本书。

保罗·莱文森的《数字麦克卢汉》（1999/2001）完成了第一次飞跃，英文版问世不到两年就登陆中国。而且，我的中译本出了两个版本（社科文献，2001；北师大出版社，2014），第二版还进入了北师大出版社的"西学经典书系"。

特伦斯·戈登编辑的《理解媒介》增订评注本（译林，2011，2019）乘麦克卢汉百年诞辰的东风完成了第二次飞跃。戈登是麦克卢汉的传记作者和媒介批评家。

罗伯特·洛根的《理解新媒介：延伸麦克卢汉》（复旦大学出版社，2012）和《被误读麦克卢汉：如何矫正》（复旦大学出版社，2018）完成了第三次飞跃。洛根是麦克卢汉的同事及其思想圈子的核心成员。这位多伦多大学的物理学教授，是大跨度、多学科、大文科、新文科的典范，至今学术长青。

我和国内外的学界同仁都参与并推动了这三次飞跃。

九、说不尽的麦克卢汉

三十余年来，我撰写四十余篇文章研究麦克卢汉，计四十余万字，最大的文章三万余字，题《麦克卢汉画像：媒介理论的播种者和解放者》[1]。这

---

① 见《影响传播学发展的西方学人》（1），北京：中国大百科全书出版社，2012 年 5 月。

篇超长的文章是简明的麦克卢汉评传，评说这位立体型的大文科巨匠，非常详尽。

我研究麦克卢汉的第一篇文章是为其经典《理解媒介》中译本所作第一版序（1978年2月），当时无题，现可以补足为：麦克卢汉，大文科的巨人。

二十年前，南京大学出版社推出我翻译的《麦克卢汉精粹》。二十年后，我又向中国大百科全书出版社提交中译本第二版《麦克卢汉精粹》，感慨良多，概括为一句话：说不尽的麦克卢汉。

麦克卢汉求学期间和任教以后，始终渴求新知，其思想瑰丽生辉、不拘陈规，完成多次转向。在曼尼托巴大学求学期间，他走过了工程、文学和哲学的求索历程，获优秀硕士学位。转入英国剑桥大学以后，为了追随文学界的超一流明星理查兹、利维斯和燕卜荪等，为了学习文学界的"新批评"，他不惜清零在加拿大的学士学位和硕士学位，重新起步，十来年间拿到了剑桥大学的文学学士、硕士和博士三个学位。

20世纪30年代末回到北美以后，他在美国的威斯康星大学、圣路易大学执教，开始从文学批评转向通俗文化批评和广告批评，40年代回到加拿大的阿桑普星大学和多伦多大学执教以后，起先完成通俗文化转向，继后从事跨学科和多学科研究，旋即又完成媒介理论和大文科的学术转向。

40年代，他携手伊尼斯、创建传播学加拿大学派。他推重伊尼斯从经济学到传播学的转向，宣传和发扬伊尼斯的媒介理论，居功至伟。

50年代，他参与创建跨学科研究小组、跨学科清谈俱乐部，创办《探索》丛刊的跨学科研究平台，麦克卢汉思想圈子形成。

60年代，他创建多伦多大学文化与技术研究所，又创办"预警线通讯"和"周一晚研讨会"这两个平台。"预警线通讯"赠送学界和业界有影响的人物，宣传跨学科思想。"周一晚研讨会"团结和培养了麦克卢汉思想圈子，与几位住校的访问学者合作写书。

　　麦克卢汉是两面神，既回眸过去，又展望未来。他开拓跨学科研究，从文学研究转向大众文化研究，首创泛媒介论，预言地球村、互联网和重新部落化的社会。他憧憬人类社会的太和之境，描绘人类心灵和意识的虚拟延伸。他的诸多预言业已实现，他是未来世界的朋友。只要媒介演化还在继续，人们就会怀念他、研究他、学习他。

何道宽

2021 年 2 月 1 日

第二版译后记

《麦克卢汉如是说》第一版 2005 年入选中国人民大学出版社"麦克卢汉研究书系"，限于历史条件，这个书系只出了三本。最近两年在中国大百科全书出版社出《麦克卢汉如是说》第二版和《麦克卢汉精粹》的第二版，借此机会重温麦克卢汉历久弥新的思想，不亦快哉。

附录一是我 1996 年整理的《麦克卢汉年谱》，今年略有增益和修订。这是麦克卢汉战略的快速扫描。

附录二是我 2021 年 3 月为《麦克卢汉精粹》第二版写的译者序《重温麦克卢汉，求索、初识、相知和研究》。这是我个人在国际语境和中国语境下研究麦克卢汉的学术历程。希望借此拓宽读者阅读《麦克卢汉如是说》的学术视野。

任何学术译作都是遗憾的工程，总是需要修订。现将第二版的重要修订呈列如下：

（1）环球剧院改为：全球剧场

（2）light on versus light through 统一为：光照射对光透射

（3）noosphere 统一为：智慧圈

（4）literary 统一为：书面文化

（5）principle of substitutability 改为：可替换性原理

（6）托比亚斯·但泽格（Tobias Dantzig）改为：托比亚斯·丹齐克

（7）新新闻（new journalism）改为：新新闻主义

何道宽谨识

于深圳大学文化产业研究院

深圳大学传媒与文化发展研究中心

2021 年 12 月 20 日

第一版译后记

　　我们的"麦克卢汉研究书系"已经出完 3 本，暂时告一段落。可以进入这个书系的著作当在 10 本以上。我们将在读者需要的情况下重新启动，再精选三五种，以满足麦克卢汉研究者和"麦迷"的要求。

　　这个书系的目的是给麦克卢汉传世的经典和丰富思想提供广阔的背景、权威的阐释和深刻的批评。

　　麦克卢汉的传世经典经我翻译出版的有《理解媒介》和《机器新娘》；《谷登堡星汉》也在求购版权，希望不久即可和读者见面。

　　可以进入这个书系的著作当在 10 本左右，其他的著作有：《麦克卢汉：毁誉参半》《麦克卢汉：冷与热》《麦克卢汉的遗产》《虚拟麦克卢汉》等。我们将视读者的需要再精选三五种，以满足麦克卢汉研究者和"麦迷"的要求。

　　我的译作《麦克卢汉精粹》和《数字麦克卢汉》和这个书系的选目交相辉映，有兴趣的读者可以参阅。

　　麦克卢汉的学术声誉经过两次大起大落之后，在数字时代达到顶峰。他的思想继续影响着学界内外和社会生活的方方面面，世界范围的麦克卢汉学还在继续深入，研究他的著作仍将陆续问世，我们这个"麦克卢汉研究书系"也将继续充实。

何道宽

2005 年 3 月 11 日

译者介绍

何道宽，深圳大学英语及传播学教授授，荣获翻译文化终身成就奖（2023），深圳市政府津贴专家、资深翻译家、《中国新闻传播学年鉴》（2017）学术人物、《国际新闻界》"名家聚焦"人物、《中国新闻传播教育年鉴》（2021）"名师风采"人物。曾任中国跨文化交际学会副会长、广东省外国语学会副会长、中国传播学会副理事长，现任中国传播学会终身荣誉理事、深圳翻译协会高级顾问，从事英语语言文学、文化学、人类学、传播学研究40余年，率先引进跨文化传播（交际）学、麦克卢汉媒介理论和媒介环境学。著作和译作逾一百种，著译论文字逾2000万。

著作有《夙兴集》、《焚膏集》、《问麦集》、《融媒集》、《中华文明撷要》（汉英双语版）、《创意导游》（英文版）。电视教学片（及其纸媒版）有《实用英语语音》。

译作逾100种，要者有：《文化树：世界文化简史》《理解媒介》《技术垄断》《数字麦克卢汉》《游戏的人》《中世纪的秋天》《17世纪的荷兰文明》《裸猿》《麦克卢汉传：媒介及信使》《传播的偏向》《帝国与传播》《超越文化》《新新媒介》《媒介环境学》《模仿律》《麦克卢汉精粹》《思维的训练》《思想无羁：技术时代的认识论》《手机：挡不住的呼唤》《真实空间：飞天梦解析》《麦克卢汉书简》《传播与社会影响》《新政治文化》《莱文森精粹》《与社会学同游》《伊拉斯谟传》《口语文化与书面文化》《传播学批判研究：美国的传播、历史和理论》《重新思考文化政策》《交流的无奈：传播思想史》《作为变革动因的印刷机》《无声的语言》《传播学概论》《软利器》《迫害、灭绝与文学》《菊与刀》《理解新媒介：延伸麦克卢汉》《字母表效应》《变化中的时间观念》《文化对话：跨文化传播导论》《媒介、社会与世界：社会理论与数字媒介实践》《群众与暴民：从柏拉图到卡内蒂》《互联网的误读》《中国传奇：美国人眼里的中国》《初闯中国：美国人对华贸易、条约、鸦片和救赎的故事》《驱逐：被遗忘的美国排华战争》《乌合之众》《个性动力论》《媒介即是按摩：麦克卢汉媒介效应一览》《媒介与文明》《余韵无穷的麦克卢汉》《指向未来的麦克卢汉：媒介论集》《公共场所的行为：公共场所的行为：聚会的社会组织》《文化科学：故事、亚部落、知识与革新的自然历史》《创意生活》《公共文化、文化认同与文化政策》《被误读的麦克卢汉：如何矫正》《心灵的延伸：语言、心灵和文化的滥觞》《什么是信息：生物域、符号域、技术域和经济域里的组织繁衍》《震惊至死：重温尼尔·波斯曼笔下的美丽新世界》《文化的肌肤：半个世纪的技术变革和文化变迁》《数据时代》《被数字分裂的自我》《持续不懈的创新：艺术、文化与创意产业的发展》《个人数字孪生体：东西方人机融合的社会心理影响》《柏拉图导论》《伟大的发明：从洞穴壁画到人工智能时代的语言演化》《假新闻：活在后真相的世界里》《麦克卢汉如是说：理解我》等。

论文 50 余篇，要者有《介绍一门新兴学科——跨文化的交际》《比较文化之我见》《中国文化深层结构中崇"二"的心理定势》《论美国文化的显著特征》《和而不同息纷争》《多伦多传播学派的双星：伊尼斯与麦克卢汉》《异军突起的第三学派——媒介环境学评论之一》《游戏、文化和文化史：〈游戏的人〉给当代学者的启示》《破解史诗和口头传统之谜》《麦克卢汉：媒介理论的播种者和解放者》《莱文森：数字时代的麦克卢汉，立体型的多面手》《文化政策需要顶层设计》《媒介环境学：从边缘到殿堂》《冒险、冲撞、相识：美中关系史第一个一百年的故事》《泣血的历史：19世纪美国排华史揭秘》《罗伯特·洛根：麦克卢汉思想圈子硕果仅存的跨学科奇人》《尼尔·波斯曼：媒介环境学派的一代宗师和精神领袖》等。

"媒介环境学译丛"书目

1.《媒介环境学：思想沿革与多维视野》（第二版）〔美国〕林文刚编 / 何道宽 译　118.00 元

2.《什么是信息：生物域、符号域、技术域和经济域里的组织繁衍》〔加拿大〕罗伯特·K. 洛根 著 / 何道宽 译　59.00 元

3.《心灵的延伸：语言、心灵和文化的滥觞》〔加拿大〕罗伯特·K. 洛根 著 / 何道宽 译　79.00 元

4.《震惊至死：重温尼尔·波斯曼笔下的美丽新世界》〔美国〕兰斯·斯特拉特 著 / 何道宽 译　55.00 元

5.《文化的肌肤：半个世纪的技术变革和文化变迁》（第二版）〔加拿大〕德里克·德克霍夫 著 / 何道宽 译　98.00 元

6.《被数字分裂的自我》〔意大利〕伊沃·夸蒂罗利 著 / 何道宽 译　69.00 元

7.《数据时代》〔意大利〕科西莫·亚卡托 著 / 何道宽 译　55.00 元

8.《帝国与传播》（第三版）〔加拿大〕哈罗德·伊尼斯 著 / 何道宽 译　59.00 元

9.《传播的偏向》（第三版）〔加拿大〕哈罗德·伊尼斯 著 / 何道宽 译　59.00 元

10.《麦克卢汉精粹》（第二版）〔加拿大〕埃里克·麦克卢汉、〔加拿大〕弗兰克·秦格龙 编 / 何道宽 译　108.00 元

11.《个人数字孪生体：东西方人机融合的社会心理影响》〔意大利〕罗伯托·萨拉科、〔加拿大〕德里克·德克霍夫 著 / 何道宽 译　79.00 元

12.《伟大的发明：从洞穴壁画到人工智能时代的语言演化》〔意大利〕保罗·贝南蒂 著 / 何道宽 译　59.00 元

13.《假新闻：活在后真相的世界里》〔意大利〕朱塞佩·里瓦 著 / 何道宽 译　59.00 元

14.《麦克卢汉如是说：理解我》（第二版）〔加拿大〕马歇尔·麦克卢汉 著，〔加拿大〕斯蒂芬妮·麦克卢汉、〔加拿大〕戴维·斯坦斯编 / 何道宽 译　79.00 元

15.《柏拉图导论》〔英〕埃里克·哈弗洛克 著 / 何道宽 译　69.00 元